2019年度教育部人文社会科学研究青年基金项目:《人类学视阈下的黔湘桂省际民族地区“插花地”问题及治理创新研究》（项目号：19YJC850022）阶段性成果
凯里学院“光辉照耀苗乡侗寨：中国共产党民族政策在黔东南的实践（镇远县篇）”专项课题（项目号：GHZYMXDZ0006）结题成果

黔东南山乡巨变

镇远县篇

谢景连　陈林　邰湘梅　编著

民族出版社

图书在版编目（CIP）数据

黔东南山乡巨变·镇远县篇 / 李斌主编；谢景连，陈林，邰湘梅编著 .
-- 北京：民族出版社，2023.7
ISBN 978-7-105-17035-7

Ⅰ.①黔… Ⅱ.①李… ②谢… ③陈… ④邰… Ⅲ.
①社会主义建设成就—镇远县 Ⅳ.① D619.732

中国国家版本馆 CIP 数据核字 (2023) 第 175301 号

黔东南山乡巨变·镇远县篇

编　　著：谢景连　陈　林　邰湘梅
策划编辑：张义军
责任编辑：张义军
出版发行：民族出版社
网　　址：http://www.mzpub.com
地　　址：北京市和平里北街 14 号
邮　　编：100013
印　　刷：北京盛通印刷股份有限公司
版　　次：2023 年 9 月第 1 版
印　　次：2023 年 9 月第 1 次印刷
开　　本：787 毫米 ×1092 毫米　1/16
印　　张：14
字　　数：250 千字
书　　号：ISBN 978-7-105-17035-7 / D · 3423（汉 548）
定　　价：54.00 元

（投稿热线：010-58130111　1092781806@qq.com；发行部：010-64211734）

太极古镇（冯德镇/供图）

县城夜景（冯德镇/供图）

2016 年端午节龙舟竞渡（骆绍勇 / 摄）

山水映衬的美丽镇远（杨通航 / 摄）

镇远青龙洞全景（江春健 / 摄）

新建的贵州青酒集团办公大楼（吴贤和 / 摄）

贵州青酒洞藏基地（镇远县委宣传部／供图）

思剑高速镇远西出口匝道（何昌华／摄）

镇远县涌溪乡中屯村翁沙至匏瓜通组公路（欧立 / 摄）

祭龙仪式（孙煜 / 摄）

龙舟竞赛（吴贤和 / 摄）

报京“三月三”莫嘎树下对情歌（江春健 / 摄）

报京“三月三”齐跳欢乐的踩鼓舞（江春健 / 摄）

尚寨土家族乡传统唢呐表演（吴贤和 / 摄）

土家迎亲（何昌华 / 摄）

镇远古城龙舟节盛大游行苗族方阵（吴贤和 / 摄）

镇远县青溪镇铺田村玫瑰花基地（孙煜 / 摄）

蕉溪镇木元村蛋鸡养殖场一角（江春健 / 摄）

镇远县青溪镇后山村村民在蔬菜种植基地劳动（江春健 / 摄）

江古镇白果村烤烟（江春健 / 摄）

镇远职校新貌（黄学洪 / 摄）

十九大代表、江古镇中心小学教师黄俊琼在辅导学生功课（江春健 / 摄）

《黔东南山乡巨变》丛书编委会

总 序

中国是一个统一的多民族国家，在漫长的历史长河中，各民族密切交往、相互依存、交流融合、休戚与共，形成了中华民族多元一体格局，“辽阔的疆域是各民族共同开拓的”“悠久的历史是各民族共同书写的”“灿烂的文化是各民族共同创造的”“伟大的精神是各民族共同培育的”“一部中国史，就是一部各民族交融汇聚成多元一体中华民族的历史，就是各民族共同缔造、发展、巩固统一的伟大祖国的历史”。[①] 各民族共同推动了国家的繁荣发展和社会进步。

中国共产党历来十分重视民族和民族地区工作，在不同的历史时期，把马克思列宁主义的民族理论与中国的实际相结合，制定了一系列符合中国实际的民族工作路线、方针、政策，对发展各民族经济，繁荣各民族文化，起了十分重要的作用，是我们战胜各种困难和风险，推动建设有中国特色社会主义事业不断前进的重要保证。

党的十八大以来，以习近平同志为核心的党中央紧紧围绕坚持和发展中国特色社会主义，着眼于民族团结和繁荣发展两大主题，始终坚持人民利益至上的原则，高举民族团结伟大旗帜，把人民的根本利益作为党和国家一切工作的根本出发点和归宿。坚持和完善民族区域自治制度，做到统一和自治相结合、民族因素和区域因素相结合；坚持促进各民族交往交流交融，不断铸牢中华民族共同体意识；坚持加快少数民族和民族地区发展，不断满足各族群众对美好生活的向往。

黔东南苗族侗族自治州成立于 1956 年 7 月 23 日，现下辖凯里市和麻江、丹寨、黄平、施秉、镇远、岑巩、三穗、天柱、锦屏、黎平、从江、榕江、雷山、台江、剑河 15 个县，是一个苗、侗、汉等多民族聚居区，2020 年末常住人口

① 习近平：《在全国民族团结进步表彰大会上的讲话》，见国家民族事务委员会编：《铸牢中华民族共同体意识——全国民族团结进步表彰大会精神辅导读本》，4–6 页，北京，民族出版社，2021。

376.03万人，户籍人口488.65万人，少数民族人口占总户籍人口的81.7%，其中苗族人口占43.4%，侗族人口占30.5%。[①] 人口在万人以上的有水族、布依族、土家族、畲族、壮族、仡佬族、瑶族等世居少数民族。中华人民共和国成立70多年以来，黔东南苗族侗族自治州各族人民在中国共产党领导下，认真贯彻执行党的各项民族政策，各民族交往交流交融日益加深，像石榴籽一样紧紧抱在一起，和衷共济，和睦相处，和谐发展。2019年12月，黔东南州成功创建“全国民族团结进步示范州”，经济、教育、文化、交通等各项事业取得了长足的进步和令人瞩目的成就，经济实力大幅跃升，生活水平极大改善，民族文化繁荣发展，黔东南州实现了历史性跨越。据《黔东南年鉴》统计数据，1949年，黔东南州地区生产总值仅有6288万元；1955年突破亿元，达到10436万元；1978年达到56026万元；1984年突破10亿元，达到10.49亿元；2003年突破100亿元，达到1130771万元；2012年达到4957500万元；2018年突破千亿元，达到1036.62亿元。城镇居民、农村居民可支配收入从1950年的115元、33元，到1978年分别增加到220元、106元，到2008年分别增加到11616元、2452元，到2018年分别增加到30130元、9227元。地方财政收入1952年时仅有1275万元，到1978年达到4284万元，2000年达到48192万元，2008年达到137382万元，2018年达到663781万元。[②]2020年，黔东南苗族侗族自治州各族人民在中国共产党的坚强领导下，打赢脱贫攻坚战，彻底撕掉千百年来的绝对贫困标签，与全国人民一道迈入全面小康。

凯里学院源于1958年创办的黔东南大学，校名几经更迭变迁，2006年2月经教育部批准升格为普通本科院校。作为黔东南州的最高学府，凯里学院始终坚持“三性一型”（地方性、民族性、师范性，应用型）的办学定位，充分发挥高校“社会服务”“文化传承创新”等基本职能，理应在黔东南地方经济社会发展和文化建设中贡献智慧和力量，有责任、有义务把中国共产党领导全州各族人民取得的历史性成就呈现出来。作为地方本科高校，凯里学院不仅在人才培养、科学研究上与地方接轨，而且在社会服务、文化传承创新上也与地方积极配合，发

① 黔东南州统计局、国家统计局黔东南调查队：《黔东南统计年鉴（2020）》（内部资料），7页。

② 黔东南州统计局、国家统计局黔东南调查队：《黔东南统计年鉴2018》（内部资料），403–405页、414–416页、402页。

挥人才高地的作用。黔东南州民族文化浓郁，是国家级民族文化生态保护区，享有“生态之州”“歌舞之州”“人文之州”“百节之乡”“民间手工艺之乡”“苗族侗族文化遗产保存核心地”“迷人的民族文化生态博物馆”等诸多美誉。基于此，学校在专业、学科设置上，主动融入地方经济社会。2013 年人类学（二级学科）被遴选为贵州省重点支持学科，2017 年民族学（一级学科）被批准为贵州省重点学科，2018 年民族学（一级学科）被遴选为贵州省区域内一流建设培育学科。2014 年民族学本科专业开始招生，2022 年非物质文化遗产本科专业获批。根据贵州省级重点学科和贵州省区域内一流学科建设需要，结合黔东南州实际，学校决定出版《黔东南山乡巨变》丛书。丛书之所以用“山乡”命名，是因为它符合黔东南州地形地貌特点，全州地处云贵高原向湘桂丘陵盆地过渡地带，州境总体地势北、西、南三面高而东部低，中部雷公山区和南部月亮山为中山地带，西部和西北部为丘陵状低中山区，东部和东南部为低中山、低山、丘陵、盆地，境内大部分地区海拔 500—1000 米，是典型的山乡。丛书作者由凯里学院、黔东南州委党史研究室、黔东南州民族研究所等单位的专家学者构成。丛书共计 17 部，对全州及 16 个县市逐一进行介绍。丛书内容除历史底蕴和文化渊源部分外，其余部分的数据资料选取时间起于中华人民共和国成立，止于 2018—2020 年。丛书全面展示中华人民共和国成立后 70 多年黔东南州各族人民在中国共产党领导下，政治、经济、文化、教育、交通以及在脱贫攻坚等各个领域所取得的历史性成就，发生的历史性变革。丛书的出版，不仅总结了在中国共产党领导下黔东南州各民族取得的伟大成就，而且有利于增强文化认同、坚定文化自信，为铸牢中华民族共同体意识提供黔东南经验。

当然，我们也意识到，丛书主要是记录黔东南州经济社会发展的各个方面，内容的广度和深度以及理论上的研究还有待提高，学术性有待进一步加强，加之编著者的水平有差异，不足和疏漏在所难免。敬请各位读者海涵指正。

李 斌

2021 年 3 月

前 言

镇远县隶属贵州省黔东南苗族侗族自治州，距州府凯里120公里，距省会贵阳270公里。该县位于贵州省东部武陵山区，是贵州高原向湘西丘陵过渡的斜坡地带，地处湘黔两省三地（湖南省怀化市，贵州省黔东南、铜仁市）交界地区，与湖南新晃，铜仁石阡、玉屏，黔东南州岑巩、三穗、剑河、施秉七县接壤，是贵州省的东大门，素有"湘黔咽喉、滇黔锁钥、水陆要冲、黔东门户、西南'水路都会'"之称。明初镇远太守周瑛有"欲通云贵，先守镇远"之说。也正因此，这里成为中原文化、荆楚文化、巴蜀文化、吴越文化、闽粤文化、世居民族文化及东南亚文化的融合交汇之所，汉民族与侗族、苗族、土家族等20多个少数民族和睦相处，多元化融合的古城使镇远成为多民族、多宗教、多文化的博物馆，被专家称为"世界文化保护圈"。

镇远是革命老区。1919年5月，"五四"爱国主义浪潮，从北京波及古城镇远，中小学师生在全国学联贵州支会代表团的指导下，建立学联镇远分会，周达文（镇远和平村人）被推选为学联主席。1920年，刘康侯（镇远四牌人）留学日本，后参加旅日中国共产主义小组。1923年10月，秦光远（镇远江古人）出任贺龙川南混成旅副官兼任第一团副团长，他在北伐战争中屡立奇功，后升任团长、师长。1924年10月25日，周达文受党中央派遣，抵达莫斯科东方大学学习。1925年夏，周达文在莫斯科东方大学学习结束，留在莫斯科共产国际工作参与筹建中山大学。1926年春，乔光鉴（镇远大菜园人），考入北京大学政治系，因受革命思想的影响，参加了共产主义研究会。11月，刘康侯由周恩来推荐担任黄埔军校潮州分校政治部主任，次年任国民革命军第一军政治部主任。

1926年，国民革命军二十军军长贺龙将军派其第二师师长镇远人秦光远来镇远与贵州省清乡司令兼省主席彭汉章商讨北伐事宜。1927年，秦光远率部随贺龙参加“八一”南昌起义。1934年10月至1936年1月，中国工农红军红六团、第一方面军一、九军团，红二、六军团，长征三次转战镇远，途经镇远县城及县内十二个乡镇。红军领导人任弼时、贺龙、关向应、王震、萧克、罗炳辉、蔡树藩、彭绍辉、肖华、余秋里等人都曾转战于镇远。1938年至1940年，中共贵州省工委指派共产党员田伯萍来镇远建立地下党支部（相当于中心县委），在镇远邮电局、镇远师管区、镇远民众教育馆、镇远师范学校开展宣传抗日救亡活动。1938年至1944年，中共中央南方局领导的在华日本人民反战同盟和平村工作队成立于镇远城。

1949年11月8日，镇远解放，设立镇远专区，本县隶之，县设4个区、3个镇、10个乡。1952年，全县设5个区、1个镇、40个乡。1956年4月8日，撤销镇远专员公署。7月23日，成立黔东南苗族侗族自治州，镇远县隶之。

镇远是中国历史文化名城。镇远历史悠久，自汉高祖五年（前202）设县开始至今已有2200多年的历史，两千多年来一直是黔东地区政治、经济、文化中心、交通枢纽和军事重镇。在两千多年的历史长河中，镇远积淀了悠久厚重的历史文化、众多瑰丽的文物古迹和绚丽多彩的民族文化。仅镇远古城就遗存有楼、阁、殿、宇、寺、庙、祠、馆等古建筑50余座，古民宅33座，古码头12个，古巷道8条，古驿道5条。至2010年底，有全国重点文物保护单位两处，省级重点文物保护单位8处。镇远古城占地3.1平方公里，古城有八大会馆、四洞、八祠、九庙、十二码头与府卫古城垣、吴王洞、四官殿、古泉井、古戏楼等名胜古迹近200多处。主要历史名胜包括青龙洞、中元禅院、万寿宫、祝圣桥、香炉岩、天后宫、府卫古城垣、吴王洞、四官殿（东方战神庙）、和平村、周达文故居，古城中的寺庙、庵堂、馆祠、亭阁、宫阙、古民居、古巷道、古码头等。古民居、古码头、古井、古巷道、古建筑与碧波荡漾的㵲阳河水交相辉映。此外，镇远聚居了苗、侗、土家等多个少数民族。长期以来，中原文化、地方民族文化、域外各国文化在这里相互渗透、交融，形成了独特的包容性文化，有“传统文化迷宫”之称。

镇远古镇旅游资源非常丰富，被誉为“自然与文化完美结合的胜地”。集文化名城、名山丽水、自然文化、民族风情为一体。因此也被誉为“完美的山水古城，难得的度假胜地”。1986年镇远被国务院批准为“中国历史文化名城”。

近年来，镇远县全面贯彻党的民族政策，深化民族团结进步教育，铸牢中华民族共同体意识，以“弘扬民族文化，建设生态家园”为主题，党政齐抓共管、部门各负其责、全社会共同参与，全面、深入、持久开展民族团结进步创建工作与经济社会发展、脱贫攻坚、乡村振兴、民族文化繁荣发展、社会和谐稳定等深度融合，加快民族地区脱贫奔小康步伐、改善民族地区和少数民族群众民生、促进各民族交往交流交融、提高民族事务依法治理能力、推动中华民族共有精神家园建设。

本书旨在梳理中国共产党成立以来，党的民族政策如何在镇远实践及其产生的社会影响。除前言和后记外，全书共六章。第一章“溯源悠久历史　寻根多彩文化”，旨在梳理镇远县的历史沿革及其多元文化融合共生的社会历史过程以及中华人民共和国成立以前，中国共产党推行民族政策及其实践的过程。第二章“加强政治建设　全面深化改革”，重点围绕人民代表大会制度、政治协商制度、政治体制改革等在镇远的实践。第三章“繁荣发展经济　改善民生福祉”，围绕中国特色社会主义经济制度在镇远的实践，以及镇远县如何在党的正确领导下，全面建成了小康社会。第四章“传承创新并重　发展文化事业”，重点论述了社会主义文化事业在镇远的实践过程，以及镇远县如何发展民族文化旅游的历史过程。第五章“大力发展教育　提升民族素质”，通过比较的视野，对比中华人民共和国成立以前、中华人民共和国成立初期、社会主义时期等不同时期镇远县教育的发展状况，以及镇远县如何在党的正确领导下，教育事业取得了辉煌成就的过程。第六章“推进路网建设　构建立体交通”，梳理交通建设取得的辉煌成就，重点论述了在党的正确领导下，镇远县交通运输业取得的辉煌成绩。

目 录

第一章　溯源悠久历史　寻根多彩文化

第一节　多民族聚居的共同家园

镇远地处黔东，历史悠久。从汉高祖五年（前202）属荆州武陵郡无阳县地，此前为黔中郡镡城县境。迄今县史长达2200多年。镇远之名称由来，据《续资治通鉴》一书载，宋诏："新筑黄平，赐名镇远州，吕逢年晋一秩。"镇远之名始于此。在此之前，古称"竖眼大田溪洞"，直至唐时称"梓姜县"，宋大观元年（1107）改称"安夷县"。

镇远从春秋始即有建置。秦属黔中郡镡城县境，汉属荆州武陵郡无阳县地。齐永明三年（485），置东牂牁郡，隶郢州，县属郡之西新市镇。隋文帝开皇十八年（598），改寿州为兖州，属镇远州梓姜县。唐武德元年（618），以其地当牂牁之冲，置婺州，置州始此。贞观八年（634）改思州，思州名始此。唐天宝三年（744），因兖州废为羁縻州，将梓姜县拔属奖州，隶龙溪郡。

宋大观元年（1107），置思州始建州治，领婺川、邛水、安夷三县，镇远始置安夷县。宣和四年（1122），废安夷县为堡，仍属黔中。绍兴二年（1132），复置思州，以田氏为守。

德祐元年（1275），元取江陵，改安夷县为镇安县。元至元十四年（1277），思州县田景贤降元，置镇远沿边溪洞招讨使司，隶属思州军民安抚司辖。至元十八年（1281）三月，镇远改隶潭州行省。至元二十年（1283），改镇远沿边溪洞讨招使为军民总管府，治镇远中河山，隶湖广行省。至正二年（1342），置附郭镇安县，旋复称安夷县。至正二十五年（1365）七月，思州宣抚使田仁厚献镇远府归朱元璋反元义军，镇远改置宣抚司，隶湖广布政司。

明洪武元年（1368）六月，置镇远府。洪武二年（1369）二月三日，置镇远溪洞金容、金达等处军民长官司。洪武四年（1371）降镇远府为州，次年（1372）六月将镇远州改隶湖广。同时，设青浪、梅溪、相见、柳塘四堡，由镇远侯顾成监督防范。洪武二十年（1387）十月四日，思南宣慰使田大雅受诏，将治所迁至镇远。洪武二十一年（1388）三月，在镇远置卫，隶湖广都司。次年八月六日置卫指挥使。洪武二十三年（1390）一月，置镇远卫署，同时置青浪卫指挥使。洪武二十八年（1395）于镇远辖区设17堡，散于偏桥、镇远、平溪、青浪，拨官军守之。明永乐十一年（1413），将镇远州改为府，州治机构设置不变，隶属贵州布政使司。次年三月，将邛水司、镇远金容、金达、杨溪公俄、施秉等地长官司改属镇远府。同时，设镇远府、州、县流官。明正统三年（1438）四月，废镇远州入镇远府，设知府、同知、通判、教授、训异、经历各一员。领台江、清江、黄平州、镇远、施秉、天柱等县。明弘治七年（1494），改镇远府金容金达蛮夷长官司为镇远县。明弘治十一年（1498），改设镇远金容、金达长官司为镇远州，设流官。次年春，置镇远县，设流官，属府附廊。明万历二十九年（1601），青浪、镇远二卫由湖广改隶贵州，至三十一年（1603），又改隶湖广。

清康熙二十二年（1683）十一月，省镇远卫入镇远县，康熙三十八年（1699），移县治所于卫城，府县分治。乾隆三十四年（1769）九月，裁思州府之青溪县归属镇远府管辖。嘉庆三年（1798）六月，黄平州由平越府改隶镇远府。宣统三年（1911）九月，镇远府、县治所高悬白旗宣告反正，拥护大汉贵州军政府。清政府统治镇远历史宣告结束。

青溪县建置：元代系青溪大坪蛮地，明洪武二十二年（1389）始建青浪卫，隶湖广都司，万历二十九年（1601）改隶贵州都司，万历三十一年（1603）还隶湖广。清康熙时裁都司，隶辰州府，雍正五年（1727），改清浪卫设青溪县，隶思州府。民国二年（1913）青溪县隶贵东道，民国三十年（1941）裁青溪县，其西部辖地并入镇远县，东部并入天柱县。

民国元年（1912）一月，成立“大汉贵州省军政府镇远军政分府”，府不领县，同隶于省。三穗（原名邛水）从本县划出建县。民国二年（1913）九月，废镇远府改设贵东道（驻镇远），镇远道辖镇远等27县，镇远为一等县。民国九年（1920）废贵东道，保存镇远县。民国二十年（1931）镇远县设立5区41乡。民国二十四年（1935）六月，贵州设10个行政督查区专员公署，镇远为第八行政督察区专员公署驻地，县隶属之。民国二十六年（1937）十一月，镇远为第一行政督察区专员公署驻地，本县隶之。民国三十年（1941）元月，裁青溪县，西部辖地1个区、5个乡、31个保、316甲、3460户、20143人并入镇远县；将石阡县的大地方、望龙榜、下装、老新寨、下口坎、马鞍山一保、大小地施、野牛塘、白岩、板凳坡4保、57甲、824户、4706人拨入镇远县；将岑巩的中所、凤凰湾、楠木洞共1保、14甲、159户、902人拨入镇远县；将三穗县的冽洞、老棚、纸棚、庙冲、新寨、桂洒、打龙井、白岩、稿托沟3保、28甲、365户拨入镇远县；将剑河县的南京堡2甲、28户拨入镇远县。全县行政建制调整为1区、3镇、12乡、102保、1024甲。民国三十一年（1942），县增设龙场区，领龙场乡、都坪乡、大地乡。

1949年11月8日，镇远解放，设立镇远专区，本县隶之，县设4个区、3个镇、10个乡。1952年，全县设5个区、1个镇、40个乡。1956年4月8日，撤销镇远专员公署。7月23日，成立黔东南苗族侗族自治州，镇远县隶之。10月26日，全县设立㵲阳、涌溪、芽溪、文德、两路等31个乡镇。1958年12月29日，撤岑巩、三穗县并入镇远县，取消区乡建置，以区成立㵲阳、羊场、蕉溪、青溪、金堡、三穗、瓦寨、桐林、岑巩、龙田、天马、驾鳌公社。1961年至1962年，岑巩、三穗相继分出恢复县置。本县辖5区30个公社。1984年取消人民公社建置，全县设5个区、1个区级镇、5个乡级镇、18个乡。次年，分建路蜡、大地乡。1992年1月29日，撤区并乡建镇，全县设㵲阳、蕉溪、青溪、羊坪、羊场、都坪6镇，涌溪、江古、金堡、报京、尚寨、大地6乡。2013年2月，撤销金堡乡，设置金堡镇，4月25日，撤销江古乡，设置江古镇。2019年，全县设㵲阳、蕉溪、青溪、羊坪、羊场、都坪、江古、金堡8镇，涌溪、报京、尚寨、大地4乡。

1986年12月8日，镇远被国务院批准为中国历史文化名城。

1987年底，全县行政设置5个区，1个区级镇，19个乡，5个乡级镇，总人口为214900人，其中农业人口194053人，非农业人口20847人，有汉、侗、苗、土家等23个民族，其中少数民族71980人，占总人口的33.49%。有耕地面积199998亩，其中田116392亩、土83606亩。全县总面积为1878平方公里，9分是山。解放前，由于镇远地少山多，所产粮食不敷自食，需外县补助。解放后，在中国共产党和人民政府的领导下，大力兴修水利，大搞农田基本建设，设置生产管理和农业技术推广机构，选育优良品种，改进栽培技术，粮食产量逐年提高。1987年，粮食总产量达59390吨，比1949年21810吨增长1.72倍。

全县共有林地面积498269亩，森林覆盖率为17.69%，木材蓄积总量为136.7万立方米。植物资源有47科、101属、165种。珍贵树种有银杏、水杉、红豆杉、柔毛油杉、蓖子三尖杉、福建闽南杉等。药用植物有125种，天麻、党参、白术、茯苓等品种在县境内分布广、产量高。经济植物以桐、茶、接桃、大板栗、柑橘、柚子等为主。尤以羊场茶叶颇具盛名，在唐代称思州茶，清代以此茶进贡朝廷，称"贡茶"。

解放以来，全县利用水利资源兴修小Ⅰ型水库2座，小Ⅱ型水库9座，山塘301处，蓄水量852.7万立方米。小Ⅱ型引水工程6处、沟埝1252条，总长714公里，机灌站37处39台，装机1054千瓦，水车33部，人畜饮水工程8处，解决15724人的饮水和2852头大牲畜的饮水。全县修建水电站61处，装机80台，容量204074千瓦。主要电站有犀牛洞、鸡鸣关、小坝、拱桥、高挂河、红旗、鱼潜河、白岩河、西峡等。装机容量最小为400千瓦，最大为12800千瓦。水电事业的发展，较好地满足了县内工业用电和人民群众生活用电。

县境内有铅锌矿、铁矿、磷矿、矾矿、高岭土矿、方解石、水泥灰岩、大理石、重晶石等，经地质部门计算储量，铅为8897吨，锌21813吨，铁矿113万吨、磷矿35万吨，矾矿1715吨，高岭土矿113万吨，水泥灰岩655万吨，重晶石5万吨，大理石400万立方米。此外，还有金刚石、镁铝榴石、汞矿、铜矿、黄铁矿、硅矿等。

20世纪80年代以来，镇远县经济得到快速健康发展，经济实力有所增强。到2010年，全县国内生产总值达到24.59亿元，比1980年增长52.5倍，年均增长14.1%。其中：第一产业增加值为6.43亿元，第二产业增加值为10.28亿元，第三产业增加值为7.88亿元，分别比1980年增长24.8倍、164.5倍和53.1倍，年均增长率分别为13.1%、18.5%和14.2%。地方财政收入为1.31亿元，比1980年增长75.4倍，年均增长15.5%。社会消费品零售总额为5.76亿元，比1980年增长 34.3 倍，年均增长 12.5%。城乡居民储蓄存款余额为 14.66 亿元，比 1980 年增长 622.9 倍，年均增长 24.1%。

中共十一届三中全会之后，经济体制改革首先从农村开始。1980 年，镇远县大力推行以农户为单位的家庭联产承包责任制，将土地承包到户经营，包交公粮和提成，把农业生产经营自主权全部还给农民。同时，山林也承包给农户管理，分为自留山和责任山。这一根本性的改革，解放和发展了农业生产力，带来农村经济和社会发展的巨大变化，粮食和其他农产品产量也大幅增长。

1983 年，县里引进水稻优良品种，"两段育秧"和"半旱式"栽培技术开始在全县推广。20 世纪 90 年代初，玉米育苗移栽和地膜覆盖等农业适用技术全面推广，全县粮食连年增产。1993 年，镇远县被省、州列为国家农业综合开发县，开始实施农业综合开发。2000 年，镇远县基本上解决了温饱问题，部分村寨已开始步入小康生活。乡镇企业的发展，带动了农村产业结构、就业形式的变革，带动了小城镇建设的大发展，农村"两个文明"建设和民主法制建设取得明显进步，农民的思想观念发生了深刻的变化。

2002 年初，面对农业农村新形势，镇远县提出新基地建设、加工销售、科技推广、基础设施、农村改革"五突破"，吹响了由传统农业向现代化农业进军的号角。2003 年，镇远县启动新农村建设。2003 年到 2006 年称为"小康新村"建设，小康新村示范点人均收入从 2003 年的 1497 元上升到 2008 年的 3814 元，增长 1.55 倍，年均增长 31%。2007 年到 2010 年称为"社会主义新农村"建设阶段，共建村级活动室 12 个，建筑面积达 200 余平方米；新修进村公路 56 公里；硬化连户道路 40 余公里；庭院硬化 5 万余平方米；修建文化娱乐场所 1320 平方米；修建排水道 45 公里；建沼气池 1850 口；改圈、改厕、改厨、改水、改路 2138 户；新建自来水 28 处。通过小康新村建设，有 80% 的村庄实现通水、通路、通电、通电视、通电话的"五通"新面貌。

2010 年，全县农林牧渔业总产值达 8.94 亿元，比 1987 年增长 19 倍；粮食总产量 9.99 万吨，油料产量 6881 吨，分别比 1987 年增长 66.84% 和 51.8%；农民人均粮食 438.85 公斤；年末生猪存栏 108320 头、出栏 97987 头，肉类产量 9257 吨，水产品产量 890 吨；农业机械总动力 10.3 万千瓦，农村社会消费品零售总额 119 万元，农民人均纯收入从 1987 年的 1345 元增至 3335 元。

在两千多年的历史长河中，镇远积淀了悠久厚重的历史文化、众多瑰丽的文物古迹和绚丽多姿的民族文化，现已形成10张国家级旅游品牌，即中国历史文化名城——镇远，国家级风景名胜区㵲阳河，国家级重点文物保护单位青龙洞古建筑群，日本在华反战同盟“和平村”旧址，镇远城墙，镇远天后宫，全国农业旅游示范点铁溪景区，国家级非物质文化遗产“赛龙舟”，国家5A级景区镇远古城旅游景区。另外还有省级风景名胜区高挂河，以及保持明清风貌的古民居、古巷道、古码头等省、县级文物古迹160余处。城内㵲阳河自西向东呈“S”型蜿蜒贯通全城，形成了“九山抱一水，一水分两城”、山水城浑然一体、天人合一的独特的太极图古城风貌，被中外游客誉为“东方威尼斯”。

2009年3月6日，中国历史文化名城镇远荣获“中国最美的十大古城”称号。

2016年10月12日，镇远被中共贵州省委划定为革命老区。

第二节　多元交融的民族文化

镇远县境内有汉、侗、苗、土家、彝、回、仡佬、布依、壮、水、瑶、仫佬等19个民族定居。其中汉族人口最多，其次为侗族、苗族、土家族。据2010年户籍人口统计，汉族147466人，占55.46%；侗族73750人，占27.73%；苗族27980人，占10.52%；土家族12759人，占4.80%；其他民族3960人，占1.49%。随着经济社会的发展，各少数民族的习俗逐步汉化，但在侗、苗、土家族等聚居的地方，各民族仍保持着原有的生活习惯，地方特色比较浓厚。

据镇远县文体广电旅游局退休干部陶钟麟先生的研究，[①] 认为镇远多元文化的形成离不开镇远悠久历史的大背景。以下内容主要引用他的研究成果。陶先生认为，明代以来镇远乃至贵州历史的政治大变革，直接导致这块土地上文化的变异与发展。600年以前贵州分属云南、四川、湖广，其他以世居民族为主体，明初以后大量移民迁进，汉文化与少数民族文化开始接触，而后又因军屯政策汉军士与当地少数民族通婚。汉文化与少数民族（当时应是多数）文化产生了双向互

① 陶钟麟：《多民族文化在镇远的融合与传承》，载《贵州政协报》，2018年7月27日，第A03版。

动。年长月久，相互浸润，子孙繁衍，汉苗相亲，有苗变汉者，亦有汉变苗者。最典型的汉变苗是明永乐十一年（1413）封为镇远侯的平田氏之乱，对建贵州有功的顾成大将军的后裔。他们的由汉变苗历史恰似一部传奇。顾成本是扬州人，因平乱有功，荫及后人，其五世孙驻领炉山，封千户指挥广威将军，隶镇远镇总兵辖。第六世孙顾驹于明孝宗七年（1494）因军事失职，畏上究罪，逃避到开怀，改用苗名傍迪，开怀苗民接纳了他，并上门入赘。由此而化为苗。其子孙繁衍，在凯棠、开怀、排阳、八寨生发，成为苗疆顾氏苗族大姓。到清王朝在苗疆强制推行改土归流，地方官横征暴敛引起苗族反抗，顾氏苗族亦投身其间，成为朝廷叛逆。如咸同张秀眉起义时其战将岩大五，就是顾氏子弟。他曾率领一支两千人的苗军消灭清军大量兵力。后因叛徒投降，被俘遇难。咸同起义失败后，有一王姓清军武官来到凯棠苗寨招降，于是顾姓苗族都随他改为王姓。此事，有碑记于香炉山。

从顾成六世孙演化为苗族的史实，说明在广大苗侗居住区域，汉苗侗长期的同一地生活，不但文化交合、而且血缘关系也融为一体。这种苗侗汉互相通婚的现象从明代开始到当今，已经非常普通、不足为怪了。这说明，镇远地区的文化传承人是多民族的集合体。生活在这里的苗侗汉民族共同创造了丰厚的镇远优秀文化。引证于以下几个方面。

一、古文献寻踪

明清时代有一批儒官和文士，或做官或客寓镇远，对镇远市井杂俗颇有诗文记录，字里行间有对民族风俗文化方面、汉苗等族生活交融的记载咏叹。

乾隆贵州按察使姜开阳在乾隆《镇远府志》序五中：“若夫汉夷杂处，苗猓各殊……男计口而耕，女度身而织……摩义渐仁，久遍淳风于马濮。礼陶乐淑，尤先入境之潕阳”序文中描述了汉文化先于其他地方，在镇远传播和共生共荣景象。

有一首《过镇雄关题壁》诗中写道：“度垒蛮花开雨后，荒洞佗风鸟语中。”镇雄关距城不过六、七公里，从诗中可窥镇远城外的民族聚居现象。

清道光五年（1825），副贡生张国华有首《竹枝词》对镇远各族共融有形象赞誉：“笙歌夜月照船窗，半闻川腔半楚腔。四十八溪同目望，官卑羞说贾长江。”川腔楚腔杂于市井，夜来有芦笙歌声悠然，一派民族和谐共融景象跃然诗行。

清光绪年间任湖广总督的陈夔龙到镇远，地方官在青龙洞佛楼设宴招待他。陈夔龙在《游青龙洞佛楼即席奉酬》24行五言诗中有“佛楼肆筵席，德星聚一方。炼师求丹诀，蛮女进壶浆”句。席上有苗家姑娘劝酒，当是古时镇远苗汉礼仪待客中的最体面的形式。劝酒中自然是盛装打扮而且一边端杯，一边以歌敬酒。席面气氛轻松愉快，雅致有趣，此酒文化习惯沿袭到今天。当然，黔东南苗侗民族的酸汤、腤汤饮食文化系列也在镇远盛传不衰。

明代文学家何景明在《过镇远》诗中道：“古郡青山下，经过驻使车。土官迎诏拜，蛮客望城遮。”何景明过镇远时已建贵州省。镇远已派流官，实行“土流并治”。他看到镇远是这样一幅景象：迎接他的是当地土官来接朝廷诏书，街面上遍地是苗侗衣着的人。从诗中可知，五百年前的镇远苗侗汉同居于斯地。而“蛮客望城遮”说的不是少数，而是放眼望去比比皆是。由居住人群主体可想见其民族文化形态。

清人张翰在《过镇远》诗中更是将镇远民族之间融合景象作了生动咏叹。“驿路分黔楚，天空见雁过。舟以水尽，山入夜郎多。风俗兼夷汉，人烟隐薜萝。芦笙吹月上，蛮女竹枝歌。”好一幅人间天上的苗汉群众共生同乐的生活图景。其中，“风俗兼夷汉”句将当时的镇远社会风俗现象描述得最为清楚。

古代苗族信巫术，有一套神秘的巫文化由“鬼师”演绎，此习俗年长月久也被汉人所接受效仿。《镇远府志》风俗篇中有关于苗族巫术记载，并有“至今汉人效尤”句。说明在同一地的不同民族文化相互感染浸润，年长日久且在民间沿袭下来。

盛大活动中，当地汉族、苗族、侗族群众聚在一起举行庆典娱神娱人仪式。《镇远府志》风俗篇载：“土人，以九月祀五显神，远近邻人，咸集吹匏笙，联袂宛转，顿足歌舞，至暮而还。”一般情况而言，苗族宇宙观念里的神灵与汉民族所祀诸神不是一回事。而奉祀五显神当是苗族受汉文化的传播，并吸纳而共禳神灵之举。

端午节在太平年间就更是苗汉人民共同欢度的盛大节日，《镇远府志》风俗篇记：“端阳饮蒲酒，插艾叶，以角粟相赠遗。农夫各操舟争胜于跨虹桥下。舟上龙有五色，在前者胜，苗人男吹笙，女旋绕而跳，其音铿然，观者如云。”古文献中关于镇远地区各民族和谐相处，你中有我，我中有你的例子很多，不再赘言。

二、古建筑遗风

评审历史文化名城，有两个条件非常重要。一看它的历史渊源和历史作用；二是保存的历史建筑街区和纪念性历史建筑物。建筑是一个城市的形象展观。镇远有大量有价值的历史建筑物，而这些建筑物又是苗侗汉文化融合创造的实证。

国家重点文物保护单位青龙洞，正是镇远苗侗汉民族共同创造的经典之作。青龙洞贴崖建筑和园林在国内外享有盛名。首先，在建筑选址上择选有神物藏居和神灵护佑下的福泽之地。这与苗族传统建房选址下基理念相同。青龙洞古建筑最显著的特征就是因地制宜，因势利导，最大限度地利用原生态地势、地貌为原则，使自然环境与人工艺术，结合成一个和谐美观的有机整体。在设计布局上追求各建筑天际线高低错落，在自然山体中点缀穿插适度的建筑体量，极大地利用自然空间，建筑风格灵活多变，搭配主次分明。再加上精巧的装饰，形成了创造空间艺术与原生态巧妙结合的建筑园林艺术精品。

青龙洞大量借用了苗族干栏式建筑手法，实施了贴崖建筑的巧妙设计构思。干栏一词在《魏书·僚传》记述为“依树积木，以居其上”。干栏式建筑后来发展成为吊脚楼。所谓吊脚楼形式是依山就势而建。后部与山坡相接；前部以木柱架空；底层进深较浅，楼面半虚半实，虚实结合构筑。房屋多背坡面水，横向延伸。遇缓坡则房屋前移，采用悬挑、掉层、叠落、错层等手法。建筑多占空间，少占实地。苗侗吊脚楼建筑技巧在青龙洞得到了更大的扩展和张扬，受到众多文博专家，建筑界技师高度评价。20 世纪 80 年代中叶，参加维修青龙洞的一位侗家青年潘光福后来在省城开办“镇远古建工程队”，将青龙洞建筑艺术模式向外推介。他集中了一批镇远工匠，承揽了省内外许多古建工程项目。借助这项技艺，他本人已成为拥有不菲资产的企业家。更重要的是地方民族木作传统工艺得到传承、扩展。

凤凰小城的形象是河两岸的民居吊脚楼，那是湘西苗家的建筑模式，在黔东南，这种建筑很普遍。20 世纪 80 年代中叶，镇远城的沿河两岸就有许多吊脚楼。王景慧、罗哲文、杜仙洲对镇远吊脚楼颇有赞辞。苗侗民族吊脚楼在镇远沿河民居得到普遍应用，建筑规模比凤凰大得多，后因历史的变迁，建筑新材料的使用取代了很多极有观赏价值的吊脚楼，而留下建筑历史的遗憾。

苗岭盛产木材，质地细密坚韧的柏木、刺秋、梨木、香樟、春芽树等为工匠们木作技艺提供了上等材料。镇远的建筑极讲究装饰。在镇远的庙宇寺院，会馆民居建筑中，除了有汉民族常用的龙、狮、福、禄、寿、禧装饰造型，苗侗工匠们常无拘束地创作许多变形动物，吉祥物图案，甚至将汉字形象美化。如青龙洞圣人殿下层的木雕字、居中的隔扇，窗雕等装饰注入了大量苗侗木作装饰工艺符号，留给人们又一种审美情趣和想象空间。别外，还有许多石雕、砖雕、泥作，其造型艺术早已集合了多民族工艺美术创造技艺，派生出镇远工艺特色。如作为木柱、础柱型石狮系列。万寿宫牌楼大门前的石狮就不像北方石狮那样威猛、高昂、气势逼人，而是有几分亲和憨厚的神态。那对石狮造型形象可爱，让人感到平和。借物达意是中国传统工艺的文化内涵，我们可以从那些工艺品中读出苗侗民族和这方人的性格特征以及情感表达注入的物像寓意。

三、民族民间艺术

吴敬梓在《儒林外史》第四十三回中描写了镇远金堡苗族，为汉族冯姓生员举办隆重婚礼仪式。宴席间有精彩的苗戏歌舞表演。此类文化交流表演应是很普遍的。20 世纪 80 年代初期，陶钟麟先生就到吴敬梓笔下所描写的“歌舞地”作田野调查，在金堡乡松明村居然就有苗族跳花灯（在镇远，只有汉族才有花灯表演形式），只可惜当时没有录像设备将实景记录下来。相隔金堡乡 8 公里的报京侗族大寨过三月三，人们在山上唱歌。奇怪的是他（她）们唱的曲子是北侗的，而歌词全是汉文。还有些青年在对山歌时忘了词，还当场拿手抄歌本来照本应付。在创作民族歌曲时，也有汉苗语相对照演唱的，但这些地道侗家人能直接用汉语填曲，在其他地方罕见。我知道很多苗侗人才在接受汉文化教育之后，对本土民族文化进一步进行研究整理。在传播汉文化中对推介本土文化亦做了大量文化融合与传承工作，如松柏侗的侗族邰昌培在贵阳花溪省民族学院任教师。他在 20 世纪 50 年代就将松柏侗家芦笙演奏推介到了花溪；金堡元兆的苗族潘学斌将金堡苗族音乐、工艺美术推介到他任教的凯里学院。尚寨土家族的刘安银继承了用汉字为唢呐曲记谱的方法。这种文字谱只能面授，因没有高低音和时值关系，这种教本不易普及推广，但字意与音很接近。当过小学校长退休的刘安银整理出了近 100 首这样的曲子，他翻着这些汉字记谱唢呐曲，唱出不同的土家唢呐曲调，令人感到很神奇。根据这个汉字谱本和实地录音，县文化馆从事音乐工作的同志下了很大工夫，将它译成简谱，又将汉字配上去，在感觉上很直观，也便于传播了。陶钟麟先生从近 80 首曲调研究得出，尚寨土家族唢呐大量吸收了黔东花灯音乐，汉民间小调和楚腔川调。这些曲调在不同的场合，不同的气氛需要下进行选择。尚寨土家族唢呐队还用包包锣、小堂鼓指挥和打击节奏，这在中国民间唢呐演奏班中实属罕见。而今，在县城重大文化活动和黔东南重大庆典，都可见到尚寨土家族大号、长号、小号、唢呐队，其演奏曲调中透散出来自几百年前的大山的和声。

尚寨土家族傩文化与黔东其他地区傩文化流源和表现形式大体相似。娱神娱人的功能都同时存在，尚寨傩戏的表演角色面具一应俱全。表演内容为请愿，实现愿望之后，根据还愿的主家的需要而定全堂戏或半堂戏。陶钟麟先生曾见过尚寨土家族傩师收藏的乾隆年间汉字木刻傩戏文本一大摞。土家族早已经没有了自己的民族语言，他们接受汉文化的这种古代戏剧的时间比较长，在黔东地区流播也比较广。镇远土家文化与汉文化的糅合可能较之苗侗民族时间还要早。

报京侗族的挑花刺绣享有盛名。衣饰和布鞋的图案设计由于几百年的封闭，保持了一整套原始古朴的工艺设计和技法，几乎没有外部文化的掺和。到了 20 世纪 90 年代，侗绣走出山寨，他们的作品有了很好的市场回应。为了迎合市场需要，他们组织加工批量生产。商人们将湘绣、苏绣的图案原封不动地拿给报京侗家妇女制作。这种加工生产工场就在山寨开办，报京人也很乐意让他们认为“闲活”的手上工夫换来钞票。那些图案艳美有余，写实而细腻，充满天真巧趣。然而，这种以经济为目的的引导，长此以往，报京侗绣除了保持传统针法技艺，她们原有的充满山地原始意念的审美观，是否会发生变异甚至被现代绘画完全取代，现在不好断言。有很多特技的民族民间艺术，在原生地最好保持它的原生工艺情状。

镇远的汉文化与苗侗土家文化融合是一种并存状态，有相互渗透和借用，形成多种文化相互依存和影响。文化表现形态的多样性就是镇远传统文化的特色，希望这种五彩缤纷的文化多样性继续以顽强的生命力延续下去。

第二章　加强政治建设　全面深化改革

第一节　筹备召开中国共产党镇远县第一次代表大会

一、解放初期的县委成员

1949年11月8日，镇远解放，中国共产党镇远县委员会由刘学民、倪建华、孔焕章3人组成，刘学民任县委书记，倪建华任组织部长，孔焕章任宣传部长。1950年1月，孔焕章奉命率干部接管天柱县，6月，倪建华调中共镇远地委工作，地委决定留镇远待命接管雷山的县委书记王春智参加中共镇远县委为委员。1951年3月，中共镇远地委决定中共镇远县委由书记刘学民、县长王佐光、组织部长孔仲民、宣传部长姜墨林、社会部长兼公安局长宋晓光和㵲阳镇党委书记赵林增6人组成。1952年6月，王际鲁、曹培山、吴永顺、陈曰英4人参加县委为委员。8月，刘学民奉命调地委工作，中共镇远县委由孔仲民主持工作。10月，地委通知，中共镇远县委由孔仲民、姜墨林、王际鲁、吴永顺、陈曰英、陈学勇、刘希元、姜毓宣8人组成，孔仲民任书记，姜墨林任副书记。1954年5月，路宗岭、陶巨凤、周爱华、贾永荣4人参加县委为委员。10月，王振荣、华顺廷、何应祥、王义然4人参加县委为委员。11月，地委决定建立中共镇远县委常务委员会，常委会由孔仲民、陈学勇、王际鲁、陈曰英、路宗岭5人组成，孔仲民任书记，陈学勇任副书记。1955年1月吴永祯、2月肖良秀先后参加县委为委员。7月，王际鲁任县委副书记。1956年1月，潘谦富、胡应修、李勤桥（女）、刘文光（苗族）、王孟堂5人参加县委为委员；吴永顺、潘谦富、贾永荣、陶巨凤等4人提任县委常务委员会委员，周爱华、贾永荣2人提任县委副书记。

二、召开中国共产党镇远县第一次代表大会

中国共产党镇远县第一次代表大会，于1956年4月4日至8日在㵲阳镇和平街（“和平村”）召开，出席大会代表218人（其中女17人，少数民族16人），代表党员1446人。列席会议的党员干部29人。大会听取和审议了孔仲民所作的《县委一年来的工作和今后工作的报告》；通过了《中国共产党镇远县第一次代表大会决议》。决议主要内容为：在高级农业合作化的基础上，动员全党力量，充分发动群众，以巩固合作社为中心，迅速开展大规模的农业生产运动；相应地搞好林业、畜牧业及各种副业生产。大会选举产生了由王义然、王树芝、王孟堂、何应祥、李勤桥（女）、吴永顺、吴永祯、周爱华、胡应修、陈曰英、陶巨风、高心德、华顺廷、贾永荣、路宗岭、黎文礼、刘文光（苗族）等17人组成的中共镇远县委员会。省委8月批复，由陈曰英、吴永顺、周爱华、贾永荣、陶巨风、路宗岭、何应祥等7人组成县委常务委员会，陈曰英为书记，周爱华、贾永荣为副书记。大会选举出席省党代会代表：陈曰英、陶巨风、余明镜，候补代表周爱华。

这次代表大会是在镇远县基本完成对农业、手工业、资本主义工商业的社会主义改造的形势下召开的，是一次承前启后的重要会议。大会对解放六年来的各项工作进行了认真回顾，总结了经验教训，部署了今后工作的各项任务，提出了发展的奋斗目标，明确今后的工作任务是以生产建设为中心，为争取提前和超额完成镇远县第一个五年计划而奋斗。当时，全县在过渡时期总路线和总任务的指导下，抓住社会主义改造这一中心环节，调动各族人民积极性，建立了64个高级农业生产合作社，入社农户达99.8%；个体手工业参加了联社；商品流通的各个行业参加了公私合营，工农业生产和贸易逐步纳入计划经济的轨道。教育、卫生等各项事业得到较大的发展。

1956年7月23日，撤销镇远专区建立黔东南苗族侗族自治州，中共镇远地方委员会同时更名为中国共产党黔东南苗族侗族自治州委员会。中共镇远县委隶属黔东南州委管辖。

第二节　建立人民代表大会制度

镇远县根据《镇远县各族各界人民代表会组织通则》规定，于1950年2月设置镇远县各族各界人民代表会，镇远县各族各界人民代表会既是镇远县人民代表大会召开前的权力机构，又是团结统战的议事机构。镇远县各族各界人民代表，在进行按管建政，反封建斗争，恢复经济中，积极协助政府贯彻执行党的方针、政策，发挥了重要作用。至1952年11月止，镇远县各族各界人民代表会经历3届（每届为期一年），共召开11次会议，参加会议代表2276人次。

1953年3月，《中华人民共和国全国人民代表大会和地方各级人民代表大会选举法》颁布，镇远县委、县政府及时组织全县广大党员干部和群众认真学习，在全县城乡开展广泛的宣传活动。5月上旬，县委成立县选举委员会，拟订选举工作计划，全县分三期进行。5月22日，县委、县政府决定：全县首届基层人民代表选举工作，第一期9个乡2个镇从8月19日起开始，第二期16个乡从10月20日起开始，第三期14个乡从1954年1月开始，4月1日选举工作结束。这次选举工作，从全县106700人中（其中18岁以上有56099人）选出各级人民代表，成立了第一届乡镇政府，健全了基层组织。同时，全县各乡镇选出镇远县人民代表113名，第一次行使了庄严的民主使命。

1954年6月27日至7月1日，在㵲阳镇召开镇远县第一届人民代表大会第一次会议。从此，镇远县人民代表大会成为镇远县地方国家权力机关。这次大会应到代表113人，实到代表101人。大会听取和审议王际鲁关于全县三年来的生产工作总结，会议根据党在过渡时期的总路线和总任务，通过互助合作、爱国增产、贯彻粮食统购统销政策、作好粮食工作等项决议。1954年9月4日至7日，召开镇远县第一届人民代表大会第二次会议，10月28日至11月11日召开镇远县第一届人民代表大会第三次会议，贯彻棉布计划供应政策，总结粮食统购统销成绩。镇远县第一届人民代表大会第四次会议，于1955年4月23日至25日在㵲阳镇和平街召开，应出席大会代表114人，实到88人，占77.19%。大会主席团15人组成：王际鲁、孔仲民、辛莲英（女）、周志贤、刘文光（苗族）、杨正诗、徐天佐、莫我君、李勤桥（女）、沈克刚、边宝林（回族）、向文清、吴昌金、张辅生、孟宪福。大会秘书长任玺庭，副秘书长李荆山、胡留芳。大会代表资格审查委员会委员7人：任玺庭、边宝林、莫我君、徐天佐、李勤桥、王光前、刘文光。大会议程：1. 听取和审议县政府工作报告；2. 贯彻粮食定产、定购、定销（三定）政策；3. 生产、防灾、抗旱情况；4. 学习《兵役法》；5. 依照《宪法》规定，改镇远县政府为镇远县人民委员会，选举镇远县县长、副县长、县人民委员会委员和镇远县人民法院院长。大会选举王际鲁为县长，刘文光（苗族）为副县长，县人民委员会委员有吴永祯、辛莲英（女）、路宗岭、周爱华、任玺庭、吴永顺、雷岳、龙再和（侗族）、吴昌金、廖禹平、向文清、舒万龄12人；选举莫非鸿为镇远县人民法院院长。

1956年6月7日至10日，召开第一届人民代表大会第五次会议。这次会议除听取和审议《政府工作报告》《镇远县1955年财政决算和1956年财政预算（草案）的报告》，并通过以上报告的决议外，因王际鲁离任，依法补选陶巨风为镇远县县长。本届县人民委员会领导全县人民发展生产，提前完成第一个五年计划的各项经济指标，基本完成对农业、手工业和资本主义工商业的社会主义改造。

镇远县第二届人民代表大会第一次会议，于1956年12月21日至26日，在镇远县㵲阳镇和平街召开，应出席大会代表126名，实到109人，占86.5%。大会主席团15人：陈曰英、申际才、马洪（女）、刘文光（苗族）、龙正英（女，侗族）、边宝林（回族）、沈克刚、向文清、廖禹平、潘谦富、龙祖德、张福德、刘胜江、路宗岭、陶巨风。大会秘书长王振荣，副秘书长李荆山、雷启鹏。大会代表资格审查委员会主任刘文光，副主任边宝林，委员马洪、廖禹平、龙祖德、张福德、刘胜江。大会议程：1. 听取和审议陶巨风县长代表上届县人民委员会作政府工作报告和中共镇远县委关于1957年农业生产各项指标及深入开展增产节约运动的建议；2. 听取和审议县人民法院莫非鸿院长作法院工作报告；3. 审查和批准1956年财政决算和1957年财政预算；4. 选举县长、副县长、县人民委员会委员；大会分别通过《政府工作报告》《一九五七年农业生产各项指标》及《深入开展增产节约运动》《法院工作报告》等决议。5. 选举出席黔东南州人民代表大会代表。大会选举陶巨凤为县长，刘文光（苗族）、向文清、潘谦富为副县长，县人民委员会委员有陈曰英、路宗岭、雷岳、龙再和（苗族）、陈应征、廖禹平、傅雪梅（女）、李德云、申云清、刘隆英（女）、周开榜、王振荣、申际才13人；选举出席黔东南州人民代表大会代表16名。

本届县人民委员会经过努力工作，取得1957年工农业总产值达1683.03万元，比1952年增长69.5%，平均年增长11%的好成绩，各项事业都有进一步发展。

第三节　建立政治协商制度

中国人民政治协商会议镇远县委员会，是中国共产党镇远县委员会领导的，由中共镇远县委员会的代表、无党派民主人士、各人民团体、各少数民族和各界的代表以及特别邀请人士组成，是具有广泛代表性的人民民主统一战线组织。其任务是：贯彻执行中国人民政治协商会议全国委员会的决议和号召，协商和进行镇远县地方的人民民主统一战线工作。镇远县地方统一战线系统，大体经历1950年2月24日召开镇远县第一届各族各界人民代表会议，代行县人民代表大会职权；1951年1月、1952年6月先后召开了第二届、第三届各族各界人民代表会议，每届代表会任期一年；1954年6月27日，镇远县第一届人民代表大会召开至1955年4月成立镇远县政治协商委员会三个阶段。县政协成立之前，设置了镇远县各族各界人民代表会，协助县委和县政府进行建政、反封建斗争，恢复经济和开展统一战线工作。

1955年4月，县委根据《中国人民政治协商会议章程》和贵州省政协关于在镇远等13个县建立政协地方委员会的建议，推举政协委员。26至29日，镇远县在㵲阳镇和平街召开第一届第一次会议，参加会议委员27人。会议听取县委书记孔仲民作《关于一年来工作检查和今后工作意见》的报告；会议学习《政协章程》、全国政协二届一次会议宣言；讨论通过了县委和县政府关于以互助合作为中心的爱国增产节约运动，粮食定产、定购、定销“三定”，对私有制改造，以及宣传《宪法》《兵役法》等决议，会议选举产生了第一届政协委员会主席、副主席和常务委员会委员。常委由孔仲民、向文清、王永建、边宝霖、李藏锦、杨西横、吴永祯、辛莲英、赵莲壁、陶巨凤、梁汉卿等 11 人组成，孔仲民任主席，向文清任副主席。会址先设在县建设科科长向文清办公室，后迁至和平街居民委员会办公。第一届县政协共召开 3 次全委会议。第一届委员会闭幕期间，由于孔仲民主席于 1956 年 4 月调州委工作，上级指定陈曰英书记任县政协主席。

第四节　贯彻党的十一届三中全会精神

1978 年 12 月 18 日至 22 日，党的十一届三中全会在北京胜利召开。全会在思想上、政治上、组织上全面恢复和确立了马克思主义的正确路线。全会决定及时地、果断地把全党工作的着重点和全国人民的注意力转移到社会主义现代化建设上来，动员全国人民进行社会主义物质文明和精神文明建设。这次全会是建国以来党的历史上具有深远意义的伟大转折，它标志着我国社会主义建设进入了一个崭新的历史时期。

党的十一届三中全会刚刚结束，县委即于 1978 年 12 月底组织全县广大党员干部、职工学习贯彻全会精神。县委决定将工作的着重点转移到社会主义现代化建设上来。1979 年 2 月 16 日，县委召开全县农业先进单位和劳动模范代表会议，学习十一届三中全会精神，会议号召继续保持和发扬实事求是、艰苦奋斗的精神，做好农业现代化建设。在党中央的正确路线指引下，各级党组织不断解放思想，清除“左”的影响，开展了卓有成效的工作。一是认真落实干部政策、知识分子政策、民族政策、统一战线政策等。二是认真抓好领导班子建设，对县区乡党政机关和县直部门领导班子进行了恢复、整顿、调整、充实。三是通过真理标准问题的讨论，组织学习《关于建国以来党的若干历史问题的决议》和《关于党内政治生活的若干准则》，提高了各级领导干部和广大党员在思想上、政治上、行动上同党中央保持一致的自觉性，使党内政治生活开始步入正常轨道，党的组织状况有了改善，党员队伍、干部队伍不断发展壮大，素质不断提高，党的战斗力得到了增强。

一、恢复党的组织建设

党的十一届三中全会以后，镇远同全国一样，党的政治路线、思想路线和组织路线重新回到马克思主义的轨道。县委领导机构、工作机构、县属部门党组、下属机构以及基层党组织，经过恢复、整顿、调整、改革，党员队伍、干部队伍不断发展壮大，素质不断提高，为实现党的路线、方针、政策，提供了组织保证。

1977 年 12 月，州委决定恢复中国共产党镇远县委员会常委会，并对县委领导班子逐步进行调整。

1978 年 12 月 22 日，县委书记陈曰英调至黄平县任书记，张兆贵由黄平县调任镇远县委书记。1979 年，先后恢复吴永桢、华顺廷、胡应修、吴永顺的县委常委职务。1981 年 2 月，张兆贵调至州里工作，田维荣由黎平县调任镇远县委书记。同年 12 月，田维荣调州任副州长，杨莲池任镇远县委书记。1983 年 12 月 28 日，按照党中央关于机构改革的部署，州委任命胡化民、陈光宗、雷启鹏、申际才、杨英雄、粟多能、伍永才 7 人组成中共镇远县委常委会，胡化民任书记，陈光宗、雷启鹏任副书记。机构改革后的县委领导班子在年龄上已基本形成梯形结构，向知识化、专业化、革命化方面迈进了一步。与此同时，县委对区乡党政机关和县直部门领导班子分别进行了调整。

县委办事机构恢复了统战部、党校、机关党委，增设了落实政策办公室、老干局、党史资料征集研究办公室、政法委员会。并在县人大常委会、县政府、县人民法院、县人民检察院以及县政府有关部门设立党的组织，共设党组 20 个、党委 1 个、总支 6 个。

1976 年 10 月，基层党组织有 5 个区委、21 个公社党委。1980 年 7 月，县委将 21 个公社党委调整为 1 个镇党委和 23 个公社党委。调整后，中共㵲阳区委辖㵲阳镇党委和涌溪、两路、黄桑、文德、半屯 5 个公社党委；中共金堡区委辖金堡、报京、松柏、洌洞 4 个公社党委；中共蕉溪区委辖蕉溪、罗溪、江古、大岭 4 个公社党委；中共青溪区委辖青浪、羊坪、后山、铺田、竹坪 5 个公社党委；中共羊场区委辖羊场、都坪、大坝、尚寨、河坝 5 个公社党委。1981 年 4 月，㵲阳镇改为区级镇，不隶属㵲阳区。1983 年 5 月，㵲阳区改名为涌溪区，羊场区的河坝公社改称路腊公社。1984年3月，根据中央和省、州指示，各公社党委改称乡（镇）党委，基层政权实行党政分设，共设6个区（镇）党委和23个乡（镇）党委。1985年6月，大地由路腊乡分出，建立中共大地乡委员会。至此，县委下辖6个区（镇）党委和24个乡（镇）党委。

1979年4月，县委根据省委（1979）23号文件精神，恢复中共镇远县委纪律检查委员会（1984年3月更名为中共镇远县纪律检查委员会）、县委党校、县委统战部，1980年5月，县委、县革委会分开办公。1982年7月建立县委党史资料征集研究办公室（挂靠县委办公室）。到1983年底，县委设有办公室（含党史办）、组织部（含政策落实办）、宣传部（含精神文明办）、统战部（含对台办）、纪律检查委员会、党校6个工作机构。

1984年，根据中共中央、国务院关于机构改革的指示精神和省、州委关于"撤销重叠机构、合并相近机构，能改为经济实体的改为经济实体"的原则，县委着手对县二级机构进行改革。1月30日，县委发出通知，对县委、二级机构进行重新设置。县委设组织部（含老干科）、宣传部（含通讯组）、统战部（含对台办）、农工部（含城镇工作办）、政法委员会、党校、县委办公室（含保密、党史、政研、联合信访科），县政府设28个办、委、局。还按照《党章》《宪法》规定设置县人大、县纪委、县政协、县法院、县检察院、县工会、团县委、县妇联、县科协、县直属机关党委等机构。

1985年3月建立县委老干部局、恢复县工商联合会，同时撤销农村工作部。1986年7月，设立县委党史研究室。到1987年底，县委工作机构有：办公室、组织部、宣传部、统战部、政法委员会、党校、党史研究室、直属机关委员会、老干部局。

在机构改革中，县委对部分工作机构领导成员进行了调整，使领导干部的文化结构、年龄结构有了改善，推动了各单位领导班子革命化、年轻化、知识化和专业化进程。

二、建立县人大常委会、恢复县政协和公检法机关

党的十一届三中全会以后，按照《中国共产党党章》《宪法》的规定，建立县人大常委会，恢复县政协、县法院、县检察院、公安局等机构。

（一）建立县人大常委会

1981年5月11日至17日，镇远县人民代表大会第八届第一次会议选举产生了县第八届人民代表大会常务委员会（以下简称县人大常委会），选举了常务委员会委员17人，李福庆为主任，龙远塘、吴永顺、许泳讽、苏双合为副主任，标志县人大常委会得以建立。县人大常委会负责人民代表大会日常事务工作。为了加强对县人大常委会的领导，1981年11月12日，县委决定建立县人大常委会党组，李福庆为党组书记，龙远塘、吴永顺为党组成员。1984年8月第九届人大常委会下设办公室及法制、经济、科教、民族、信访联络五个科。1987年6月第十届人大常委会办事机构，更名为法制工作、财经工作、科教文卫工作、民族工作、代表工作等科，仍设办公室，完善了县人大常委会内设机构。

根据《中华人民共和国地方各级人民代表大会和地方各级人民政府组织法》（以下简称《地方组织法》），县人民代表大会选举产生县人大常务委员会作为其闭会期间的日常办事机构，县人大常务委员会的常务工作主要有接待人民来信来访、开展视察调查、基层选举、联系代表等。县人大常务委员会实行每两月召开一次全委会，审议本县政治、经济、文化、民族、卫生、民政、教育、任免等重大事项，由全体委员半数以上通过形成决议。县人大常委会还对一府（政府）两院（法院、检察院）的工作进行法律监督。

（二）恢复政协机关

1979年11月，贵州省统战工作会议召开，会议根据中央批准全国统战工作会议文件《新的历史时期统一战线的方针任务》的意见，以及中央统战部《关于恢复省辖大城市的区和县政协问题的意见》，为继续抓紧落实统战、民族、宗教政策，发展安定团结的政治局面，加强政协和各民主党派的工作，决定恢复一批县级政协组织。镇远被列为恢复县级政协组织之列。

1981年恢复县政协活动。同年5月11日至19日，政协镇远县第五届一次会议在县城召开，委员由党、政、群、团、无党派人士、工人、农民、工商界、科教界、文艺卫生界、体育界、宗教界、台属、侨属、少数民族、老红军、特邀代表等多方面人士组成，出席此次会议的委员共94人。与会委员列席了县人大第八届一次会议，听取县政府、检察院、法院有关工作报告，对县人大常委会、县政府组成人员进行了民主协商。会议选举政协常务委员会委员26人，杨莲池为主席，于宪文、宋守宗、任玺廷、甘凌杰、赵德舜、李泽厚为副主席。会议决定县政协设学习与提案委员会、办公室、经济工作组、科技工作组、文史工作组、农村工作组。1983年3月，根据中央《关于各级政协委员列席同级人大会议意见的请示报告》的精神，为更好地发挥政协委员的作用，县委决定县政协委员列席同级人大会议。1984年8月召开的县政协第六届一次会议决定设学习与提案委员会、办公室、经济工作组、科技工作组、文史工作组、祖国统一工作组。1984年9月24日，县委决定建立中共镇远县政治协商委员会党组，胡杰任党组书记，姜日智、龙光清为党组成员。1987年6月召开的县政协第七届一次会议决定设办公室、学习委员会、提案工作委员会、文史资料征集编纂委员会和工作组委员会，工作组委员会下设农村、科技、教育、文体、工交、民族宗教、妇女、财贸、医药卫生、统一祖国10个工作组。

在全体会议闭会期间，由政协常务委员会领导办事机构进行日常工作和开展活动，处理县政协的重要工作。其主要任务有，一是讨论决定政协镇远县委员会及其常务委员会和工作中的重大问题，必要时做出决议；二是协商讨论中共镇远县委、县政府的重大决策以及群众生活中普遍关心的重大问题，听取中共镇远县委、县政府及其所属有关部门涉及全县重要工作情况的报告或说明，并进行协商讨论，提出建议和意见；三是审查重要的建议案、视察报告、专题调研报告、提案和其他重要报告；四是审议各专门委员会的年度工作报告；五是审议提交政协镇远县委员会全体会议的文件；六是审议决定县政协的机构调整和人事任免。常务委员会会议一般是每季度召开一次，必要时可临时召集。

镇远县政协恢复后，主要是学习贯彻党的十一届三中全会精神，以及社会主义现代化建设新时期人民政协的性质、地位和作用，为党的工作重点转移，以经济建设为中心，参政议政献计出力。县政协按照政协章程积极开展各种活动，加强同各方面群众的联系，充分发挥了人民政协的积极作用。

（三）恢复公检法机关

1967年9月，镇远县革命委员会成为镇远县政权系统领导机构。同年10月，县人民法院、县人民检察院、县公安局职权被划归县革委人民保卫部（保卫领导小组和县公检法军管组）统一行使。县人民法院、人民检察院、公安机关工作班子瘫痪，机构停止运转。1973年3月，县人民保卫部被撤销，县人民法院、县公安局已恢复。县人民法院恢复后，仍由龙远塘担任院长。县公安局为县政府的工作机构，刘衍民担任公安局局长。1975 年 1 月，四届全国人大一次会议通过的《中华人民共和国宪法》规定："检察机关的职权由公安机关行使"。

1978 年 8 月，根据五届全国人大一次会议通过的《中华人民共和国宪法》的规定，恢复镇远县人民检察院，上级党委任命何守富代理检察长。依照 1979 年 7 月 1 日五届全国二次会议通过的《关于修正〈中华人民共和国宪法〉若干规定的决议》《中华人民共和国人民法院组织法》和《中华人民共和国检察院组织法》的规定，县人民法院和县人民检察院对本级人民代表大会及其常务委员会负责并报告工作，县人民法院院长由本级人民代表大会选举，县人民检察院检察长由本级人民代表大会选举和罢免，并报上级人民检察院检察长提请本级人大常委会批准。1980 年 11 月，成立了县司法局。县司法局为县政府的工作机构，胡汉林为首任局长。

从 1981 年 5 月镇远县第八届人民代表大会第一次会议起，县人民法院院长和县人民检察院检察长均由县人民代表大会选举产生，副院长和副检察长由县人大常委会任免。

三、恢复党的统战工作

根据党中央关于统战机构设置的有关文件精神，1979 年 8 月，镇远县委决定恢复镇远县委统一战线工作部，统管全县民族、宗教、侨务、对台工作。1980 年 9 月 3 日，中共黔东南州委批准镇远恢复县委统战部。

1980 年 9 月，中央统战部召开了全国省、市、自治区统战部长座谈会。镇远县委根据会议精神，决定把统战工作的重点转移到为"四个现代化"建设服务的轨道上来。为做好新时期统一战线工作，镇远县委要求统战部加强自身建设，一是加强思想建设，要深入学习和坚决贯彻党的十一届三中全会以来的政治路线、思想路线和组织路线，进一步解放思想，提高执行党的路线和方针政策的自觉性。二是加强组织建设。根据 1979 年中央批转全国统战工作会议文件通知的精神，县委抽派人员充实和健全统战、政协、民族、宗教工作部门。三是改进工作作风和工作方法，认真克服官僚主义，领导干部亲自调查研究，深入实际，掌握新情况，研究新问题，主动地、如实地向党委反映情况，提出建议。1986 年，县委成立了镇远县对台工作领导小组及其办公室。12 月 4 日恢复了县工商业联合会等机构。为了加强对统战工作的领导，1994 年 9 月 27 日，根据省委的要求，县委成立县委统战工作领导小组。县委根据镇远侨属多、台属多的实际，决定加强新时期统一战线理论、方针、政策的学习和宣传，进一步完善中国共产党领导的多党合作和政治协商制度，切实做好党外人士的政治安排，高度重视民族工作和宗教工作，做好新形势下的统战工作。继续拓展海外侨胞、台胞的统战工作。认真贯彻党的知识分子政策，做好党外知识分子工作。

四、落实政策，激发建设社会主义的积极性

镇远县委根据中央和省委、州委的部署，一是从 1979 年 1 月起，开始摘掉地主、富农分子的帽子，给予农村人民公社社员的待遇；其子女的个人成分一律定为社员。二是从 1979 年 1 月起，为国民党起义、投诚人员落实政策，享受了相应待遇。落实了对居住在县内的台湾同胞及去台人员在县内的亲属的政策。三是从 1979 年 11 月起，开始把小商、小贩、小手工业者及其他劳动者从原工商业者中区别出来，恢复他们社会主义劳动者身份，其身份一律改为干部或工人。四是认真落实知识分子政策，注意改善知识分子的工作条件和生活条件，培养和选拔专业人才。五是恢复党的统一战线工作，支持政协恢复活动，推动各方面的人才在国家政治生活、经济建设和文教科技领域发挥积极作用。六是落实党的民族政策和宗教政策，恢复宗教活动，尊重人民群众的宗教信仰自由。七是落实党的侨务政策，保护和褒扬侨胞爱祖国、爱故乡的热情，鼓励他们为支援祖国和家乡的建设作贡献。

党的政策的落实，县委正确地处理了人民内部的一系列矛盾，有效地调动了全县各个阶层的积极性，对促进社会的安定团结，巩固和发展爱国统一战线，推动镇远的四个现代化建设事业的发展，起了重要作用。

第五节　政治体制改革

政治体制改革是根据中央的部署，按照党政分开、下放权力的原则进行的。

其目的是建立有利于提高效率、增强活力和调动各方面积极性的行政管理体系。1987年10月召开党的十三大，把政治体制改革提到了重要日程，对政治体制改革提出了目标，制定了方针、政策和方法步骤。1988年3月7日，县委根据中央和省委、州委的指示，部署了政治体制改革工作，决定从1988年起，坚决、审慎地进行以机构改革为主要内容的政治体制改革工作。到2006年，镇远县政治体制改革工作取得了很大成效，推动了全县经济社会的快速发展。

一、党政分开

政治体制改革的首要问题是党政分开。为适应全党工作重心的转移，加速四化建设，县委根据中央指示，决定从1980年6月1日起，县委、县革委正式分开办公。并对县委、县革委的工作职责进行了分工：县委负责领导和管理各级党委、党组和县委各工作部门的工作，县革委负责领导和管理各区公所、公社管理委员会和县革委直属各工作部门的工作。

（一）成立中国共产党镇远县委员会

中国共产党镇远县委员会是全县各项事业的领导核心。它由县委委员、候补委员若干组成，其决策机构是县委常委会。县委受中共黔东南州委领导，驻潕阳镇兴隆街。

1. 县委下级地方组织

1976年10月，镇远县进入社会主义现代化建设时期。镇远县委下级地方组织有5个区委、21个公社党委。1980年7月，将21个公社党委调整为1个镇党委和23个公社党委。调整后，潕阳区委辖潕阳镇党委和涌溪、两路、黄桑、文德、半屯5个公社党委；金堡区委辖金堡、报京、松柏、洌洞4个公社党委；蕉溪区委辖蕉溪、罗溪、江古、大岭4个公社党委；青溪区委辖青浪、羊坪、后山、铺田、竹坪5个公社党委；羊场区辖羊场、都坪、大坝、尚寨、河坝5个公社党委。

1981年4月，潕阳镇升格为区级镇。1983年5月，潕阳区更名为涌溪区，河坝公社改称路腊公社。1984年3月，改各公社党委为乡（镇）党委。1985年，大地由路腊乡分出，建立中共大地乡委员会。县委的地方组织调整为6个区（镇）党委和24个乡（镇）党委。1992年，全县开展“撤区并乡建镇”工作，将全县6个区（镇）、24个乡（镇）调整为6个镇、6个乡。至此，镇远县委下辖㵲阳、蕉溪、青溪、羊坪、羊场、都坪6个镇党委，金堡、涌溪、报京、江古、大地、尚寨6个乡党委。

2. 设置县委工作机构

在社会主义现代化建设新时期，县委工作机构经过两个阶段的变化：从1976年10月到1983年12月，为恢复设立县委常设工作机构阶段。1979年恢复设立县委纪律检查委员会、县委党校、县委统战部。1982年7月建立中共镇远县委党史资料征集研究办公室（挂靠县委办公室）。1983年底，县委设办公室（含党史办）、组织部（含政策落实办）、宣传部（含精神文明办）、统战部（含对台办）、纪律检查委员会、党校6个工作机构。

1984年1月，根据中共中央、国务院关于机构改革的指示精神和省、州委关于“撤销重叠机构，合并相近机构，能改为经济实体的改为经济实体”的要求，进行县二级机构改革。1月30日，县委设组织部（含老干科）、宣传部（含通讯组），统战部（含对台办）、农工部（含城镇工作）、政法委员会、党校、县委办公室（含保密、党史、政研、联合信访科）。1984年3月，县委纪委改为县纪律检查委员会。1984年4月，建立县委档案局（1986年10月改属县政府档案局）。

在机构改革中，县委对部分工作机构领导成员进行了调整，使领导干部的文化结构，年龄结构有了改善，推进了各单位领导班子革命化、年轻化、知识化和专业化的“四化”进程。并根据省委关于“部、委、办跟局平级”的指示精神，对县内局级机构和二级局（副局级）机构作了进一步的明确。1984年8月，县委批准县纪委内部设置2科1室（纪检科、案审科、办公室）。

1986年3月建立县委老干部局、恢复县工商联合会，与此同时撤销农村工作部。7月，设立县委党史办公室。到1987年底，县委工作机构设有：办公室、组织部、宣传部、统战部、政法委员会、党校、党史办公室、直属机关委员会、对台办、老干部局。县纪委内部工作机构有：办公室、纪检科、案审科、信访科。

1997年1月20日，根据州委、州政府《关于镇远县县级机构改革方案的批复》，规范机构建制和称谓后，县委工作机构设：县委办公室、县委组织部、县委宣传部、县委统战部、县政法委员会（与县社会治安综合治理委员会办公室一个机构两块牌子）、县委离退休干部工作局、县机构编制委员会办公室、县直属机关委员会。县纪律检查委员会与县监察局合署办公，一个机构两块牌子。部、办管理的机构设置：县委机要局（副科级单位），归口县委办管理；县史志办公室，由县委党史研究室与县志办公室合署办公，正科级单位，归口县委办公室管理；县委保密委员会办公室（镇远县保密局），副科级单位，归口县委办管理；中共镇远县台湾工作办公室（含县政府台湾事务办公室），正科级单位，归口县委统战部管理。社团机构设置：县总工会、县妇女联合会、共青团镇远县委员会、县工商业联合会（称民间商会）、县科学技术协会、县残疾人联合会、县文学艺术界联合会、县老龄委员会。

（二）恢复镇远县人民政府

1981年5月11日，镇远县第八届人民代表大会第一次会议召开，大会根据五届全国人大二次会议通过的《关于修正〈中华人民共和国宪法〉若干规定的决议》和《中华人民共和国地方各级人民代表大会和地方各级政府组织法》的规定，取消县革命委员会，恢复县人民政府。县人民政府领导成员由县人民代表大会选举产生。8月6日，为了加强对县政府工作的领导，县委成立镇远县政府党组。此后即沿袭这一设置办法，各届均由党员县长任党组书记，党员副县长、办公室主任为党组成员。县人民政府受黔东南州人民政府和县委领导。机关驻㵲阳镇兴隆街。

1.调整设置县政府工作机构

1977年设县社队企业局，县科教办改为县文教办和县科委，县教育局改为县文教局。1978年设县体育局。1979年设县畜牧局、县计划生育办、县农业银行、县物价局、县文教办改教卫办。1980年设县统计局、县农牧局、县文教局改为县教育局、县工交办改为县经委。1981年恢复县人民政府后，设县司法局、县民族事务委员会、县交通局、县轻工业局、县建委、县环保局、县文化局。1982年设县志办、县医药管理局。1983年设县审计局、县手工业管理局、县农业区划办，县体育局改为县体育运动委员会。1984年设县档案局（当时属县委，1986年属政府）、县人事劳动局、县烟草局、县农牧局、县广播电视局、县农机局改为县农机站、县社队企业局改为县乡镇企业局，县计划生育办改为县计划生育委员会。1985年设县外事办、县外协办、县工商银行、县保险公司、县手管局改为县轻工局、县农办改为县农委。1986年设县信访办公室。1987年设县计量局，县建委与县环保局合为县城建局，县农委改为县农经委。到1987年底，县政府先后设立工作机构（包括双管单位）共63个。

1997年1月20日，根据州委、州政府《关于镇远县县级机构改革方案的批复》，县政府工作机构设置：县政府办公室（含试验区办公室、山林水土权属争议调处办公室，挂靠政府办，对外挂牌）、计划与经济贸易局、农业办公室、教育局、科学技术局、监察局（与纪委合署办公）、民政局、公安局、司法局、财政局、地方税务局、民族事务局、人事劳动局、建设局、国土局、交通局、农业局、林业局、水利电力局、乡镇企业局、文化广播电视局、卫生局、计划生育局、工商行政管理局、物价技术监督局、统计局、审计局共27个。此外，改变性质的机构设置：档案局（县政府直属正科级单位）、农业机械事业局（县政府直属正科级事业单位）、体育事业局（县政府直属正科级事业单位），粮食局与粮油贸易总公司为两块牌子，一套人员，商业总公司（对外挂商业局牌子），旅游事业局（县政府直属正科级事业单位），县轻纺工业总会（挂县集体工业联社牌子）。

此后，县政府工作机构虽有小调整，但总体格局没有改变。

2. 县政府下级地方组织

1976年10月，镇远县革命委员会下级地方组织为5个区革命委员会和21个人民公社革命委员会。1979年4月，改各区革命委员会为区公所。1980年7月，改各人民公社革命委员会为人民公社管理委员会。同时，㵲阳人民公社革委改称㵲阳镇政府，恢复半屯、后山、松柏人民公社，建立公社管理委员会。

1981年5月，县革委改为县政府后，其下级地方组织为5个区公所、23个人民公社管理委员会和1个镇政府。1983年5月，改㵲阳区为涌溪区、河坝公社为路腊公社。1984年3月，根据中共中央《关于政社分开建立乡政府的通知》精神和《中华人民共和国宪法》规定，将全县23个人民公社管理委员会改为5个镇政府和23个乡政府。1985年6月，大地从路腊乡分出，建立大地乡政府后，县政府下级地方组织为6个区（镇）24个乡（镇）：㵲阳镇政府辖府、卫城办事处；涌溪区公所辖涌溪、两路、黄桑、文德、半屯乡政府；金堡区公所辖金堡、报京、松柏、冽洞乡政府；蕉溪区公所辖蕉溪镇、罗溪、江古、大岭乡政府；青溪区公所辖青浪镇、羊坪镇、后山、铺田、竹坪乡政府；羊场区公所辖羊场镇、都坪镇、大坝、尚寨、大地、路腊乡政府。1988 年 10 月 15 日，成立尚寨土家族乡政府。

1992 年，“撤区并乡建镇”工作结束后，县政府下级地方组织调整为 6 个镇人民政府、6 个乡人民政府，即㵲阳、蕉溪、青溪、羊坪、羊场、都坪镇人民政府，金堡、涌溪、报京、江古、大地、尚寨乡人民政府。

二、民主政治与法制建设

1981 年 5 月，根据《中华人民共和国地方各级人民代表大会和地方各级政府组织法》的规定，镇远县第八届人民代表大会开始设立镇远县人民代表大会常务委员会。同时，恢复县政协活动。全县民主政治与法制建设得到进一步加强。

（一）镇远县人民代表大会

1981 年 5 月，根据 1979 年 7 月全国第五届人民代表大会第二次会议通过的《关于修正〈中华人民共和国宪法〉若干规定的决议》和《中华人民共和国地方各级人民代表大会和地方各级政府组织法》的规定，在镇远县第八届人民代表大会第一次会议上选举产生了镇远县人民代表大会常务委员会。1981 年 11 月建立县人大常委会党组。1982 年 10 月，五届全国人大五次会议关于修改《中华人民共和国地方各级人民代表大会和地方各级政府组织法》的决议的规定，县人民代表大会每届任期三年。县人民代表大会选举产生县人大常委会主任、副主任、委员，选举产生县政府县长、副县长，选举产生县人民法院院长、县人民检察院检察长。县人民代表大会常务委员会机关驻㵲阳镇兴隆街。

1981 年 5 月，镇远县人民代表大会常务委员会由第八届一次会议设的一个办公室，发展到五科一室，即办公室、法制科、财经科、教科文科、民族科、代表科。1992 年 1 月，县人大常委会“法制、经济、教科卫、代表”四个工作科改为“法制、财政、教科文卫、信访联络”四个工作委员会，四个科的正副科长改称为工作委员会正副主任。1993 年 4 月 30 日，设立民族工作委员会。

（二）成立中国人民政治协商会议镇远县委员会

中国人民政治协商会议镇远县委员会，于 1955 年 4 月 26 日正式成立。它是中国共产党镇远县委员会领导的，由中共镇远县委员会的代表、无党派民主人士、各人民团体、少数民族和各界的代表以及特别邀请人士组成的，具有广泛代表性的人民民主统一战线组织。政协镇远县第一、二、三、四届委员会都没有成立中共党组。1966—1976 年间，县政协的工作停止，机构也随之消失。1979 年 11 月，全省统战工作会议召开后，恢复县政协组织。1981 年 5 月，召开县政协第五届委员会第一次会议，选举产生了新一届县政协领导班子。为了加强党对政协工作的领导，1984 年 9 月县委决定，在县政协成立中共镇远县政协委员会党组，此后各届县政协均设立党组。县政协党组作为中共镇远县委的派出机构，在政协组织中发挥核心作用。县政协机关驻㵲阳镇兴隆街。

1. 县政协内设机构

1981 年 5 月，政协镇远县第五届委员会设立学习、提案工作委员会和经济、科教、文史、农村工作组。1984 年 8 月，政协镇远县第六届委员会改设科教（含卫生、体育、智力支边）、经济委员会，增设祖国统一工作组。1987 年 6 月，政协镇远县第七届委员会，又改设为提案工作、文史资料征编工作、科教文卫体工作、经济工作、联谊工作委员会、秘书处和办公室。从 1993 年 3 月的第九届委员会起，县政协的工作机构设办公室、提案法制委员会、文史学习委员会、经济科技委员会、教卫文体委员会、联谊委员会、智力支边办公室。

2. 政协主要职能

县政协在县委的领导下，充分发挥爱国统一战线组织的作用。坚持“长期共存、互相监督、肝胆相照、荣辱与共”的方针，围绕团结和民主两大主题，履行“政治协商、民主监督、参政议政”的职能。一是通过召开全委会、常委会、主席会等形式听取和讨论县政府及其各工作部门的工作报告，为县委、县政府的工作建言献策。二是列席县人代会，听取和讨论县政府工作报告和其他报告。三是开展视察、调研活动，撰写调研文章，反映经济社会建设中存在的问题，并对群众反映的问题向县委、县政府反映。与此同时，县政协还积极开展学习，开展文史征编、教卫文体、经济科技、智力支边等工作。

3. 加强政治协商工作

在建设有中国特色社会主义的新形势下，人民政协的职能作用不但不能削弱，而且还应进一步加强，并使之形成制度化、规范化。根据省委、州委的有关文件精神，1993 年至 2003 年，县委提出了一系列意见和措施，加强对县政协的领导。

1993年9月10日，县委提出《关于进一步加强政治协商、民主监督的意见》，规范和加强政协工作。2000年6月25日，县委提出《中共镇远县委关于进一步加强和完善党对政协工作的领导的意见》，进一步明确了政协的主要职能。2006年初，中共中央提出《关于加强人民政协工作的意见》。为学习好、贯彻好中央精神，进一步加强人民政协工作，2006年11月21日，县委提出《关于加强人民政协工作的实施意见》。该实施意见还对认真落实人民政协履行职能作出了具体规定。政协组织的政协界别和委员参加各项活动是国家规定的公务行为，各部门和单位要提供便利，任何部门单位和个人都不得阻挠政协组织和委员行使民主权利。政协委员所在单位应大力支持委员工作，从时间、工作经费、车辆等方面提供保障。

（三）健全社会主义法制

1994年10月13日，根据中央、省、州委关于"政法委员会协同组织部管理政法部门领导干部"的指示，县委决定由县委政法委员会协助县委组织部管理县法院副院长、党组正、副书记，县检察院副检察长、党组正、副书记，县公安局正、副局长、正、副政委，县司法局正、副局长、党组正、副书记及政法各家下属的科、股、庭、室正副职的任免，各乡镇综治办主任的任免工作。这些干部的任免均由县委政法委员会协同县委组织部共同考察并提出意见，由县委组织部报县委审批。同时，县直政法部门党组、党委的民主生活会，必须邀请县委政法委派员参加。从此，政法工作逐步走上正轨。

1. 审判工作

党的十一届三中全会以后，随着改革开放政策的实施以及社会主义民主与法制建设的加强，法院工作逐步走上法制化轨道。各级人民法院的审判工作由原来的刑事、民事两大审判发展为刑事、民事、经济、行政、控告申诉五大审判和执行工作。

在"严打"斗争中，县法院突出打击重点，始终把打击锋芒对准杀人、抢劫、爆炸、流氓、强奸、涉枪等暴力犯罪，以及社会上比较突出的拐卖妇女儿童、贩卖毒品、重大盗窃等犯罪，全力维护社会稳定。在严厉打击经济犯罪的斗争中，坚持把贪污、贿赂等犯罪行为作为打击重点。同时，坚决打击金融诈骗，偷税抗税骗税，走私贩私，伪造、虚开增值税专用发票，制售假冒伪劣商品等犯罪活动，以维护市场经济秩序。在此期间，积极开展民事、经济、行政案件的审判和执行工作，以保护公民、法人和其他社会组织的合法权益。

各乡镇人民法庭作为县人民法院的派出机构，担负着70%的民事案件、60%的经济纠纷案件和部分轻微刑事案件，以及一些行政诉讼案件的审判任务。同时，人民法庭对人民调解组织进行业务指导，开展法制宣传教育，运用审判职能参与社会治安综合治理，在改革和建设服务等方面都做了大量工作。1989年5月，省七届七次人大常委会通过《贵州省人民法庭工作条例》，使人民法庭工作得到规范和发展。1999年，全县设立人民法庭6个。

2. 检察工作

1978年8月，镇远县检察院恢复后，检察业务不断扩大，由我国成立初期的反革命案件检察、普通刑事案件检察、监所劳改检察发展成为刑事检察、经济检察、法纪检察、监所检察、控告申诉检察、民事行政检察。

1993年中共中央作出深入开展反腐败斗争的决定以后，县人民检察院按照省、州的部署，重点查办贪污受贿、渎职等职务犯罪案件，特别是查办科级以上领导干部的犯罪案件。1997年8月，成立反贪局。在深入反腐败查办大案要案中，对那些数额大、破坏性大、腐蚀性大的案件，特别是直接危害改革开放、搞活经济的案件，坚决抓住不放，一查到底，决不手软，并由领导亲自办理。

镇远县人民检察院开展刑事检察案件、经济检察案件、法纪检察案件、监所检察案件、控告申诉检察案件、民事行政检察案件工作，使各类犯罪分子受到了应有的惩处，人民利益得到合法保护。

3. 公安工作

党的十一届三中全会以后，镇远县公安系统机构逐步完善，公安工作沿着健康轨道发展。从1979年起，镇远县公安机关坚决贯彻中共中央、全国人大常委会提出的“从重从快打击严重危害社会治安刑事犯罪活动”的方针，对犯罪分子进行严厉打击。从1981年起实施分阶段进行“严打”斗争。1987年以后，加强打击流窜、抓逃犯、反盗窃、破大案、打团伙、禁毒品、打击拐卖妇女儿童和卖淫嫖娼等专项治理和集中统一打击行动。2001年3月起，全县开展“打黑除恶”专项斗争。全县公安机关加大对黄、赌、毒、黑等社会丑恶现象的查禁和打击力度，净化社会风气，努力为改革开放和经济建设创造文明健康的社会环境。

4. 司法行政工作

1980 年 11 月，县司法局成立。随后，县司法部门在全县深入开展普法教育活动，深入学习邓小平关于社会主义民主与法制建设的理论，开展宪法和法律知识教育，着重抓好社会主义市场经济法律知识的普及，通过普法和依法治理规划的实施，基本实现了由提高全民法律意识向提高全民法律素质、由一般地强调学法用法向全方位推进依法治理、由注重依靠行政手段管理向注重运用法律手段管理的转变，不断提高依法行政、公正司法水平，推进依法治县工作进程。

1998 年 10 月，根据省、州有关文件精神，县委决定成立县依法治县工作领导小组，深入开展依法治县工作，贯彻落实党的十五大提出的“依法治国，建设社会主义法制国家”的基本方略，有组织、有计划、有步骤地推进依法治县。各级行政执法机关基本实现执法主体明确，执法权责明晰，执法程序完善，执法行为规范，基本做到了严格依法行政；司法机关的职能作用充分发挥，办案责任制和冤案、错案责任追究制得以认真推行，树立起公正司法的良好形象；执法监督进一步加强，执法监督机制逐步健全；普法教育取得明显成效，公民法制意识显著增强，依法治理活动深入开展，基层各项管理工作基本实现法制化、规范化，专项治理效果明显，全县经济和各项事业在法治轨道上健康发展。

第三章　繁荣发展经济　改善民生福祉

第一节　对农业的社会主义改造

1952 年下半年，党中央提出了党在过渡时期的总路线和总任务，就是要在一个相当长的时间内，逐步实现国家的社会主义工业化，逐步实现国家对农业、手工业和资本主义工商业的社会主义改造。

镇远县广大人民在抗美援朝、土地改革、镇压反革命三大运动结束以后，不仅在政治上翻了身，而且实现了“耕者有其田”的梦想，做了土地的主人。

然而，农民高兴没有多久，就遇到了一个又一个困难。刚刚从封建制度下解放出来的小农经济十分脆弱，经不起风吹雨打；一家一户的生产，无力抗御天灾、人祸。部分地方已出现农民卖田地、卖青苗，重新走向破产。为数不少的农户在春耕生产中存在耕牛缺乏、农具不齐、种子没有、资金不足、劳力有限、田地种不出来，大忙季节缺口粮等情况。而少数富裕农民则高利放贷、放粮，盘剥贫苦农民。农村两极分化的势头，已在部分地方显现出来。

为了帮助广大农民走出困境，更为了满足城市和工业对粮食和农产品不断增长的需求，1951 年 10 月，中共中央作出了《关于农业生产互助合作的决议（草案）》，县委及时组织传达、学习和贯彻。全县的合作化运动分为三个阶段进行。

（一）组织成立农业互助组

1952 年 1 月中旬，全县召开第一次农民代表会议，专题讨论在农村开展农业生产互助问题。会后，县委派出工作组到各乡镇开展试点工作。1 月 28 日，第一个以换工形式建立起来的农业互助组——㵲阳镇大菜园余明镜互助组成立。随后有太极镇（两路）易国成互助组、涌溪乡龙政明互助组和杨政林互助组、青浪镇刘祝英互助组、蕉溪镇杨老菊互助组、羊场乡颜树清互助组、金堡乡罗顺互助组、江古乡张光国互助组等陆续建立。

3月19日，县委在全县农业生产会议上要求在全县农村先组织临时季节性的互助组。会后，各乡镇村的农民协会为了搞好生产，在工作组的指导下，建立以群众习惯、自愿互利为原则的各种形式的互助组，有临时性、季节性、常年性的，其规模户数也各不相同，有四五户，六七户的，也有十几户的，视村寨大小、自愿组合而定。在换工互助的过程中，劳力强的干重活，如犁田、犁土等；劳力弱的干轻活，如薅土、薅秧等。互助组主要在春耕、秋收、秋种中发挥互助作用，同时帮助参军、外出或生病、缺乏劳动力户解决生产上的困难。每个互助组有一名组长，负责安排本组生产劳动。互助组通常是在哪家干活就在哪家吃饭。常年互助组，则根据劳动力进行搭配，主要劳力和半劳力搭配，劳力多与劳力少或无劳力的户兼顾搭配，在农会指导协调下开展生产互助。至1952年5月30日止，全县农业互助组发展到890个，其中按习惯换活路的201个，临时季节性的687个，常年性的2个。

此间，县委、县政府针对全县虫灾严重的情况，决定组织群众灭虫，要求各区乡镇党委政府切实加强领导。全县组织2万人到大地乡、江古乡等地开展规模空前的灭虫运动，有力地推动了农业生产互助组的发展。6月3日至6日，县委召开全县互助组代表大会，107名代表参加了会议。会议总结了建立互助组以来的情况，提出了下步发展意见。同时组织参会代表参观了大菜园余明镜互助组，学习他们的互助方式，即换工转为评分计工。通过参观，代表们开阔了眼界、增长了知识。7月至10月，县委连续举办三期农民积极分子训练班，培训人员840人，其中有144名在训练班学习期间加入了中国共产党。他们返村后，为农业生产互助组的健康发展提供了组织保障。1953年，全县各区乡按照"自愿、互利、民主管理"的原则，普遍建立了常年互助组。

1953年3月，县委、县政府为了进一步加强对农业生产的领导，将全县4个区13个乡镇改划为4个区41个乡镇。4个区，即青溪区、龙场区（羊场）、涌溪区、蕉溪区。41个乡镇，即㵲阳镇、涌溪乡、芽溪乡、文德乡、两路乡、黄桑乡、苦李乡、溪头乡、新民乡（金堡）、冽洞乡、松明乡、松柏乡、爱河乡、报京乡、盛宁乡（蕉溪）、鱼塘乡、罗溪乡、江古乡、白果乡、大岭乡、青浪镇、鸡鸣乡、后山乡、大塘乡、羊坪乡、龙塘乡、竹坪乡、铺田乡、柏杨乡、龙场乡（羊场）、小坝乡、龙洞乡、天印乡、平新乡、拱桥乡、都坪乡、白龙乡、大地乡、尚寨乡、律令乡、河坝乡。调整后，将区政府改称区公所（作为县政府的派出机构），乡（镇）称为政府。县委、县政府要求各乡镇作好春耕备耕工作，大兴农田水利，开展爱国增产竞赛活动。

4月8日，县委就农业生产问题，要求各区乡在整顿互助组工作中，各级干部要因地制宜，克服冒进情绪。县委书记孔仲民亲自带工作组到两路口搞试点，县长王际鲁到新民乡（金堡），宣传部长姜毓宣到青溪区蹲点工作，县委办公室负责大菜园，县政府农业科负责小田溪。7月份，全县各区乡干部先后参加整风，学习中共中央《关于农业生产互助合作的决议》，纠正各级干部在农业互助合作运动中的急躁冒进情绪，进一步明确要扶持、依靠贫农，团结中农和其他劳动群众，限制富农剥削，促进互助合作，发展农业生产。县委根据地委“生产压倒一切”的指示，要求县区领导干部搞试点，以互助组代表会的形式，推广先进生产经验。同年11月5日，县委在青溪区举办了全县农业生产互助合作骨干训练班，培训骨干215名，主要学习《关于农业生产互助合作的决议》。此后，互助组迅速发展到全县的村村寨寨，到当年12月12日，全县互助组发展到2538个，有15229户参加，占全县农户总数的79.8%，互助组耕地为141630亩，占全县耕地总面积的82%。当年完成认购统购粮497.9万公斤，超额58.21万公斤，增长11.6%。

（二）组织创办初级农业生产合作社

1953年10月，中央作出关于实行粮食的计划收购和计划供应（简称统购统销）的决定。这一决定推动了农业互助合作和对私营粮商的改造，具有非常重要的意义。为全面贯彻落实中央的决定，县委于1954年1月17日作出了《关于1954年粮食统购统销计划》，决定在全县开展社会主义教育，向广大人民宣传党在过渡时期的总路线，并计划本年粮食总产要达到3202.74万公斤，推广水稻良种7000亩以上，玉米1000亩以上，小麦1500亩以上，训练农技员200名，确保完成全年生产计划。随着形势的发展，以生产资料私有的互助组已经不能适应生产的需要，再加上洪涝灾害造成的困难不能克服，建立更大的互助合作组织已迫在眉睫。2月8日，参加全省农代会的代表易国成回县后，创办了全县第一个初级农业生产合作社——两路乡前进农业生产合作社，易国成担任社长，16户农民入社。初级农业生产合作社（简称初级社），不仅规模比互助组大，更重要的是生产资料所有制的性质发生了一定变化，实行土地入股分红和按劳分配相结合，当时称为半社会主义性质。

两路乡前进农业生产合作社建社时，采取本人申请，集体评议，贫雇农、劳动态度好的中农先入社。地、富、反、坏分子暂不准入社。其产量采取自报公议，以常年产量为准，个别调整解决。民主选举了管理委员会委员7人，其中主任1人。实行分工负责制，制订了生产计划。分两个组负责田间生产，一个组负责旱地作物。在易国成初级社的影响下，两路乡其他互助组纷纷要求组织农业社。3月15日，县委召开全县农业生产代表会议，937人参加，学习贯彻了省委《关于掀起一个大规模的群众爱国增产运动的指示》，部署春耕生产，水稻种植136620亩。会议组织参观了打米机、抽水机等农业机械，增强了农民代表的农业机械意识。会后，全县初级农业生产合作社如雨后春笋，蓬勃生起。到当年8月26日，全县已建初级社50个。县委在贯彻全国第二次农村工作会议精神时强调：党在农村的工作中心是发展农业生产合作化。三秋工作开始后，全县农业生产合作社的秋种面积大幅度增加，油菜种植面积比上年增加了179%，小麦种植面积比上年增加58%。初级社比互助组种得多、种得快、种得好。

1954年12月8日，县委调查两路乡前进农业生产合作社谷物分配情况，该社实行统收统分，土地股按稻谷折合交租，其余粮食作物按劳动日分配，经济作物按货币分配。全社谷物比1953年增产11.7%。干部、群众说："农业生产合作社的主要好处是：一是可以集中人力、物力和财力，生产统一，劳力统一，合理使用劳动力，提高效率，改善管理，发展多种经济，增加社员收入。二是可以解决山林、土地、水源纠纷，有利于民族团结。三是便于进行社会主义教育，提高人民群众的文化知识。"他们纷纷要求加入。到1955年春，全县建立了初级社92个，2220户加入合作社。5月中旬，县委召开全县干部会议，要求各乡镇党支部切实把领导重心放到互助合作上，重视党在农村的思想建设，搞好生产，增进民族团结，打击破坏互助合作的坏人坏事，进一步促进农业生产合作化向前发展。

（三）全面掀起高级农业生产合作化

1955年9月20日，县委召开了扩大会议，传达毛泽东主席《关于农业合作化问题的指示》，部署全县农业合作化工作，要求广大党员、干部要努力学习党的路线、方针和政策，提高觉悟，发挥党支部战斗堡垒作用和党员的模范带头作用。会后，县委在涌溪乡开展农业合作化规划试点工作，为全县农业合作化规划提供经验依据。11月20日，县委对文德乡整党整社试点工作进行全面总结。该乡设党总支1个，下设4个支部，形成合作化的领导核心，27名党员均参加合作社，其中17人担任合作社的正副主任。该乡原有初级农业生产合作社7个，新发展8个，共15个社。入社农户531户，占总农户84%，在全县率先实现农业合作化。

1956年元月，县委召开全县党员、干部千人大会，传达贯彻省委第六次党代会精神，学习中共中央《关于农业合作化问题的决议》《关于农业发展纲要》40条和省委《关于试办高级农业生产合作社若干具体问题的处理意见》，会议结合县情对高级社的土地、农具、林木、股份基金和地主、富农入社问题进行了充分的讨论和研究。会议结束后，全县第一个高级农业生产合作社——溮阳镇韭（菜坪）、（小田）溪、（柏杨）坪、（大菜）园联合社（拖拉机集体农庄）成立。

同年3月底，全县基本实现了高级农业合作化，共建高级社58个，初级社1个，入社19116户，占总农户的95%。到1957年3月，全县共建成高级社64个，入社农户19722户，占总农户98%以上。土地归集体所有，耕牛、农具、山林折价入社，土地、劳力由集体统一安排，完全实行按劳分配，是社会主义的集体所有制。至此，镇远县全面完成了对农业的社会主义改造。

第二节　对手工业和资本主义工商业的社会主义改造

一、对手工业的社会主义改造

解放初，县委、县政府对手工业的领导工作，主要是抓生产的恢复，通过发放低息贷款、优惠供应原材料，加工订货、收购包销新产品等措施，帮助手工业者克服生产、供应、销售中的困难。在此基础上，县委、县政府通过组织手工业供销合作小组、手工业供销生产合作社、手工业生产合作社三种形式，逐步对全县个体手工业进行社会主义改造。据调查，当时全县手工业行业有：冶铁、红炉、木匠、解匠、棕业、竹编、铧口、织布、纺纱、染布、缝纫、油榨、水碾、制革、皮鞋、布鞋、补鞋、小五金、弹花、修锁、印刷、玻璃制品、搬运、建筑、烧砖瓦、拣瓦、磨面、制粉、理发、制糖、糕点、屠宰、钟表修理、裱糊、烟丝、卷烟、圆桶匠、骟猪、铸锅鼎、烧石灰、马车、船运、打鱼、石匠、造土纸、熬碱、打猎等48种，有1932户，占全县总户数的11.07%，从业人员2857人，占全县总人口的2.83%，在全县国民经济的发展中起着十分重要的作用。

1951年6月，全国召开第一次手工业合作会议，明确提出了“领导手工业最基本的方向是组织手工业生产合作社”，并提出扶持手工业的几种方法，即在已经开展土地改革并在手工业比较集中的地方，有重点地组织手工业生产合作社；吸收手工业者参加供销合作社，按手工业分类组织生产小组，由供销合作社帮助其推销产品，供给原料，组织联营（联购联销），贸易公司加工订货，银行有重点地放贷，诱导私商和小商贩将资金投向手工业等。当时手工业的情况是：一是技术落后，工具简单，手工操作。二是生产分散，一家一户形成一个生产单位，全县除青溪冶铁业由数十或上百人组成一个生产单位外，其余行业均为单家独户，生产盲目性大。三是缺乏资金，周转困难，无力扩大再生产，做点吃点。四是受私商控制，原料供应及产品销出依赖私商，价格任其左右。五是农村手工业者绝大部分是以农业为主，手工业为辅；城镇手工业多为自产自销。六是产品原料主要来自本县，产品本地销售。青溪铁厂于1950年底恢复生产后，据统计，

1951 年一季度生产毛铁 201224 公斤，供应本专区各县 134598 公斤，销湖南省 66626 公斤，外销占 33.1%。

1953 年 1 月 23 日，县委根据省委的决定，按照全国《手工业生产合作社章程准则（草案）》规定的政策要求，召开全县干部会议，针对全县手工业工艺落后，生产分散，特别是农民兼营的手工业带有很大的临时性和季节性，很不稳定的情况，为改变手工业分散落后的状况，以适应土改后人民不断增长的物质生活需要，组织学习贯彻党在过渡时期的总路线、总任务。县委遵照中央“统筹兼顾、全面安排、积极领导、稳步前进”的方针和自愿互利的原则，安排手工业生产合作社的试点工作。被安排试办的手工业生产合作社，由于初步改善了劳动生产条件，实行了劳动分工协作，生产情绪高涨，又得到国家供销社在资金、原材料等方面的扶持，供、产、销的困难得到解决，因而生产获得较快的发展，初步显示了组织起来的优越性。当时，中央对手工业进行社会主义改造的决定中明确的原则是：有劳资关系的由国营负责进行改造，对小手工业者归供销合作社负责。提出办好手工业社应坚持“自愿原则”，做到互利，要有计划性，防止盲目性，清除资本主义经营思想。随着全县农业互助合作化运动的发展，手工业生产合作社和手工业生产合作小组从 1953 年 6 月开始，采取与商业社会主义改造相类似的步骤，其过渡形式是从供销小组到手工业供销合作社，再发展到手工业生产合作社。农民兼营的手工业者纳入商业社会主义改造中同步进行。最初通过深入发动和加工订货，将部分手工业者组织成生产小组或加工厂。1953 年 9 月，镇远县城关建立了手工业劳动者协会，全县在已组成加工组的基础上，通过组织学习国家对手工业进行社会主义改造的政策和外地组织起来取得效益的典型材料，本着自愿互利的原则，进一步帮助他们建立各种合作组织。到年末，已组织起来的手工业有 12 个行业（冶炼、红炉、缝纫、木业、竹器、油榨、糖果、织布、皮鞋、制革、印刷、染布），168 户，占全县手工业户的 8.7%，434 人，占从业人员总数的 15.2%；其中：加工厂 5 个，生产工人 220 名；生产供销社 4 个，47 户，社员 56 人；生产合作社 2 个，30 户，社员 33 名；生产供销小组 11 个，71 户，组员 94 名；生产小组 1 个，8 户，组员 14 名；供销社长期雇请的加工工人 12 户，17 人；另有供销社季节性的与之签订加工和包销合同行业 4 个，27 人（此数不在合计内）。全年完成加工生产总值 404510 元，占当年供销零售总值的 24.7%。

1953 年县政府设立了专管手工业改造的机构，向各行业派出了公方代表，同时配备专职人员，加强此项工作。1954 年 2 月，县委根据省委关于通过加强加工订货和开展过渡时期总路线的宣传教育，重点试办手工业生产合作社的决定，积极推动手工业合作组织的发展。1954 年 6 月末，全县共组成生产小组 42 个，加工厂 1 个，它们是：铁农具生产小组 10 个，64 人；缝纫生产小组 4 个，21 户；榨油生产小组 14 个，40 户；糖果生产小组 2 个，3 户；染布加工小组 3 个，14 人；竹器加工组 5 个，18 户；木器加工组 4 个，20 户；炼铁加工厂 1 个，167 人。

1955 年 9 月，县委、县政府根据省委第一次手工业会议精神，决定成立了镇远县手工业生产合作社联合社，与镇远县手工业管理科合署办公。要求手工业合作社必须遵循“先在为农业生产服务的行业中建社，训练一定数量的建社骨干，坚持自愿互利”三项原则。提出加快手工业合作化的步伐。于是，1956 年初，手工业合作化形成高潮。县供销社主要担负安排农村初级市场及改造私商的任务，对农村手工业和私营商业进行归口管理。其他的归入商业、效能部门合作组织，初步形成镇远县手工业集体经济的雏形。对手工业实行社会主义改造的工作全面铺开后，全县在“统筹兼顾、全面安排、积极领导、稳步前进”的方针指导下，各级加强了对手工业社会主义改造工作的领导，建立了手工业办事机构，并相应建立了手工业中的党、团、工会及妇联组织。

1956 年 6 月，县委决定召开全县第一届手工业合作社社员代表大会，正式成立了“镇远县手工业生产合作社联合社”。联社属群众性的联合组织，县委农工部长何应祥兼任主任，县长陶巨风兼任监事会主任。当时全县组建有：城关建立了铁具生产合作社、利群缝纫社、雨伞合作社、光明木器合作社、竹器生产合作社、群新染布合作社、制鞋生产合作社、胜光缝纫社、惠群缝纫社、金属生产合作社、新民木器社、建筑生产合作社、砖瓦合作社、石灰生产合作社、弹花合作社、织布合作社、针织合作社、皮件合作社、肥皂合作社、碾磨合作社、新华渔业社、道菜生产合作社、利民刊刻社、建新机修社，共 25 个社，641 户 852 人，入社股金 2994 元，原有资金 71827 元，积累 65552 元。此外，蕉溪有 7 个生产合作社，共 90 户 116 人；青溪有 8 个生产合作社，共 103 户 142 人；羊场有4个生产合作社，共41户60人。全县共建立44个生产合作社，共875户11170人，入社股金14643元，原有资金87122元，积累73918元。各行业生产合作社的成立，标志着基本实现了全县手工业合作化。

1956年8月8日，县委根据省委关于整顿手工业合作社组织几个问题的指示，召开全县手工业工作会议，对全县手工业合作社进行了整顿工作。为此，初步奠定了镇远县社会主义计划经济中手工业的基础。

二、对资本主义工商业的社会主义改造

镇远从新中国建立县委、县政府开始，经济社会的发展就由新民主主义进入向社会主义转变的过渡时期。为了由新民主主义过渡到社会主义，党中央提出了过渡时期的总路线和总任务，逐步开展对资本主义工商业的社会主义改造工作。我们党对资本主义工商业进行利用、限制、改造的目的，就是要把私营工商业改变为社会主义性质的企业。

中华人民共和国成立初期，县委、县政府严格执行《约法八章》"保护工商业"，积极采取帮助措施，扶持已经关闭的工商业重新开业，采取的主要措施是：一是调整公私关系。主要是通过扩大城乡物资交流，明确私商经营范围，对私商发放贷款。在价格、原材料、销售、税收等方面给予照顾。县委同时积极开展加工订货、预购等扶助措施，保障私商正常经营，使私商有利可图。二是调整劳资关系。县委在确认工人（店员）民主权利的前提下，通过劳资协商解决劳资纠纷。三是引导私营工商业克服经营的投机性和盲目性。四是对私营工商业实行对口管理。从而初步扭转工商业的动荡局面，私营工商业获得复苏。

对资本主义工商业的社会主义改造，是根据全国的政治经济条件和民族资本主义的特点，采取赎买的办法，贯彻利用、限制、改造的方针，通过由低级到高级的国家资本主义的形式来实现的。据1951年10月统计，全县已恢复工商业22个行业842户，有资金223713万元（旧币），比建国初期增加2个行业，新增工商户396户。1952年底，经登记发证，全县坐商发展到607户，摊贩478户，从业人员达2768人，其中：个体工商业992人，饮食业268人，私营工业48人，交通运输业33人，服务业135人，手工业有937人。杂货、缝纫、屠宰、木器等行业由恢复走向发展。此后，粮食、茶叶、土酒土烟行业因国营商业

开始经营，逐步走向衰落。

（一）对城关资本主义工商业的社会主义改造

1950年8月，县委、县政府正式接收旧工商会。同月19日成立新的“镇远城关工商联合会”，对摊贩进行初步登记。1951年4月，根据“会章”规定对“联合会”进行改选，增设摊贩委员两名，重新对摊贩进行全面登记，并以街道为单位建立七个摊贩大组，按组定期组织学习，帮助从商人员提高认识。按照“扶助城乡私人资本主义，努力引导其有利于国计民生方向发展”的精神，组织动员总工会和商会合并，组织开展联营，将原银匠业改组为劳联，把多余的资金转向市场急需的土产品运输；结合市场供求变化，又把18家酒业转营杂货业，把16家香烟铺组建为“六合商行”，经营土特产运输，都收到了较好的经济效益，个体工商户由解放时的378户增到427户。这是镇远当时在全省的一个创举。开展合营后，镇远广益联营社1951年7月至11月营业额13870元，充分调动了大部分私营工商业户的经营积极性。镇远城关在解放前号称“皮头大王”的李俊琪关了几年的店门不做生意，也开起了布店。镇远城商贩经营十分活跃，市场出现繁荣景象。

随着土地改革运动的完成，农业丰收，经济有所好转，城乡市场更为活跃，私营商业由恢复走向发展。为了发挥资本主义工商业在国民经济恢复和发展中的作用，县委、县政府根据党中央关于调整工商业的指示，通过加工订货、统购包销和经销的形式，解决部分私营工商业企业生产经营中的困难，实际上是将一部分私营纳入了国家计划，成为国家资本主义的一种初级形式。从1952年开始，这种形式由重点行业发展到一般行业，由较大企业发展到小企业。同时，临时性的加工、收购已经发展为定期、定量或常年加工订货、统购包销。通过初级形式的国家资本主义，部分私营企业开始依附于国营经济企业之间原有的经济联系逐步被割断。从1953年开始，县委、县政府根据国家规定，对私营工商企业的利润按照所得税、工人福利奖金、企业公积金、资方股息红利四个方面实行“四马分肥”的分配原则，资本家只得企业全部盈利的四分之一，职工有权监督，从而使资本家的经营管理权受到限制。当时，㵲阳镇有工商业22个行业787户，全县工商户由842户上升到1085户，主要是发展了土产、杂货业和马车业，其中1—3季度商业经营额的公私比重，公营占44.6%，私营占55.4%。

在抗美援朝期间，因放松市场管理，资产阶级唯利是图的本性很快暴露出来。他们大肆施行行贿、偷税漏税、偷工减料、盗窃国家资财和国家经济情报，用抢购物资，囤积居奇，哄抬物价等手段，牟取非法利润，扰乱了市场，造成全县市场供应紧张，群众十分不满。县委、县政府为打击资产阶级的嚣张气焰，于1952年4月2日在私营工商业中开展反行贿、反偷税漏税、反偷工减料、反盗窃国家资财、反盗窃国家经济情报的“五反”运动。年底，对私营工商业实行“利用、限制、改造”的政策。即采取三种形式进行管理，即初级：国营商业委托代购部分农副产品，代销部分日用工业品；中级：对私营手工业开展加工、订货、统购、包销，组织部分私商转为国营商业的经销、代销商店；高级：组织各种形式的私商联营社、公私联合。同时在工业品经销批发中缩小私商活动范围，只放开一些与国计民生关系较小的商品让其经营。加上国营商业迅速发展，镇远市场初步形成以国营商业成分为主体的流动体制，私营工商业经营额逐步缩小。

1953年夏季，县委根据经济建设的需要，要求进一步加强对私营工业加工订货，统购包销和对私营批发商的限制，实行代替批发商政策。对有名号，有一定资产、房屋的零售私商采取经销、代销、批购零售等方式进行管理。对农村小商小贩，根据自愿的原则，分别采用不同的合作方式逐步组织起来，初步把私营商业纳入国家资本主义初级形式。10月份，银行缩小和停止了私营工商业的贷款。从11月份起，县委根据中央的要求，又先后对粮棉油和其他主要农副产品，实行统购统销，计划收购和计划供应，进一步限制私商在农副产品方面经营的活动范围。其间，因国营零售发展过快、过猛，出现对私商管制得过多，造成部分私商失业和半失业现象。加上以前的零售网已被打乱，新的零售网未能很好安排，影响了城乡物质交流。

1954年，县委为了进一步改造私营工商企业，根据中共中央提出的过渡时期总路线精神和中央批转的《中财委关于1954年扩展公私合营工业计划会议的报告》《中财委关于有步骤地将10个工人以上的资本主义企业改造的意见》的精神，对资本主义工商业进行改造工作。当初由加工订货、统购包销、经销代销为主的初级形式的国家资本主义，向以公私合营为主的高级形式的国家资本主义过渡。为此，按照党中央关于“统筹兼顾，全面安排，积极改造”的对私改造方针和“总的踏步，着重改造”的对私改造精神，按照国营商业与供销社商业城乡分工的原则，㵲阳镇城关私营商业的社会主义改造归国营商业负责，其他乡镇私营工商业的改造归供销社负责。根据中央扩展公私合营工业计划会议精神，有计划地组织公私合营。扩展工作按照“国家需要、企业改造的可能和资本家自愿”的原则，分三步进行：一是通过调查企业的设备、技术、人员、产销情况与农村经济的关系和资本家的思想状况，选择好对象，制订计划，报地区批准，根据有计划进行经济建设的需要，对私营工商业实行逐业安排：全县属国营商业改造的工商户共有 629 户，865 人。二是从 1954 年起，全县抽调干部学习有关政策后到企业做工作，促使资本家自愿提出申请，并协商拟订合营的具体方案与步骤。三是成立筹委会，公私双方协调有关人事安排和清产核资的原则与办法，签订协议书共同遵守。通过上述过程，即宣布正式成立公私合营企业。为了作好扩展工作，县政府以及商业、供销、轻工等部门成立了专门机构，按《公私合营工业企业暂行条例》规定，对全县私营工商业的改造，开始有计划有步骤地由加工订货为主的低级改造形式向以公私合营为主的高级的国家资本主义形式发展。同时对占有较多资金有固定的铺面、房屋的商号纳入公私合营对象；对资金较多，也有固定铺面，其经营商品属统购派购的直接过渡到国营；对小商小贩引导其向社会主义合作化经济发展，并分门别类把资金少，营业额不大，经营零星商品的，采取组织上结合，由各户自行经营，自负盈亏；有一定资金的，以小组为单位，订业务计划，通过国营合作专业公司进货，并与国营合作商品同价，自负盈亏；有资金统一经营的，把他们组织为合作商店、合作小组。不能维持经营的，将他们组织成代购代销小组。根据类型，由商人自报入组，进行清理财产，平价入股。

1955 年，全县国营商业归口管理合作商店情况是：合作棉布商店 12 户，从业 17 人，股金 3288 元；合作百货商店 6 户，从业 7 人，股金 721 元；合作烟酒商店 10 户，从业 14 人，股金 500 元；合作食盐商店 5 户，从业 5 人，股金 210 元；合作植物油商店 5 户，从业 6 人，股金 500 元；合作日用杂货店 10 户，从业 15 人，股金 1670 元；合作饮食商店 6 户，从业 7 人，股金 140 元；棉布代购代销店 4 户，从业 4 人；屠宰代购代销组 20 户，从业 20 人，股金 67 元。

1956 年元月上旬，县委、县政府以区镇为单位，召开私营商业、手工业和交通运输业全体从业大会，全县对资本主义工商业的社会主义改造转入全行业公私合营阶段。经过动员，个人申请，自愿报名，他们积极地接受改造。当时，县委从各部门抽调人员成立对私改造工作队，按照“宣传发动，申请批准，清产核资，经济改组”四个阶段进行。元月下旬，㵲阳镇掀起了公私合营高潮，私营工商业者敲锣打鼓，张灯结彩，递交申请，成立公私合营。到年末，㵲阳镇公私合营基本完成。㵲阳镇 91% 的私营商户已经纳入公私合营或过渡到国营商业或组织，成为合作商店、合作小组。属国营商业改造的工商业者 629 户，865 人。在对私改造中，全县国营商业共组建归口管理的公私合营商店 12 个，股东 265 户，426 人，占改造总人数的 49.2%。即公私合营百货商店、公私合营土杂商店、公私合营文化用品商店、公私合营烟酒商店、公私合营糖食商店、公私合营副食商店、公私合营食盐商店、公私合营禽产商店、公私合营饮食商店、公私合营照相商店、公私合营旅栈店、公私合营油脂商店。组建合作商店 8 个，股东 133 户，188 人，占改造人数的 22%。组建合作小组 1 个，股东 4 人，占改造人数的 0.77%。还有自营商贩 227 户，228 人，占总数的 28.29%，其中 40 人直接转入国营商业企业。实行公私合营的企业实行“经营定额，超产奖励”办法，开展社会主义劳动竞赛，送货下乡。

（二）对农村工商业者进行社会主义改造

1955 年，党中央提出：“统筹兼顾，全面安排，积极改造”对私改造方针，根据“行业归口”的精神，县城以下初级市场私商的改造由合作社负责。为了抓好此项工作，镇远县供销社专门设立了“市场管理股”，对私改造的主要任务是组织小商小贩走互助合作道路，解决私商失业问题及行业之间营业额悬殊，收入不均的现象。

全县在安排私商取得成效后，县委遵照党中央提出的“根据自愿原则，在供销合作社的统一计划下，通过各种形式加以组织，使其走上互助合作的道路，分担农村商品流转任务”的对私改造政策，并确定青溪区为对私改造的试点。

对小商小贩改造的组织形式是：其一，国营、合作社掌握一部分货源，商品零售复杂，不易集中管理或不合适组织合作小组的小商贩，可组织经销小组、经营小组。其业务经营已纳入合作社计划，执行合作社价格，带有社会主义萌芽性质。其二，国营、合作社掌握货源，小商小贩具备一定资金、人力、技术、设备，市场亦需要的，可组织他们为合作小组（合作商店）。国家实行统一计划、统一管理、统一核算；带有生产性或加工性、服务性的行业，可试办合营，如中药铺、醋、酱油店等。以上形式，因有公积金积累或有供销合作社资金渗入，所有制已有一定程序的改变，属于半社会主义性质。其三，缺乏资金或收购零星分散的土产、废品的小商小贩及偏僻农村小商店或集镇上个别老弱坐商，分别建立代购代销关系或临时委托指定代购代销某些品种。这种代购代销，如果不经营自营业务，其性质就是社会主义性质。

青溪是镇远县较大的集镇，历来商业发达，县供销社私改工作组在区委及区财经小组的统一领导下，共同组成工作队，开展对私改造工作。经过召开私商座谈会，摸清基本情况，解除思想顾虑后，由私商自报，区委批准，建立各种合作组织。青溪区在1953年时有私营小商小贩247户，从业人员264人；1954年，部分私商停业或转业，仅剩140户，从业152人；1955年增加到170户，从业184人。经几个月的工作，在布匹、百货、屠宰、油、烟酒、土杂等行业组成了互助合作组织。在私商中开展互助合作运动的同时，工作队对所有私商的营业进行了安排，以保证其最低收入。1955年元月至5月，全区私商159户，173个从业人员，每人每月获经营纯利12.20元；6月至12月，从业人员增至184人，经营纯收入人均已增至15.71元。

为了取得领导小商小贩走互助合作道路的经验，镇远专区合办处于1955年2月16日派出工作组，在镇远县㵲阳区委的统一领导下，以㵲阳镇农村为试点，组织小商小贩走合作化道路。根据政策及小商小贩经营情况，确定组织原则：其一，对经营商品零星的小摊贩，季节性变化大，资金少，不便于统一经营的，组织成“经营小组”，他们可以各户自营，自负盈亏，价格自订。其二，对有一定资金，目前业务能维持的，组织成“经销小组”，以小组为单位，订立业务计划，通过合同关系，由合作社进货，自负盈亏，零售价与合作社相同。其三，对群众需要，有发展前途，有资金，便于统一经营的，组织成“合作小组”或“合作商店”。合作小组人员资金合股，统一经营，统一核算，统负盈亏，留公积金、公益金，工资统评，按月支付，股金分红。其四，群众需要，但资金不足，不能维持其经营的小商贩，可组成“代购代销”小组。通过合作关系，为合作社收购农副产品，推销工业品及手工业品，不经营自己的业务，只有代购代销手续费。上述原则经反复组织小商小贩学习后，由他们自行串联登记，自报人组，共同选举领导人，清理资产，入股评价，人员分工，订立各项制度，与合作社建立关系。到1955年3月8日，溆阳镇在9个小商贩行业中组织了24个小组，174户，其中：代销小组2个（棉布、百货），9户9人；代购代销小组1个（屠宰），18户18人；合作小组8个（棉布2个，油盐2个，烟2个、糖食1个，土杂货1个），49户49人；经销小组8个（烟5个，油盐1个，食杂品1个，百货1个），58户59人；经营小组5个（百货3个、零杂1个，牲畜1个），40户40人。为了充分调动广大私商的经营积极性，发挥他们在城乡物资交流中的作用，改变国营及供销社对市场购销业务包下来的做法，县委、县政府按照党和国家对私改造的有关规定，要求采取边摸底、边安排、边撤货摊、边开展批发的方法进行，全县供销系统在统一安排私商前建立零售门市部29个，分销店25个，货摊15个，流动售货组6个，批零兼营机构2个，长期收购站10个。随后，全县进行了调整，撤掉零售门市部7个，分销店8个及全部货摊和流动售货组，新设专营批发机构6个，减少1个批零兼营机构，增加1个收购站（以上数字不含溆阳区社）。调整后，供销社让出了部分零售市场及某些小商品，压缩了零售计划，扩大对私批发，取消了对小商小贩的各种限制。

1955年下半年，对私改造工作的中心任务是"整顿提高"。私商被组织起来后，由于领导力量薄弱，管理不力，教育跟不上，个别私商投机取巧的旧病复发，不时发生少尺短称、掺杂使假的现象，坑害广大群众。县委、县政府根据这些问题，要求县供销社成立私改工作组，于8月25日到青溪对合作小组进行整顿。首先在提高思想认识、坚定走合作化道路的基础上，找出各组存在问题，研究和制定解决问题的措施，召开商民大会，贯彻党对私改造的政策，总结组织起来的优越性，表扬遵纪守法，公平交易的私商，批评不法行为，宣布各组的经营计划。工作组还帮助建立账目，组织货源，开展经营。整顿试点结束后，全县普遍对组织起来的经销、代销小组进行了全面整顿。根据年末统计，全县农村共有私商965户，从业1008人，资金34542元，安排的形式是：经销198户，233人，资金20887元，代销72户79人，资金44元；代购代销25户，25人；自营610户，671人，资金13611元，安排商户占私商总户数的30.6%。

根据1955年11月党中央召开的全国资本主义工商业社会主义改造工作会议精神，全县从1956年元月开始，有准备、有计划地进行了对私改造工作。经过3个月的工作，全县归属供销社负责改造的私营商业有343户，从业人员354人，共有资金9187元，经改造后组成公私合营商店12个，参加合营私商117户，125人，占私商总户数的34.1%；合作商店13个，94户，94人，占私商总户数的27.4%；代购代销小组5个，26户，27人；经销36户，38人；转入农业生产的70户，70人，占私商总户数的20.4%；过渡为供销社职工的9人（青溪），占合营及合作商店人员数的4.1%。

1956年8月8日，为了加强对私商的领导和管理，县委、县政府召开全县手工业工作会议，贯彻国务院《关于对私营工商业、手工业、私营运输业社会主义改造中若干问题的指示》。会议通过了生产计划、生产管理等事项的决定。同意县供销社在各区建立8个中心商店，帮助私商解决资金、货源、税收等问题，中心商店抽出15人专门组织货源。城关鲜果业中心商店派人到广州、柳州、贵阳、洪江、安江等地采购，组织购入桂圆、沙田柚等23种新商品，使营业额从每月5700多元上升到11000余元，店员月工资从9.68元上升到20元；羊场区土杂商陈佩生原来每月获利只有5.6元，经中心店帮助解决货源后，月收入猛增到50元左右。蕉溪区小商贩郭安连，病残多年，行动困难，生活无法维持，中心商店就分配给畅销货——粉条，并帮助分成半斤、一斤的包装好，方便出售，使其营业收入有所增加，解决了生活上的困难。10月2日，县委对合作社收入问题进行调查，在被调查的43个合作社中，有21个社收入增加，16个社收支平衡，6个社收入减少。县委针对上述情况提出：一是做好思想工作，二是加强具体指导，三是认真实行互利政策和少扣多分的原则，增加社员收入。决定对实行固定工资制度的公私合营商店普遍调整工资，由原来人均月工资15.60元增加至30元左右。在全县私营商业实行全行业公私合营之后，供销社对农村商业网点进行了调整，将部分公私合营私方人员分配到农村较大的村寨坐店购销，方便群众，并对支持农业生产，节约劳动力起了很大的作用，促进了广大群众的生产积极性，对分散、零星的土产品、副食品、废品的收购，增加了农民的收入。

至此，全县的私营个体经济的社会主义改造工作顺利结束，县委、县政府将农村私营商业正式引入社会主义计划经济的运行轨道。

三、对私营运输业的社会主义改造

（一）成立航运社

镇远自古为黔东水陆要津，控驿道滨㵲水，航运业、人力畜力运输业较发达，人数也较多，但河上的帆船多为私有，各家经营。解放后，镇远港仍然是黔湘粮食、油料、食盐、木材、化肥、矿产等传统物资的主要运输通道，货运量逐年上升，客运量因公路运输的发展而逐年下降。在对资本主义工商业的社会主义改造中，县委、县政府将个体航运、人畜运输业列为改造对象。

1950 年 5 月，镇远港建立船业公会。1951 年，镇远航运业逐步恢复，货运量为 0.25 万吨，周转量为 46 万吨。同年，镇远县交通科设置㵲阳河管理站，并印发了《㵲阳河航行运输组织管理办法》，规定船只载货须经航管站按序调度，不准私揽货源，不准任意抬价压价。1952 年 10 月，镇远港开展民主改革，根据《西南区木船登记暂行办法》，对所有船只进行编组编队，在国家统一运价、统一票据、统一组织的政策管理下开展运输经营。当年货运量为 0.94 万吨。周转量为 148 万吨。1956 年元月，根据全省交通会议精神，镇远港在全地区首先建立“先锋木帆船运输合作社”，入社木船有 51 艘 378 吨，社员 158 人，本年度货运量为 2.93 万吨，周转量为 365 万吨。2 月，青溪港建立“前进木船运输合作社”，入社木船 10 艘 69 吨，社员 43 人。镇远县河段共建立 2 个合作社，入社帆船 61 艘 447 吨，201 人。1958 年末，镇远、青溪两个合作社在人民公社化运动中，实行小社并大社，青溪区前进合作社并入镇远县先锋合作社，名称改为：镇远县航运社。该社共有木船 75 艘 509 吨，社员 282 人，货运量达到 4.66 万吨，周转量实现 592.9 万吨。

（二）成立马车社和搬运社

镇远是物资集散地，货物装卸量大，各种货物在镇远城启岸后，其运输多靠肩挑背驮，只有少数用人力畜力车运输，因此镇远有专门负责物资装卸转运的运输队，牛马车也较多。新中国成立初期，县委、县政府为了组织民间运力运送公粮及送货下乡，将城内分散的扛扁担、系绳索的“脚板行”搬运工人组织起来，编组编队，组成搬运队，负责装卸搬运业务。由人力运输业同业分会管理。1950

年镇远成立群众运输站，具体负责人力运输业务管理，其主要运输路线是从镇远至施洞至台江到雷山。同年，镇远县运输公司成立人力长途运输队，往返于施洞、雷山、施秉、余庆、黄平、旧州、石阡、都坪、龙洞、三穗、天柱、锦屏等地。同时，县委、县政府根据贵州省政府“以发展群众运输为交通工作的中心，把边远山区的农、副、土特产品由零星到集中，由乡村运送到城市；把日用必需品、食盐、布匹、百货由城市运送到广大农村，发动组织牛马车运输”的批示精神，从军分区赠送的军马中选 30 匹，加上自购 10 匹，配马车 40 辆，迅速组建了马车运输队。年底，县建设科成立马车同业公会，将闲散畜力运输人员、工具进行登记，进而编组编队，组织马车联营社，开展劳动互助，提高了运输效率。随后，县委、县政府成立了镇远县群众运输管理站，各区乡成立了分站，加强了民间运输的管理，将其纳入“三统一”范围。据 1951 年统计，镇远县共有 50 多人从事专业人力运输。1952 年全县土改完成后，县联营社有畜力车 40 多部，县交通部门配合工商科，将运输工具和运输人员进行登记、发照，在自愿原则下，给他们编组编队，组成驿联社，开展劳动互助，划归同业公会进行业务领导，把运输市场纳入统一运价、统一票据、统一组织的“三统一”范围。1953 年后，县委根据上级要求，对搬运队进行整顿，然后实行挂牌、排班、派工制度，劳动收入全归个人。1955 年，国家允许贷款扶助运输合作社，运输合作社开始由原来的劳动互助走向经济互助。1956 年 1 月 26 日，在商业合作化高潮中，镇远县建起了“新轮马车运输合作社”，30 辆畜力车、37 匹牲口，社员 31 人。同时将人力运输队 60 多人组织成镇远县搬运合作社。

镇远县航运、马车、搬运三社成立后，入社社员每人交纳股金百元左右，马车折价入社，以后逐年偿还。合作社社员劳动报酬根据技术高低，劳动态度，有的连同马膘一齐评定，或按社员个人计件、包工包产的方法，并逐步建立和完善管理制度，生产效率有了一定程度的提高。合作社的建立，标志着镇远县对私营运输业的社会主义改造的结束。

第三节 经济体制改革

经济体制改革，首先从广大农村开始，这是党的重大战略部署，是计划经济转入市场经济的起点。在党的十一届三中全会精神的指引下，县委把全县工作重心转移到以经济建设为中心的轨道上来，国民经济停滞、倒退的局面得到扭转，但经济比例关系失调的情况仍然严重。为解决这个问题，1979年4月，根据中央制定的用三年时间对国民经济实行“调整、改革、整顿、提高”的八字方针，开展全县经济体制改革，调整各方面的关系，为经济发展创造条件。

一、农村经济体制改革

（一）放宽农业政策

镇远县经济体制的改革，首先在农村取得突破。全县农村改革的重点，是普遍推行以耕地包干到户为主要形式的家庭联产承包经营责任制。

1979年4月，县委、县政府着手执行“调整、改革、整顿、提高”的八字方针。按照党中央提出的十二项主要措施，集中主要精力把农业搞上去，调整好农业和工业的关系。同年10月，根据中央《关于加快农业发展若干问题的决定》，县委采取措施，保障农村社、队的生产经营自主权和主动性，鼓励农民在实践中创造新的经验，并以此推进农村的体制改革：一是切实尊重生产队的自主权，逐步完善生产责任制；二是积极支持和鼓励群众发展家庭副业；三是坚持开放集市贸易，活跃城乡经济；四是认真执行粮油征购、农副产品收购和价格政策；五是抓好生产队、大队、公社的规划工作。

1980年7月15日，根据党中央关于“政策要放宽”的指示精神，省委作出了关于放宽农业政策的指示。省委指出：“放宽农业政策的目的，是为了更好地促进生产力的发展，使贫困的地方尽快解决吃饭问题，使基础较好的地方先一步富裕起来。只要坚持生产资料公有制和按劳分配的原则，什么政策、办法最适合实现生产力的发展，最有利于调动广大社员群众的积极性，最有利于激励农业生产，最有利于提高农民的生活水平，就是好政策，好办法，就应当认真执行。”7月25日，根据省委该指示的意见，县委书记张兆贵主持召开区、社书记会议，决定在全县贯彻落实放宽农业政策。镇远主要从调整生产队的规模、实行多种形式的生产责任制和按劳分配原则等几个方面放宽农业政策：

1. 调整部分生产队和生产大队的规模。镇远县地处山区，海拔高差大，东西南北条件悬殊，田地比较分散，生产条件不好，生产落后。因此，生产队的规模不宜过大，县委决定将生产队的规模适当调小。到1980年9月底，全县原有大队130个，将其中18个大队调为38个，调整后为150个大队；全县原有生产队1408个，每队平均23.1户，将其中420个生产队调为997个，调整后全县生产队达1985个，每队平均16.31户。

2. 实行多种形式的生产责任制和按劳分配的原则。小段包工定额计酬，专业承包联产计酬，联产到劳、包产到户、包产到组、包干到户，包干到组等生产责任制，都是社会主义集体经济的生产责任制。当时，全县生产队有六种经营管理形式：由生产队统一指挥生产；划分固定作业组，包产到组，统一分配；划分作业组，不定产量，不统一分配；包产到劳动力；包产到户；包干到户等。这些管理形式和按劳分配原则的落实，调动了社员的生产积极性。到1980年9月底，全县五个区（镇）24公社，以生产队统一生产的有339个；划分固定作业组的860个，其中包产到组定产奖励的715个，划分作业组后未定产的103个；包产到劳动力的13个；包产到户的41个；包干到户的155个。

3. 解决调整中的具体问题。其一，田土划分，坚持耕地归集体所有的原则，坚持以“四固定”为基础，按生产队现有耕地，采取按劳力划分、按人口劳力结合划分，或按现有人口（超生子女除外）划分。但不准按土改时分配的耕地和合作化时入社的耕地划归原户。田土划分到户后，社员只有耕种权，没有转让、典当、买卖、出租权，不能随迁移户走，也不能作种植农作物以外的其他用途。全县土地分配按人口分的有1226个队，人口劳力结合分的有96个队，但也有极个别的队按土改分地的。其二，耕牛、农具处理。凡包产到户或包干到户的耕牛大部分是经过群众评议，按照折价保本的原则分配给社员，实行公有私养，养用合一，繁殖小牛对五分成的办法。大型木制农具也一律折价，分配给社员保管使用和维修。到1980年9月底，耕牛处理按人分配的有1304个队，按人口劳力结合的有125个队，按劳力分的有54个队。农具处理按户分的有140个队，按人口分的有327个队。其三，山林分配。生产队的山林（包括用材林和经济林），一律归集体所有，明确专人管理，实行收益分成，或采取分户管理的办法。当时，山林划分到户410个队，统一管理104个队。其四，粮食征购任务分配。包产到户、统一分配的队，仍由队统一交售。包干到户的队，按田土常产分摊到户，立包干合同，夏秋征购时，由队组织交售。当时，公余粮落实到队的539个队，落实到户的559个队。其五，农产品派购任务分配。凡属一、二类物资（如生猪、油菜子）和其他国家计划收购的物资，必须随着粮食包产合同、或订立包干合同时一并落实到户，由队组织交售。完成任务后，社员可以多卖给国家，也可以拿到集市上自由出售。其六，公共设施、债务的处理。生产队的公房、凉棚、仓库、晒坝、电站、学校以及水利设施等，不准分，由生产队明确专人管理，生产队的公积金、公益金、储备粮等，不准分到户，由队妥善保存。生产队原有的债务，由各户分担。其七，对“四属”“五保户”的照顾。凡包产到户、包干到户的队，或者把田土分到“四属”“五保户”，农忙时请人代耕；有的把所分田土由生产队安排劳力多的户耕种，保证受照顾“四属”“五保户”吃到一般标准的口粮。有的采取集体为“五保”户种口粮田，有的从各户提取口粮。其八，队干补贴。凡包产到户或包干到户的大队、生产队干部（包括赤脚医生、民办教师、兽医人员等），除生产队应划给同等耕地外，根据工作情况，可采取误工补贴或定额补贴。其九，计划生育。在放宽农业政策后，农村计划生育工作不能放松，要做好工作，落实到人，违规者，要给予一定的制裁。不划给超生子女田土和其他生产资料，严格控制人口增长。

4. 扩大社员的自营范围。社员自留地、饲料地一般不再变动，还划给每户社员3—5亩自留山，供社员造林。积极鼓励和支持社员私人饲养大牲畜，采集零星山货和从事养猪、养牛、养羊、养禽、养蚕、养蜂等家庭副业生产，使社员增加收入。

放宽农业政策后，社员有了自主权，他们可以在自己的承包地里自由耕耘，改善了生产生活条件，极大地调动了广大社员的生产积极性。

（二）实行家庭联产承包责任制

放宽农业政策后，县内农业生产按照征购任务，开始实行包产到组或包产到户。人民公社原有的一些经营管理制度逐步被突破，各种形式的农业生产责任制迅速发展起来。开始时，大部分实行的是联产到组责任制。随后，又逐步发展到联产到人，并进一步发展到包产到户、包干到户，形成家庭联产承包责任制。

放宽农业政策，全县各公社各大队实行不同的生产责任制，多种经营得到了发展。开展多种经营，发挥了集体和个人两方面积极性。同时通过订立合同的形式，积极鼓励和支持社员个人或合伙经营服务业、手工业、养殖业、运销业等。搞好多种经营是发展商品经济的关键环节。1981 年，中共中央、国务院转发国家农业委员会《关于积极发展农村多种经营的报告和关于加快农业发展的决定》，县委采取一系列的政策措施，进行了农村经济的调整和改革，提高农产品收购价格，全面实行和健全了家庭联产承包责任制为主要内容的农业生产责任制，发展多种经营。1983 年中共中央关于《当前农村经济政策的若干问题》发布后，农民获得了对完成交售任务后剩余的农产品进行加工和销售的自由和权利，增加了农民收入。

为了保持政策的稳定性和延续性，让农民安心地向土地投资投劳，提高地力，增加产量，发展生产，1984 年，县委根据“中央 1 号文件”精神，积极做好延长土地承包期的工作。通过耕地的调整、转包、定级，及完善承包合同，并公开宣布耕地承包期为 20 年不变等措施，打消了农民对承包政策会改变的顾虑。家庭联产承包责任制全面实施，激发了农民巨大的生产潜力，农业生产得到快速发展。从 1980 年到 1984 年底，镇远县五年平均发展速度为 9.37%，其中农业发展速度为 9.63%。“七五”期间，全县工农业总产值年平均增长 9.67%，工农业总产值实现了翻番。

但是，由于一些耕地承包却没有联产，部分农民对土地投入的兴趣减弱，特别是对开展农田基本建设，改善生产条件的积极性减弱，出现了掠夺经营的现象。而且分田到户后，没有建立合作经济组织，千家万户分散经营，没有法人地位，没有集体经济的代表。加之一些农民承包以后不履行职责和义务，有的弃耕丢荒，乱占土地，非法出卖土地，乱砍滥伐森林，集体财产分光卖光，无人管理，以及经营管理体制不健全，严重影响了农村商品经济的发展。针对这些问题，1987 年 9 月 3 日，县委决定对耕地进行分类定级，确定产品指标，强化定期考核，兑现奖惩。对承包者在耕地上进行的基本建设和提高耕地等级的，在土地转包时，给予补偿；质量下降的，要赔偿。对承包双方的义务进一步明确，承包土地者有义务上交提留，发包土地者有义务组织社会服务。为加强土地管理，严格控制非农业建设占地和买卖土地，进一步明确土地承包稳定、长期不变，承包者只有经营权，没有转让权，集体有权收回责任地。这些措施的落实进一步稳定和完善了耕地承包制。

1988 年，全县农村的第一步改革在农业内部完成。改革了“三级所有，队为基础”的人民公社体制为家庭联产承包、统分结合的双层经营体制，农民有了生产经营的自主权，成为相对独立的生产者，极大地调动了农民的积极性和创造性。

随着市场的开放，商品生产的发展，农村改革逐步向外延扩展，镇远农村的第一步改革，遗留问题日益显现：耕地、林地、草地、水面的承包责任制还不够健全，分散经营和统一经营相结合的双层经营体制还不够完善，农业生产的物质技术还很落后，农村产业结构的调整进展不够快，商品流通不畅，农民买难卖难的问题还没有得到解决。这些问题，制约了家庭经营范围的拓宽和规模的扩大，影响了农村生产力的提高和商品经济的发展。

因此，1988 年，县委根据州委、州政府的部署，开始了农村第二步改革。县委决定，在农村建立合作组织的经济管理体系，以适应组织建设和市场的需要。在区、社建立农工商等组织，明确职能，发挥作用，发展多种形式的经济联合体，如防疫、牧场、基地、站、工副业等，进行经济上的内联、外联。建立农村的借贷、金融等服务机构，促成长期稳定发展。按照“决不放松粮食生产，积极开展多种经营”的方针，调整产业结构，实行“农林牧副渔、工商运建服”十个轮子一起动，种、养、加工一起上，突出烤烟、油菜这两项经济作物。第二次改革，改革了农产品统购派购制度，建立了完善市场体系，调整了农村产业结构，突破了单一经营和城乡分割的格局，使镇远农村经济逐步转入协调发展的轨道。

二、财政体制改革

为利于各地因地制宜地发展经济，充分调动各级党政部门管理财政、当家理财的积极性，1980 年上半年，根据省委、省政府关于实行“划分收支、分级包干”的财政预算体制管理的精神，县委、县政府决定进行财政体制改革。对各所属单位和区（镇）实行“定收定支，超收分成，超支不补，结余留用，一年一定”的管理体制，包干基数以1979年的决算为准。改“大锅饭”为“分灶吃饭”。同时加强区（镇）、乡（镇）财政工作，建立区（镇）、乡（镇）财政所。到1984年底，全县各区（镇）、乡（镇）都建立了本级财政。1990年9月4日，县委书记胡化民主持召开全县三级干部会议，会议又提出了新的区（镇）财政体制方案。按照“统一领导，分级管理”的原则，计划从1991年起，在全县全面推行区（镇）级财政包干管理体制。其具体形式是：实行“划分范围、核定收支、收入上交、支出下拨、超收分成、欠收超支自补、分级包干、一定三年不变”。1998年6月11日，根据中办、国办《关于在农村普遍实行村务公开和民主管理制度的通知》精神，县委、县政府决定对村级财务进行清理。在清理过程中，一边清理、一边帮助建账，帮助村里制定村级财务管理制度。但是这一套财政体制的实施，并不能有效地促进乡镇财政收入的稳定增长，一些乡镇的负债还越来越大。

2002年，为了增强乡镇财税发展后劲，培植新的财源增长点，使全县乡级财政收入跃上新的台阶，同时使乡镇对自己的收入看得见、管得着，增强乡镇活力，3月6日，县委、县政府批转执行镇远县财政局《关于实施镇远县乡镇财政体制试行方案》。该方案是根据分税制财政体制要求制定的，按照“统一政策，分级管理，分灶吃饭”的原则，实行“划分收支，核定基数，超收分成，欠收自补，上解递增，补贴递减，一定三年”的财政体制。把乡镇财政收入分为固定收入、共享收入、中央级收入三类。还按行政区域及机构设置，遵循各级的事各级办的原则，对责权进行了划分：各乡镇负责其政府、财政、文化、广播、计划生育、农业、林业、水利、农机、司法、卫生（不含国土、派出所、法庭）等机构人员经费及机构运转所需经费；教育实行分级办学、分级管理的原则，乡镇教育辅导站、中学、小学的工资不由乡镇负担，由县财政直接拨付。同时确定了收入基数、支出基数、工资基数、公用经费基数、医疗费基数等。并对收大于支的乡镇实行递增上解，支大于收的实行递减补贴。国家政策调整，收入归县级，支出（如政策性增资）由县级负担。确定税收征管范围，乡镇只负责辖区内的税收征管：一是农业四税、罚没收入、行政性收费、其他收入、工商税纳税单位及个人；二是乡镇培植、引进项目的税费收入。县级征管范围，包括县级企业、事业、行政单位，省、州驻县单位、企业。另外还有国家建设项目的税费收入、县级培植引进项目的税费收入。县、乡两级共建项目的税费收入，则由县级征收，县、乡两级按比例分成。财政体制改革的核心是：加大后续财源的培植力度。该方案的执行，迫使全县各乡镇加大财源建设工作的力度，广泛开辟财源；加强收入征管，杜绝税收的“跑”“冒”“滴”“漏”现象，减少收入流失；加强支出管理，坚持量入为出，量力而行的原则，合理安排支出；加强乡镇预算外资金管理，进一步增强乡镇财政的调控能力，发挥预算外资金的调节和补充作用。

三、全面开展农业“四包”和林业“三定”工作

1981年，根据中央和省委关于开展农业“四包”和林业“三定”工作的要求和州委、州政府的部署，镇远县全面开展了农业“四包”和林业“三定”工作，整个工作历时一年。

根据中共中央、国务院1980年《关于进一步加强完善农业生产责任制的几个问题》、1981年发布的《关于保护森林发展林业若干问题的决定》文件精神和上级的安排，1981年1月27日，镇远县启动了“四包”任务落实到户工作。农业“四包”，即包完成国家粮食征购任务和各种农副产品派购任务；包照顾烈属、军属、因公致残者和五保户的必要开支；包生产大队、生产队干部的合理报酬；量力而行地包经济、教育、卫生等项事业所需的人员、粮款。其具体要求是，凡包干到户的队，都要民主议定完成包干任务的方案，拟订包干合同书，列具包干合同表，把各项任务落实到一家一户。

在推进农业“四包”工作的同时，针对当时存在的因林权未落实，而造成的“一把锄头造林，百把斧头砍树”的严重问题，县委根据中央的精神，开展山林“三定”工作，即：一定山林权，二定自留山，三定集体山林管理责任制。这是放宽农业政策后势在必行的一项重要工作。林业“三定”的中心是林权问题。只有搞好了林业“三定”，才能真正做到山有主、主有权、权有责、责有利。这对于制止乱砍滥伐山林，保护现有森林资源，调动人民群众植树造林的积极性，促进林业生产的发展，保护生态平衡，起到了重要作用。

1981年6月4日，县委、县政府决定成立工作领导班子，负责开展林业“三定”和农业“四包”工作，并确定在大坝公社搞林业“三定”试点。整个试

点工作花了两个月时间。大坝公社山地总面积14938亩，其中成林6618亩，幼林2280亩，经济林250亩。参加划自留山的330户，共划1234亩，平均每户合3.7亩。全公社发放山林所有证46份，共管面积145片，山林管理证453份。自留山证330份，共396片。山林“三定”后，社员很高兴，说土改政策又来了。通过山林“三定”，解决了多年来的山林纠纷，做到了山有主、主有权、权有责、责有利。根据试点经验，全县林业“三定”工作分五步进行。第一步是组织工作队进行培训。第二步是工作队入村后，以大队或分片召开群众会议，宣传林业工作的方针政策，林业“三定”的内容和目的要求。第三步是成立“三定”小组，组织群众上山踏勘、确定林权。在实地踏勘中，主要根据“四固定”的历史习惯和“四清”中调整的情况，进一步核实现有山林面积和权属。第四步是拟订方案，群众审议，落实管理责任，划定自留山，上山插牌立界。第五步是造册登记，填发“三证”，清理乱砍滥伐，建立各种规章制度，拟订发展规划。1981年7月1日，县委、县政府从县属部、办、科、局和各区、公社、大队抽出了1004名干部，在县委书记田维荣的带领下，组成了22个工作队分赴全县22个公社，开展了全县农村林业“三定”和农业“四包”工作。经过两个月时间，全县林业“三定”和农业“四包”工作基本完成。

据不完全统计，到当年9月底，全县1836个生产队中，林业“三定”工作全部结束的有1585个，占86.3%。全县应搞林业“三定”的有26315户，已有21977户领取了县政府颁发的《集体山林管理证》和《社员自留山证》，占83.5%。

同时，全县农业“四包”应该签订合同的生产队有1743个，已签订了1640个，占94.1%，应签合同的社员户27144户，已签25398户，占93.6%。全县征、购粮食任务基数10729200斤，已签订到“四包”合同中去的有10474140斤，占97.6%。全县生产大队和生产队干部3680人，其中工作报酬粮钱已签订到“四包”合同中去的粮食395773斤，现金210030元。其中大队干部466人，提存粮食231897斤，现金99089元，平均每人享受提存粮食498斤，钱212.64元。生产队干部3176人，提存粮食163876斤，现金105641元，平均每人享受提存粮食52斤，现金33.26元。全县烈军属365户，由社员户提存钱粮照顾的有237户，占65%。“五保户”281人，由社员户提存粮钱照顾的有184人，占

65%。同时签订了肥猪、油桐子、茶叶、花生、油菜子、棕片、辣椒、青麻等农副土特产品派购合同书 14121 份，占应签合同农户的 52%。其中签订合同交售肥猪 8656 头，油桐子 807400 斤，茶叶 127400 斤。

1987 年 9 月 30 日，县委、县政府决定进一步稳定和完善林业生产责任制。对在林业“三定”中已经确定的自留山和责任山，坚持林木管护责任制。对集体所有集中成片的用材林，还没有分到户的不得再分。已分到户的，实行以村或村民组为单位，组织专人统一管林护林，并积极引导林农，采取折价入股联营的办法，分股不分山，分利不分林，将来的收益，按股分配。逐步走上联合采伐、联合更新、联合造林的轨道。

镇远县开展的林业“三定”，做到“山有主、主有权、权有责、责有利”，使护林造林真正成为广大社员群众的自觉行动，调动了全县广大人民群众护林造林的积极性，进一步发展林业生产、绿化荒山，有效地制止乱砍滥伐现象发生，确保了全县生态平衡。开展农业“四包”工作，加强农业生产责任制，使广大农民群众的劳动热情真正地发挥出来，做到人尽其力，地尽其利，真正实现社会主义“各尽所能，按劳分配”的原则。

四、国有企业经济体制改革

1. 国企整顿

1980 年初，县委、县革委派员到广东省清远县考察、学习工业管理体制改革经验。随后，县委借鉴清远县改革工业管理体制的经验，结合镇远县实际，于 2 月 20 日作出了《关于改革工业管理体制的决定》，开始了国有企业经济体制改革。决定把县经济委员会由行政机构改为联合性质的经济职能部门，在县委直接领导下，赋予适度的人事、财政、物资和生产、供应、销售自主权，用经济管理的办法统一管理全县工业、建筑、交通等企业，负责组织全县工交系统完成国家生产计划和上缴利润等任务。县经济委员会工作人员的经济利益，与全县工交企业的盈亏联系起来。这在一定程度上调动了广大企业干部职工积极性，企业有了一定的活力。当年，县属工业企业从 1979 年 50 个增加到 54 个。总产值从 1979 年 793.56 万元上升到 816.22 万元。

该决定主要解决了工业管理体制存在的多头领导和企业缺乏自主权的问题。

长期以来，企业普遍存在“大锅饭”“铁饭碗”的弊病，这不仅不利于调动企业和职工的积极性和主动性，而且“吸引”许多人千方百计地进入国有、国营企业。同时，相当多的企业，不同程度地存在着领导班子软弱涣散，精神不振，机构臃肿，人浮于事，劳动纪律松弛，产品质量低，浪费严重，经济效益差等现象。这种情况，既增加国营经济的负担和压力，又使集体经济和个体经济的发展陷入困难。1980年全县国营企业亏损8万余元，1981年6月后，按照省政府关于实行承包责任制的要求，在磷肥厂、水泥厂、青溪磁厂实行生产承包责任制，当年扭亏为盈，盈利13万元。

1982年3月16日，县委、县政府根据中共中央、国务院《关于国营工业企业进行全面整顿的决定》，决定用三年时间全面铺开国营工业企业的整顿工作，试图走出一条提高经济效益的新路子，实现经济“爬坡”。企业整顿的主要内容主要有三个方面：第一，整顿和建设好领导班子。主管部门对企业领导班子，认真摸底、考查，选配好厂长和书记，配备好生产技术、财务人员，逐步实现领导班子的革命化、年轻化、知识化、专业化。尽快把党委集体领导、职工民主管理、厂长行政指挥的民主集中制领导的体制建立健全起来。第二，搞好职工队伍建设。抓好企业的定员定额，对企业行政人员和工人要普遍考核。建立健全各项工作（生产）岗位责任制，明确职责，提高工作（生产）效益。第三，整顿和完善经济责任制，改进企业经营管理。实行全面计划管理、质量管理和经济核算工作，使职工以主人翁的态度，在生产经营活动中取得最好的经济效益，调动企业与职工的积极性，解决好企业与企业之间、企业内部职工之间吃大锅饭的问题。

但是受“左”的影响和小农经济思想束缚，造成在思想认识上，混淆社会主义与资本主义的界限，长期把“一大二公”当做社会主义，把本来是社会主义的东西当做资本主义的东西去批判和加以禁止，设立各种禁区；在分配制度上，吃“大锅饭”，端“铁饭碗”，搞平均主义；在管理体制上，集权过多，管得过死，统得过严，躺在红头文件上，不探索，不创新；在对外开放对内搞活，放手发展商品生产，允许一部分人先富起来的政策上，胆子小，办法少，局限于小打小闹等问题。1984年8月17日，县委、县政府提出《关于继续清“左”，加快镇远城镇改革步伐的意见》，成立县城镇改革领导小组，贯彻党中央、国务院关于城市经济改革的一系列重要指示和政策，继续清除“左”的影响，坚决贯彻执行对外开放对内搞活经济的方针，坚持国家得大头，企业得中头，个人得小头的方向，紧紧围绕“两个打破”（打破平均主义的“大锅饭”，打破各种分割封锁）、“两个积极”（最大限度地调动企业的积极性和职工的积极性）、“一个建立”（建立社会主义的统一市场）、“两个搞活”（搞活企业、搞活流通）这个中心课程，大胆改革。主要落实国务院《关于进一步扩大国营工业企业自主权的暂行规定》，贵州省政府《关于放宽国营工业企业若干政策的规定》和黔东南州政府《关于加快我州城市改革步伐的意见》。一是进一步健全、完善经济承包责任制，对小型企业进一步放宽、搞活。各经济主管部门对所属工厂、企业一律实行多种形式的经济承包制。各类小型企业，可以实行全民所有，集体经营，独立核算，自负盈亏；也可以实行集体承包或个人承包，租赁经营。全县企业一律实行独立核算，自负盈亏。二是下放人事权、财权。各经济主管部门的中层干部（包括厂长、经理、科股长），由主管部门任免。按照改革的方向，企业在完成国家税收任务之后，在产值、税利、奖金同步增长的原则下，企业内部的分配形式由企业自行决定。企业生产经营自主，可以根据市场的情况，浮动产品价格。三是抓好待建、在建工程的建设。四是经济主管部门要切实搞好统筹、协调、服务、指导等工作，从政策、技术、信息等方面指导，帮助企业开展经济活动。

经过整顿，解决了一些阻碍企业发展的问题，激发了企业和职工的生产、经营积极性，企业效益有了较大提高。

2. 国企改革

党的十二届三中全会通过了《关于经济体制改革的决定》。该决定明确要实行政企分开，扩大企业自主权。1985 年 1 月 6 日，县委召开扩大会，县委书记胡化民就做好经济体制改革提出要求。会议决定实行政企分开，政府不再直接经营企业，通过发挥政府机构管理经济的职能，从宏观上加强对经济活动的间接控制，学会用价格、税收、利率、汇率等经济杠杆，充分发挥和加强财政、金融、税务、审计、统计、质量检验、工商管理和社会公证等部门的职能作用。县委要求政府职能部门要引导企业加强经营管理，坚持以扩大再生产为主，深入挖潜、革新、改造，增产增收。进一步完善各种形式的经济责任制，加强企业的人才培养和生产、技术、财务管理。依据市场需要和经济规律组织生产，有计划地开发一些适销对路的新产品，重点整顿亏损企业，提高产品质量。狠抓消费品的生产，优先发展轻工业和农副产品加工业，发展饲料加工业、采矿业、建筑业和小水电工业。改革企业人事制度，加强企业的人才培养。

这一系列改革措施的出台，一方面进一步落实了中央关于企业改革的方针、政策，给企业松绑、撑腰、放权，增强企业活力；另一方面，加快水泥厂、青溪酒厂、青溪电瓷厂、县农具厂等企业的技改步伐，新建了铁合金厂和西峡电站。到1986年，各项技改工程陆续竣工投产，工业的潜力逐步变成经济效益。青溪酒厂形成244.9吨的生产能力，创产值79.99万元，青溪大曲在全省名酒评比中荣获铜牌。县经委系统完成产值701.99万元，占年计划的105.1%，同比增长50.1%。县轻工系统16个集体企业全部盈利，总产值达378万元，同比上升6.6%，销售247万元，利润达12万元，创历史最好水平。全县工业总产值达1550万元，占县计划的103.33%，占州计划的119.23%，比1985年增长38.17%。

1987年，县委、县政府成立“深化企业改革领导小组”，继续推进了企业改革。对工业企业，要打破旧的经济体制，活跃县域经济，在推行厂长经营责任制的基础上，积极推行经营承包责任制。经贸、水电、商业、供销和轻工系统要全面完成第一、二层次的承包工作，承包使职工真正成为企业的主人，调动起职工和企业的双重积极性，充分发挥了企业设备、资金、物资潜力，优质、低耗、高产、超额完成国家下达的生产和技术经济指标。承包后的经委系统的四户重工企业完成工业总产值358.20万元，占年计划的113%，比1986年同期增长32.2%。效益显著的冶炼厂、粮油加工厂、面粉厂、青溪酒厂于当年10月底全面完成全年生产计划，并突破产值100万元大关。同时广泛开展增收节支运动，从抓产品质量，降低原材料消耗，扩大产品销售开始，提高了劳动生产率。

1992年2月底，县委、县政府发出《关于进一步搞活镇远工业企业的若干规定》，提出在全县的国有企业中进行经济体制改革试点。允许企业自主定价，放开产品价格，除国家严格控制的产品外，其余产品可随行就市，由企业根据市场供需情况自行定价销售；鼓励优势企业承包、租赁、兼并劣势企业，推动生产要素合理流动和优化配置；鼓励和支持党政机关干部和科研教育单位技术人员到国营、集体和乡镇企业任职、挂职或领办、兴办工业企业。并决定在县冶炼厂、织造厂、水泥厂、青溪酒厂、力车厂五户企业中推行放开经营试点，随后在全县推开。到7月27日，镇远县经济改革完成。在全县干部群众中提倡了“凭技能上岗，凭贡献拿钱，凭本事吃饭”的观念，在物资系统率先打破了“三铁一大”（铁饭碗、铁交椅、铁工资、大锅饭），在企业建立了行政人员“岗位、职务、效益、薪水互动新机制”、能上能下的干部管理机制、能进能出的用工制度和自主经营、自负盈亏的经营机制。工业上着力于内部挖潜，开展了第二轮承包经营工作，轮换企业经营机制。承包经营的原则是“定死基数，逐年递增，超收分成，亏损自负”。到当年年底，全县有50%以上的国营工业企业实行了承包经营。

3. 国企改制

国企改制的目的是明晰产权，建立现代企业制度。1997年1月，县委、县政府作出《关于搞活国有企业的决定》，明确提出对企业进行改制。国企改制的原则是，实行一厂一策，根据不同情况对企业实行股份制、股份合作制、承包租赁、转产改组、兼并联合、引资嫁接、破产拍卖等。2000年3月28日，镇远县成立了县国有企业改革领导小组，负责改制工作。国企改革进入了实质性阶段。县委、县政府结合县情、厂（公司）情，以市场和产业政策为导向，通过存量资产流动和重组，放开搞活一般国有小企业，集中力量抓好电、冶、酒、自来水等一批规模企业和企业集团的改革与发展，优化国有企业，建立符合市场经济运行的多种所有制并存发展的混合经济制度，把改革同改组、改造、加强企业管理结合起来，引入竞争机制，以建立现代企业制度为标准，集中精力，坚决、全面、迅速推进镇远国有企业改革和发展。通过2000年至2002年的努力，进一步加快镇远国有企业实施产权制度的改革，实现国有资产的保值增值，提高发展速度，使国有企业总产值、销售收入、利税和职工收入同步增长；使国有企业“产权清晰、权责明确、政企分开、管理科学”；使国有企业建立具有完善的社会保障体系和适应社会主义市场经济的新型企业制度。同时在改革中坚持原则，围绕建立现代企业制度的要求，真正把国有企业建成了“自主经营、自负盈亏、自我发展、自我约束”的法人实体和市场竞争主体。2000年底，完成了青溪酒厂由国营到民营的转换，成立了贵州青酒集团有限责任公司。该公司根据市场激烈的竞争要求逐步建立了符合时代发展趋势的现代企业管理模式，并逐步发展壮大成为全省位居茅台酒之后的新兴企业。当年年产白酒就达8234

吨，实现产值30551万元，销售收入27053万元，实现税收3401万元。随后对商业、粮食、供销、经贸等企业单位进行改制。到2003年，全县国有企业全部完成改制工作。

五、集体经济体制改革

1980年以后，集体经济、合作经济、个体经济在镇远县㵲阳镇、羊坪镇、青浪镇等几个商品经济比较活跃的集镇有一定发展，但从全县来看，集体经济、合作经济、个体经济和私营经济的发展还落后于形势。针对这种情况，1988年3月7日，县委书记胡化民主持召开全县四级干部会议。会议认为，主要原因有两个，一是思想观念落后，二是贯彻落实政策上还存在梗阻。会议提出要深化改革，大力发展多种所有制经济。在所有制结构问题上，要求商业、供销、轻工等系统，要破除轻视集体和个体的观念，倡导多种经营，鼓励国营、集体、个体一起发展。对国营企业可以实行“全民所有、集体经营、国家收税、自负盈亏”的政策，允许小型企业实行集体承包、个人承包或租赁经营；允许一部分企业改为“国家所有、集体经营、建立账簿、照章纳税、自负盈亏”；允许一部分企业转为集体所有，集体经营。坚持全民所有制经济、集体经济和个体经济多种经济形式和经营方式的共同发展，开拓内外两个市场。既要从政策上予以鼓励，包括狠抓现有政策的落实，并逐步制定新的，更加有利于发展的政策，为集体、个体、私营经济的发展营造出一个宽松的环境，又要从贷款、技术、人才等方面搞好服务，给予扶持，保证以公有制为主体的多种所有制经济健康发展。

六、发展非公有制经济

党的十一届三中全会后，镇远县的非公有制经济开始起步。1986年10月28日，时任贵州省委书记胡锦涛同志视察镇远时，专程看望了㵲阳镇顺城街皮箱厂老板周新安。他对镇远发展非公有制经济所做的工作给予了充分肯定和鼓励。此后，镇远的非公有制经济获得了较快发展。据统计，当年全县个体工商户共有2066户，从业人员2750人。

1994年3月28日，县委、县政府在屏山剧场召开全县个体私营经济先进代表会议，表彰全县个体私营经济先进个人江光云等人，共200名。县委书记许德璋在会上充分肯定了全县非公有制经济为促进商品经济的发展，繁荣城乡市场，服务群众生产生活，增加国家财政收入，解决待业青年和社会闲散人员就业，安排农村富余人员，维护社会稳定等方面，发挥了积极的作用，为全县的“两个文明”建设做出了显著成绩。这次会议吹响了加快个体、私营等非公有制经济发展的号角，动员广大人民群众，积极投身于经济建设的洪流。据统计，1994 年全县有 3449 户，其中，农、林、牧、渔业 6 户，资金 60 万元；采矿（含采砂、采石）10 户，资金 130 万元；加工制造 400 户，资金 115 万元；燃气、水生产供应 5 户，资金 180 万元；交通运输 378 户，资金 520 万元；计算机服务及软件 7 户，资金 39 万元；批发零售业 2100 户，资金 524 万元；住宿餐饮 338 户，资金 204 万元；医疗药品 15 户，资金 38 万元；文化娱乐 16 户，资金 20 万元；美发美容及保健服务 77 户，资金 21 万元；广告 7 户，资金 10 万元；其他服务业 90 户，资金 32 万元。

同年 9 月 9 日，县委、县政府出台了《关于大力发展个体私营经济的若干规定》，决定采取一系列措施，鼓励和支持非公有制经济的发展。从富民兴县的战略出发，抓住机遇、彻底解放思想、转变观念，放心、放手、放胆地发展个体私营经济；切实加强对个体私营经济发展工作的领导；加快个体私营经济发展建设，增强县乡经济发展后劲；努力提高个体、私营者的素质，以适应社会主义市场经济的需要；扩大个体、私营经济的主体范围；放开个体私营经济的经营范围和经营方式；允许有条件的个体和私营企业到省外、国外经商办企业，与外商合资、合作经营；扩大市场交易、促进市场的发育和商品流通；鼓励个体工商户、私营企业不断上规模、上水平、上档次、上质量，创名牌、创效益和出口创汇；简化开业登记手续；采取“放水养鱼”的方法吸引外地客商发展镇远经济；鼓励和支持个体、私营经济向生产型企业和农产品加工行业，山区农业综合开发项目发展；取消对个体工商户和私营企业的一切非政策性收费和未经批准领取收费许可证的一切不合理收费；各级政府要像支持国营、集体工商业一样，把个体工商户、私营企业的经营场地列入当地城乡建设规划统一安排；为构建发展镇远旅游业这个龙头，在发展国营、集体旅游业的同时，多方位、多渠道开发旅游业；采取多种渠道解决个体、私营经济发展中周转资金短缺的问题；各级税务机关要为大力发展个体私营经济提供有利条件，创造良好的环境，实行轻税赋、广税面、放水养鱼、培育发展税源的政策；干部、职工、农民、学生逢赶集天进入市场出售物品的，可不办照，不收市场管理费和其他一切费用；任何部门都不得以任何理由或借口对个体工商户和私营企业进行威胁、敲诈勒索、刁难，除工商行政管理机关外，其他任何单位和个人都不得暂扣、收缴和吊销营业执照；用水、用电、用地、资源，其价格和收费要与国营、集体企业同等对待；对个体工商户和私营企业的人员参加产品鉴定、技术等级与专业技术职务评聘，要同其他企事业人员同等对待；要提高个体户、私营企业的政治地位，有条件的商会、个协应建立党支部，可以推荐具有一定能力的个体工商业者和私营企业主担任各级人大代表和政协委员，参政议政，作为党和政府联系非公有制经济人士的代表；工商行政管理机关要加强对个体劳动者协会、私营企业协会的指导，使其充分发挥自我管理、自我教育、自我服务的作用；政法部门为他们的发展保驾护航；鼓励他们在自愿的基础上投资兴办各类公益事业。

通过上述措施的实施，非公有制经济在全县得到了不同程度的发展，特别是交通运输业的发展带动了城乡经济的发展，当时有大货车 156 辆、小货车 112 辆、中巴车 62 辆、面的车 188 辆、农用车 176 辆，实现了交通运输机动化，在数量上形成了规模。就全县乡镇而言，㵲阳、青溪、羊坪、羊场、大地等乡镇的个体私营经济发展得更快，其中，羊坪经济技术开发区的个体私营经济发展得更好。据 1995 年 2 月 7 日的统计，1994 年全县乡镇企业总产值 1368 万元，比 1993 年的 349 万元增长 292%。1993 年至 1994 年间引进固定资产投资 1100 多万元。其中，1994 年羊坪镇共拥有各种不同类型和性质的企业 418 个，比 1992 年的 163 个企业增长 156.4%；个体工商户发展到 329 户，其中，饮食业 287 户、服务业 27 户、工业 41 户、商业 140 户、运输业 14 户、修理业 16 户，比 1993 年的 245 户增加 84 户，增长 34.29%。1994 年全镇完成财税总收入 69 万元，其中本级 51 万元。比 1993 年的 45.5 万元增长 51.6%。

2000 年后，镇远县开展了对国有企业的改制工作，到 2002 年，全县 90% 以上的国有企业转变为自负盈亏的民营企业，个体工商户发展到 3547 户，从业人员 4222 人，资金总额达 1052 万元。为了切实抓好镇远的工业民营经济工作，推动民营经济发展，实现镇远工业经济的二次腾飞，2002 年 7 月 27 日，县委、县政府在青酒集团有限责任公司醉翁山庄会议室召开了全县工业暨民营经济工作会议，会议决定采取积极措施，继续鼓励民营经济加快发展。9月19日，县委、县政府出台了《关于鼓励和加快民营经济发展的意见》，该意见指出，民营经济是我国社会主义市场经济的一个重要组成部分。自改革开放以来，在社会主义市场经济建设中，民营经济具有产权明晰、利益直接、生产经营方式灵活、应变能力强等特点，同时还具有投资少、见效快、效益好的显著效果。在镇远这样一个经济较为落后、工农业底子薄弱、生产力水平低下、国有经济效益不高、地方财政十分困难的西部地区县，随着市场经济的不断发展，民营经济的优势已充分显示出来，成为全县财政税收的一个重要支柱。同时指出，民营经济业主是全县人民中的一分子，也是推动镇远经济社会发展的生力军，理应受到人们的尊敬和重视。要推选一些政治素质好，具有一定代表性的民营经济业主担任各级人大代表、政协委员或社会职务，参政议政，使之成为党和政府联系和引导民营经济的代表，成为发展镇远民营经济的“领头羊”，从而达到激励八方贤士、吸引四方商客的直接效果。该意见要求全县各级各部门必须与县委、县政府保持高度一致，充分解放思想、更新观念，以建设镇远、发展镇远为目标，以鼓励和加快民营经济发展为突破口，改进工作作风，强化服务意识，提高服务质量，紧紧围绕经济建设这个中心，按照“三个有利于”的标准和“三个代表”重要思想为指导，大力保护和扶持民营经济，将发展民营经济纳入国民经济和社会发展总体规划，进行统筹安排，使民营经济真正成为镇远县域经济的重要增长点。要在不违反国家和上级政策的前提下，本着“放宽政策，打造环境，筑巢引凤，加快发展”的原则，在税费政策、土地政策等方面给予民营经济一定的政策优惠和倾斜。要保护、鼓励和扩大民营经济发展的主体范围，允许县内外中国公民在镇远区域内投资经商办企业，允许从事国家所开放、许可的各种经营活动。各有关部门和单位要积极配合、协调管理、搞好服务、促其发展，不得利用行政权力搞行业垄断，更不准任何单位和个人擅自设立关卡，扰乱市场秩序，干扰民营经济发展。同时，县委、县政府对在镇远投资500万元以上兴办的各种企业实体实行挂牌服务制，全县副县级以上在职领导都要分别对具体企业进行挂牌保护，各相关部门也要分类对具体企业进行挂牌保护。并对企业实行明白卡制度，以杜绝乱收费、乱摊派、乱罚款、强行推销、搭售商品、强行规定进货渠道，以及吃、拿、卡、要、索贿受贿、敲诈勒索等违法违纪行为，切实保护民营经济业主的合法权益。

通过贯彻执行这一系列灵活有力的政策，使全县的非公有制经济迈入了大发展的快车道。据2004年统计，全县共有个体经营户5523户，从业人员8675人，其中工业433户，1349人，建筑54户，208人，交通运输1149户，1342人，批发133户，210人，零售2650户，3529人，旅店45户，105人，餐饮500户，1034人，租赁和商业服务53户，76人，教育2户，2人，卫生33户，47人，居民服务230户，370人，文化和娱乐22户，44人，其他服务219户，355人。缴纳税金811万元。在非公有制经济发展过程中，先后有849户获县级文明个体户，有33人被选为县人大代表，2人被选为州人大代表；有7人被推荐为县政协委员，有4人被评为县级劳模。他们为公益事业捐资捐物计约60多万元。

七、发展乡镇企业

镇远县的乡镇企业起步于1980年下半年。为推动乡镇企业发展，1984年，县委决定将社队企业局改为县乡镇企业局，主抓乡镇企业。但是，直到1985年，全县各乡镇企业的规模仍然不大。1985年2月25日，县委、县政府根据中央1985年1号文件精神，提出了《关于继续改革农村经济管理体制，促进农村经济翻番的意见》，决定按照市场需要、资源优势和“多种经营、综合发展、因地制宜、合理布局、统筹安排、突出重点”的方针，放手发展乡镇企业。该意见指出，乡镇企业是实现农村经济翻番“打头阵”的产业，要进一步扫清障碍，放开手脚大力发展。除独户、联户兴办外，区、乡、村都要办，大中小结合，以小为主，在工、运、商、建、服“新五业”上下工夫，几个轮子一齐转。各区乡成立经济联合委员会，下设乡镇企业开发经营等公司。在乡镇企业开发公司的经营下，全县乡镇企业得到了较快发展。

1985年，由于全县各级党委和政府进一步加强对乡镇企业的领导，充分发挥广大干部和群众的积极性，全县乡镇企业出现全面发展的好势头。羊场镇镇办电厂、酒厂、茶场和木器加工等企业，完成产值40万元，比1984年净增27.5万元。青溪镇造纸厂8月份投产后，年底就生产包装纸40吨，还与一些县订了1986年供货合同910吨，价值45万多元。后山乡自筹资金办了酒瓶盖厂，1984

年产值达15万—20万元。羊坪镇发展采矿业，计划1986年开采重晶石一万吨，产值50多万元。截至1986年10月底，全县已完成乡镇企业总产值610.93万元，占全年计划660万元的92.56%，其中，羊场区完成105.3%，㵲阳镇完成108.1%。在全县总产值中，乡镇工业产值完成271万元，占全县任务的79.1%。原计划480万元，现完成485.17万元，超额1%。1986年全县乡镇企业完成产值1141万元，比1985年上升45.35%。

1988年3月7日，县委书记胡化民在全县四级干部会上提出，要推进改革，加快乡镇企业的发展。要办好骨干企业，用它去带动千家万户，实行"五轮齐转"，不搞少、大、洋，要以小、多、优取胜。凡有条件办企业的区和乡镇，都要从小项目入手，着重发展联户工副业，没有资源条件的地方，侧重发展种植业、养殖业，鼓励农户兼营菜园、果园、林场、渔场、加工等家庭企业。同时，鼓励发展庭院经济和私人企业。对现有的乡镇企业，要从经济核算、财务管理、资产积累制度等方面加强经营管理，改革用工、工资、干部制度，推行承包经营责任制，提高经济效益。乡镇企业要走自主经营、自负盈亏、自我积累、自我发展的路子。鼓励企业、行政机关的管理干部、技术人员去领办、承包租赁乡镇企业，要求环保、计委、经委、物资、金融等有关部门要积极帮助乡镇企业解决好发展中遇到的困难。会议要求，在大力发展乡镇企业的同时，要从劳力剩余的乡镇，组织劳务输出，使更多的农村剩余劳力投入到商品经济的洪流中去。同时，根据镇远人才缺乏的实际，一方面要加快引进人才、技术的步伐，另一方面要开发和培养本地人才。为了有利于推进科技进步，推动科技人员向农村、向基层、向乡镇企业流动，还专门出台了一系列政策措施，鼓励科技部门、企事业单位、行政单位以及各类专业技术服务机构的科技人员，有技术、懂管理的干部，通过留职停薪、辞职或调离等形式，创办、领办乡镇企业和城镇集体企业。也可以停薪留职、带薪带职、或带薪停职到农村从事一定规模的植树造林、种草养畜、开矿、创办乡镇企业等开发性生产。

1992年7月21日，县委书记、县长姚本才主持县四大班子联席会议，传达省乡镇企业会议和省以劳养武会议精神。全省乡镇企业发展缓慢，"六五"期间均增长38.4%，与全国差不多，但"七五"为15.4%，"八五"为13.8%，比全国低17.6个百分点，在全国排倒数第二，仅略高于西藏。黔东南州在全省排第7

位，略高于铜仁市和黔西南州。从县级来看，按人均产值排，最高的是云岩区，达到5024元，镇远县人均170.8元，在全省87个县市区中排第42位。全省以劳养武会议指出，以劳养武工作要与大办乡镇企业相结合。8月20日，县委、县政府专门召开了全县乡镇企业暨以劳养武工作会议。随后县委、县政府作出了《加快发展乡镇企业和开展以劳养武活动的决定》，要求加快乡镇企业发展。决定把工业发展布局向乡镇企业倾斜，确保乡镇企业总产值每年递增20%以上，农村劳力平均每年转移3%以上，到本世末农民人均从乡镇企业得到的纯收入要达400元。县委、县政府要求发展公有制企业，要坚持“积极扶持，合理分散，正确引导，加强管理”的方针，走“发展、改革、完善、提高”的路子，企业要“剪掉脐带，脱离母体，走进市场，发展自己”，以适应社会主义市场经济发展的需要。为此，县财政每年安排10万元以上资金，建立乡镇企业发展基金，并采取完善管理，放权松绑，实施税费优惠政策，推动乡镇企业发展。

1994年5月11日，县委、县政府为树立适应社会主义市场经济发展的新观念，改进工作作风，扎扎实实深入基层第一线，兴办示范点、承办农业综合开发项目和乡镇企业，重点实施以猪牛羊发展为核心的“种、养、加工”一条龙农业综合开发，并由县四大班子领导分片分项目负责组织实施：羊场镇扎营关茶叶改造350亩；都坪镇大溪村茶叶30亩；都坪镇拱桥村朱家坡种萘李50亩，优质高产烤烟30亩；蕉溪镇田溪村发展优质高产烤烟50亩；㵲阳镇铁山溪水稻宽窄行连片栽插试点130亩；涌溪乡马坪村种植五倍子200亩；㵲阳镇甘溪村、涌溪乡鼓楼村种植五倍子500亩；金堡乡秀地村水稻高产工程50亩；江古乡大坝河水利工程和苗寨水库整修，蕉溪浸油厂技改项目，涌溪乡新建魔芋食品加工厂工程；涌溪乡马坪村养羊300只；青溪、羊坪镇发展沙田柚300亩，涌溪乡芽溪村经营果园场50亩，青溪镇东门、下河、上河三村种油桐500亩；蕉溪镇田溪村坡改梯（田）50亩，涌溪乡鼓楼坪村坡改梯100亩。到1995年3月，县四大班子基本完成了农业综合开发乡镇企业项目任务。

1994年11月29日，县委、县政府出台政策，进一步鼓励行政事业单位干部带职带薪到企业工作，积极投身经济建设。行政事业单位的干部、职工按干部管理权限组织选调或自愿到国营、集体、乡镇企业工作的，保留其行政事业身份不变，可在行政事业单位工作或退休。并许诺，行政事业单位的干部、职工到企业工作后，其住房、调资等享有原单位干部、职工同等待遇；凡在企业晋级晋职的，回原单位后享有同一级别国家工作人员的政治、经济待遇。之后，一些行政事业单位的干部、职工响应组织的号召，主动要求去乡镇企业工作，接受经济大潮的洗礼，有力地促进了乡镇企业的发展。据统计，1995 年全县乡镇企业总产值 1368 万元，比 1993 年的 349 万元增长 292%。1993—1995 年，两年间引进固定资产投资 1100 多万元。

1997 年 7 月 11 日，县委书记、县长杨尤光明确提出，要把乡镇企业作为振兴镇远经济的战略重点来抓，要把乡镇企业作为“一把手经济”，实行党政“一把手”亲自抓、负总责，加强各部门的合作，实现加快发展乡镇企业的整体推动。并明确乡镇企业“依托资源优势，依靠科学进步，培植优势产业，开发拳头产品，实现规模效益”的发展思路，建立健全发展乡镇企业的激励机制，加强乡镇企业主管部门建设，理顺管理关系，增强管理能力，提高服务水平，营造乡镇企业大发展的良好环境。随即，县委、县政府成立了以县委书记、县长杨尤光任组长的县乡镇企业工作领导小组，负责全县乡镇企业的领导和协调工作。1998 年 8 月 27 日，根据中共黔东南州委、州政府关于加快乡镇企业发展，把乡镇企业纳入目标管理，规范其考核奖励的指示精神，县委、县政府在 1997 年考核办法的基础上，提出了《镇远县 1998 年度乡镇企业目标管理考核奖励办法》，把乡镇企业发展纳入目标管理。其考核、奖惩的主要对象为全县 12 个乡镇党委、政府和县乡镇企业局。由县政府与各乡镇政府和县乡镇企业局签订年度发展乡镇企业目标管理责任书，作为年度考核、奖励的依据。这些措施的实施，使乡镇企业获得了更快发展。据统计，2003 年全县乡镇企业达 36 家。2004 年发展到 214 家，从业人员 1349 人，缴纳税金、管理费共 103 万元。

八、流通体制改革

县委、县政府放宽农业政策后，集体和个人两个方面积极性得到了极大发挥，促进了农村多种经营和农业商品经济的发展，但农村商品流通不畅的问题也逐渐显露出来。从 1983 年起，镇远开始了流通体制改革。

1983 年 1 月 2 日，中共中央印发了《当前农村经济政策的若干问题》，中央指出，要打破城乡分割和地区封锁，广辟流通渠道。3 月 5 日，中共中央、国务院发出关于发展城乡零售业、服务业的指示。中央要求，在流通领域，以国营商业为主导的多种经济形式同时并存；集体和个体零售商业服务业，经营上小型分散、方便群众、自负盈亏，有相应的内在经济活力，有明显的灵活性和适应性。

1983年，县委、县政府根据中央的精神.决定在全县开展流通体制改革。全县流通体制改革从以下几个方面进行。一是调整农副产品购销政策。对关系国计民生的少数重要农产品，继续实行统购派购；对农民完成统购派购任务后的农产品（包括粮食，不包括棉花）和非统购派购产品，允许多渠道经营。可以进城、可以出县、出省，购销价格有升有降。二是对某些紧俏商品实行统购派购时，不采取全额收购的做法，给生产者留有一定的产品处理权。三是发展合作商业，如农工商联合公司，社队企业产品经销部、贸易货栈等。四是发展和扶持农村个体商业和各种服务业。农民个人或合伙进行长途贩运，有利于扩大农副产品销售，有利于解决产地积压、销地缺货的矛盾。五是国营企业要根据农民日益增长的需要，大力组织工业品下乡。允许有合理的批零差价和地区差价，使经营者有利可得。六是农村流通领域放宽政策后，要保证农民按质按量向国家完成交售任务，保证市场供应。同时要切实加强市场管理，坚决及时地处理各种违法行为。工商、税收、物价、公安、交通运输等部门，要按照放宽政策的各项规定，制定和遵循有关的管理条例。1986年3月19日，县委决定，流通领域的改革要坚持放开、搞活，继续打破行政区划的界限，减少环节，增加渠道，进一步发展计划指导下的商品经济。落实商业企业内部经营责任制，增设商业零售网点，国营商业要积极参加市场调节，大力组织农用、日用工业品下乡，发挥平衡供求的作用。同时抓好供销体制的改革，变“官办”为“民办”，把供销社办成农村综合服务中心，真正恢复“三性”，努力为农村商品生产提供信息、技术、加工、贮藏、运输、销售等系列服务，并加强横向联系，发展农副产品加工，参与商品生产。1987年6月22日，中共镇远县第五次代表大会决定深入推进农村改革。继续改革统购派购制度，扩大农产品市场。粮食继续实行合同定购与市场收购的“双轨制”，合同定购部分作为农民向国家的交售任务，要保证完成。鼓励和支持农民进入流通领域，到外乡、外县、外省去从事运销活动，提高自我服务能力。发展拆借市场，民间金融市场和民间信贷组织，聚集农村发展资金，搞活农村资金流通。通过一系列的流通体制改革，疏通了流通渠道、搞活了流通企业，极大地促进了镇远的商品经济发展。

但是，在改革后发现生产资料流通领域中，存在着大量重利盘剥、扰乱市场、哄抬物价的中间环节。1990 年，县委、县政府针对这些问题，开展了税收、财政、物价大检查和查处违法经营，销售伪劣商品活动，严厉打击和取缔各种违法经营。同时坚决制止和纠正以各种借口乱收费、乱摊派、乱罚款的现象。充分发挥国营商业和农村供销社在商品流通中的主渠道作用，在重要消费品流通领域，把批发环节掌握在国营商业和供销社手里，禁止私人从事长途批发业务。坚持计划经济与市场调节相结合，按照多渠道、少环节、有秩序的原则，在坚持国营商业为主导的前提下，加强管理和引导，发挥集体、个体商业在繁荣市场、搞活流通的补充作用。

镇远县的流通体制改革，还通过采取建立粮食储备制度、按保护价敞开收购、兑现价款、放开市场、撤销关卡、取消一切非法的罚款和不应有的收费等措施，整顿了流通秩序，保证了农产品的流通渠道通畅，解决了农产品卖难问题，使农民增产增收，保护了农民的生产积极性。通过流通体制改革，镇远充分利用公路、铁路的便利条件，促进了与乡镇和周边各县的商品的大流通，使镇远继续保持着人流、物流集散地的地位，同时也极大地改善了城乡居民的生产、生活条件。于是，镇远城乡粮食市场空前活跃，居民都可在市场上购买到优质口粮。实行 40 多年的购粮证、粮票制度也自然消失。

第四节 建立社会主义市场经济体制

1992年春，邓小平在南方视察中发表了一系列重要谈话。他的谈话，解决了人们关于姓“资”姓“社”、“计划经济”和“市场经济”的认识误区问题，并提出要建立社会主义市场经济，为党的十四大定了基调。1992年6月，中共中央总书记江泽民在中央党校省部级干部进修班上表示要在全国建立社会主义市场经济体制。由此，全国经济体制改革进入以建立社会主义市场经济体制为目标的阶段。从1992年下半年起，县委、县政府根据中央《关于建立社会主义市场经济体制若干问题的决定》，开始着手建立社会主义市场经济体制。

围绕建立社会主义市场经济的目标，镇远县开展了一系列工作：一是转变政府职能，实行政企职责分开；二是转换企业，特别是国有企业经营机制，推动企业走入市场，使它们成为市场竞争的主体，成为真正的法人实体，真正实现自主经营、自负盈亏、自我发展、自我约束和自担风险，达到责权利相统一；三是转变计划观念，转变计划管理职能和方式，使计划能够真正反映市场的供求变化。同时，县政府及职能部门要更多地运用经济政策和经济杠杆引导和调控市场健康发展；四是大力培育和发展市场，建立统一的完备的商品市场；五是加强经济法规和经济运行所必需的其他基础设施建设。

一、转变观念，培育市场经济意识

当时，在全县干部职工中存在一些不适应市场经济发展的旧观念：一是计划经济体制下形成的积淀太深。等机遇、等红头文件；靠国家投入、靠别人送上门来；只求吃饱，不求发展和再生，不求进取，无所作为；二是小农经济思想严重。小富即安、不富也安，缺乏忧患、风险意识和赶超精神。这些观念不克服，必然束缚经济发展的手脚，对此，县委决定以转变落后观念为突破口，培育广大干部职工的市场经济意识。县委要求全县各级干部一是思想要进一步解放，要彻底摆脱“小富即安、不富也安”的小农经济意识，牢固树立起适应社会主义市场经济发展和大商品、大市场、大流通观念。二是精神要进一步振奋。形成一股奋起直追、敢为人先，下决心改变落后面貌的激情和干劲，抓机遇、抢时间、争速度、快节奏、高效率。三是要用社会主义市场经济的新观念深化对县情、乡情的认识，认真分析本单位、本部门的优势、劣势，选准突破口，按照试验区建设的发展要求，提出解决问题的新思路和新方法。

1992 年到 1994 年，县委通过开办副科局级以上领导干部读书班、农村党支部书记培训班等形式，在全县相继组织全县党员、干部学习贯彻党的十四大精神、《邓小平文选》第三卷和中共中央《关于建立社会主义市场经济体制若干问题的决定》，开展以“解放思想、实事求是、加快发展镇远经济”为主题的大讨论。进一步解放思想，形成共识，破除前进道路上的思想障碍，充分调动全县干部群众的积极性，发挥他们的创造性。同时密切联系改革与建设发展实际，以及当前干部群众的思想实际，深入浅出地进行宣传教育，做到了家喻户晓。使广大党员、干部了解了“什么是社会主义”和“怎样建设社会主义”，把握了“什么是社会主义市场经济体制”，提高了市场经济意识和市场经济主体意识，增强了参与市场竞争的能力和经营能力。

同时，县委要求各级党委机关干部积极投身于经济建设中去，不但学会游泳，而且要学会行船，以实际行动贯彻党的十四大精神。为做好表率，1993 年 7 月 25 日，县委办公室成立“镇远银利开发总公司”，由县委书记许德璋任顾问，县委办主任王敏任总经理。有关县直机关也相继成立了公司。虽然这些公司成立不久即因党中央禁止党政机关办企业而终止，但各公司的运行在全县仍起到了示范带头作用，增强了广大干部职工积极投身参与经济建设的意识和企业市场经济的主体意识，增强了机关干部职工在经济建设海洋中的游泳本领，为建立社会主义市场经济体制做好了思想准备。

二、转换国有企业经营机制，推动企业走入市场

1992 年以后，围绕建立社会主义市场经济的目标，镇远县加快了国有企业转换经营机制的改革步伐。主要是认真贯彻落实党中央、国务院和省委、省政府一系列关于国有企业改革和发展的方针、政策。1992 年 7 月《国务院关于全民所有制工业企业转换经营机制条例》颁发以后，镇远根据省政府制定的实施

办法，对全县全民所有制工业企业在经营中落实了15个方面的自主权（资产经营形式选择权、生产经营决策权、投资决策权、留用资金支配权、劳动用工权等），强化企业自负盈亏的责任、转变政府职能，并对相关法律责任等作了明确规定。

1997年1月，县委、县政府作出《关于搞活国有企业的决定》，贯彻落实《企业法》。对国有企业改革提出了指导性意见，把国企改革引向深入：一是企业生产经营活动由企业自主决定，政府各职能部门切实搞好服务、协调、指导、监督和必要的政策保护，使企业真正成为独立核算、自负盈亏、自我发展、自我约束的经济实体；二是加大企业改制力度，实行一厂一策，即股份制、股份合作制、承包租赁、转产改组、兼并联合、引资嫁接、破产拍卖等；三是下放企业领导干部管理权限，强化企业领导班子建设，县级骨干企业的厂长、经理由政府依法任免、奖惩，副厂级行政领导干部由厂长提名，县政府主管部门考核任命及奖惩；四是放开分配方式，具体分配方式由企业自主决定；五是政府对企业厂长、经理实行年度考核，公开奖励；六是鼓励国家公务员到企业任职；七是在企业任职的厂长、经理、书记，政府可优先录用为国家公务员；八是国有企业试行厂长、经理年薪制；九是企业的法定代表人及班子成员不得私办经济实体；十是企业内部要创建一个真正适应市场经济的营销机制；十一是坚决制止各部门对企业的各种乱摊派、乱集资、乱罚款，为企业的经营活动营造良好的宽松环境。通过改革，国有企业的生产、经营自主权进一步增大，增强了企业的市场主体地位，经营状况得到了改善，企业效益逐步好转。

2000年4月，根据中央、省委、州委有关加快国有企业改革和发展的决定、要求和统一部署，县委、县政府制定了《关于加快国有企业改革和发展的实施方案》，以建立现代企业制度为标准，对国有企业实施战略性改组，抢抓机遇，大胆实践，找准、抓住国企改革与发展的重点、难点和突破口，结合县情、厂（公司）情，以市场和产业政策为导向，通过存量资产流动和重组，放开搞活一般国有小企业，集中力量抓好电力、冶金、酿酒、供水等一批规模企业和企业集团的改革与发展，优化国有企业，建立符合市场经济运行的多种所有制并存发展的混合经济制度，把改革同改组、改造、加强企业管理结合起来，引入竞争机制。

镇远县的国有企业均属小型企业，这些企业主要分布在经贸、商业、电力、粮食、城建等部门，都属于放开搞活加快发展的对象和范围。改革模式分为两类，一类是对国有企业经营方式进行改革，即产权归属不变，放开国有企业经营，采取联合、承包、租赁、托管经营、国有民营等；另一类从产权制度改革入手，对国有企业资产存量进行重组，即国有企业产权归属发生变化，放开搞活国有企业，采取收购、兼并、出售、拍卖、产权有偿转让、产权无偿转让、剥离重组、股份制、股份合作制、破产等办法推进产权制度改革。改革分准备工作、宣传教育动员、申报、国有资产评估、建立新的企业运行机制、总结完善等阶段。

通过2000年至2002年的努力，加快了镇远国有企业实施产权制度的改革，基本实现国有企业"产权清晰、权责明确、政企分开、管理科学"，并在国有企业建立具有完善的社会保障体系和适应社会主义市场经济的新型企业制度，真正把国有企业建成自主经营、自负盈亏、自我发展、自我约束的法人实体和市场竞争主体。

三、设立试验区

1995年2月23日，县委、县政府根据黔东南州政府关于加快全州改革开放试验区工作的安排部署，制定了《镇远县加快民族自治地方改革开放试验区发展实施方案》，确定设立羊坪经济技术开发试验区。同时，成立镇远县民族改革开放试验区办公室。以试验区积累经验，推动社会主义市场经济的建立。一是加速建立社会主义市场经济体制；深化农村改革；走现代农业的发展道路；建立现代企业制度；深化财政投资体制改革；建立社会主义市场体系；改革科教体制；健全社会保障体系；扩大对外开放；建好旅游业；加快民主与法制建设进程；转变政府职能。二是着重解决好以下问题。解决财政困难问题；解决资金短缺问题；解决企业亏损问题；解决产业结构不合理问题；解决资源优势未能充分发挥问题；解决利用外资比重的问题；解决乡镇企业、个体和私营经济发展缓慢问题；解决温饱问题；尊重科技人才提高经济待遇问题。三是探索扩大开放的途径和办法，建立旅游发展基金，加快旅游基础设施建设；打破地区和部门封锁，实行全方位开放，做到物竞天择；同时采取走出去、请进来的办法。有组织、有计划地扩大劳务输出和组织对外工程承包、增加地方收入，促进交流与合作。

党的十五大和县第八次党代会召开后，1998年2月20日，县委、县政府根据上级要求决定鼓励全县党政机关、事业单位兴办经济实体，用实际行动“做给群众看，带领群众干，帮助群众富”。对经济实体的财务管理，实行独立核算，自负盈亏。让县直机关干部职工在经济浪潮中锻炼经济工作的能力，强化市场经济意识。此后，镇远县各机关干部职工纷纷走出机关，下海经商、办实体。他们的实干精神和大胆举动，对于全县社会主义市场经济意识的形成产生了积极的影响。

从2000年底起，镇远县抢抓西部大开发的历史机遇，积极推进社会主义市场经济建设。在青溪镇五里牌设立了镇远县黔东工业园区，将县城区域内完成改制工作的工矿企业全部迁入园区。2006年年底，先后引进投资47亿元的国家重点能源建设项目黔东火电厂等38家工业企业落户工业园区。经过几年的发展，黔东工业园区已成为镇远经济发展的“火车头”。2005年，州委、州政府决定以黔东工业园区为中心，建立了“黔东工业经济区”。从2002年的4.29亿元上升到2006年的8.48亿元，年均增长3%以上。

四、清理政策法规，消除市场经济发展的障碍

2001年11月，中国正式加入世界贸易组织（简称WTO）。按照WTO协定要求，根据中央、省、州的部署，对于凡是与WTO协定和我国对外承诺不一致的内容的地方性法规、地方政府规章和其他政策措施都要清理和废止。为保证镇远县有关法律、法规、规章和政策措施和WTO协定相一致，12月1日，县委、县政府成立了镇远县清理地方性法规、地方政府规章和其他政策措施领导小组，开展清理工作。经过清理，共清理出和废止了与WTO协定与我国对外承诺不一致的内容的地方性法规、地方政府规章和其他政策措施5个，消除了社会主义市场经济发展的障碍。

至此，社会主义市场经济在镇远得到了较快发展，社会主义市场经济体制基本确立。原有的县经贸局各厂矿企业、县粮食局各企业单位、县商业局八大公司、县供销社所属公司和基层社等，全部融入市场经济洪流。

第五节　扶贫开发与脱贫攻坚：全面建成小康社会

一、扶贫开发

1992年9月5日，镇远县县扶贫开发办公室成立，办公室设在县民委。1997年3月16日改设在县农业办公室。是年，开始实施“八七”扶贫攻坚计划。1994年至2000年的国家“八七”扶贫攻坚期间，镇远县对还没有解决温饱问题的边远贫困乡镇，共投入扶贫资金974万元，其中坡改梯资金416万元，县财政匹配资金313万元，扶贫贷款资金46万元，财政专项扶贫资金199万元。经过七年的扶贫开发，农民人均纯收入由1993年的523元增加到2000年的1289元，是1993年的2.46倍。农民人均产粮由1993年的240公斤增加到2000年的327公斤，增长36.25%。到2000年，全县贫困人口从1993年的6.1万人下降到2000年的4.21万人，七年净脱贫1.89万人，年平均脱贫0.27万人。贫困人口从1993年的30.03%下降到2000年的20.12%。

2001年，国家颁布《中国农村扶贫开发纲要（2001—2010）》，实施新阶段扶贫开发计划，落实以贫困村为主战场的扶贫开发政策。县委、县政府及时成立县扶贫开发领导小组和扶贫专门机构——县扶贫开发办公室，各乡镇也成立相应机构。按照上级要求，2001年对全县12个乡镇、221个行政村的基本情况及贫困状况深入细致调查，经省扶贫开发领导小组确认，镇远县有9个重点扶贫乡镇、128个重点扶贫村，并编制《镇远县扶贫开发规划（2001—2010）》。按照“政府主导、社会参与、自力更生、开发扶贫”的方针，把扶贫开发作为全县最大的民生工程，以解决贫困人口温饱为中心，以一类贫困乡镇、村为工作重点，以贫困乡、贫困村为单元，以贫困户、极贫户为重点扶持对象，大力实施种草养殖产业化建设、整村推进、小额信贷、温饱工程、扶贫培训和龙头企业培育，全力开展扶贫攻坚工作。

2009年3月，国家下达的镇远县拉动内需项目，人饮安全6个工程（溁阳文德片区、蕉溪榨房片区、柳溪二期人饮、都坪坳背片区、尚寨丰收、羊场集镇）完工，解决了7000人饮水安全问题。总投资387.47万元，其中中央补助资金266.79万元，地方配套资金120.68万元。

2001年至2010年，全县共争取国家扶贫资金4791.4万元。建成优质核桃基地0.86万亩、扶持种草养羊产业化基地村7个；培训农村劳动力16.86万人次，实现转移农村劳动力就业2900人以上，培育扶持国家级扶贫龙头企业1家（贵州喀斯特山乡牛业公司）；全县共实施整村推进76个贫困村，建成通村组公路46条380.5公里；硬化71个村257个自然寨，寨内步道373.6公里；修建人行便桥46座；修建人饮工程52处，解决1.36万人的饮水困难；修建渠道8条25.2公里；修建防洪堤2座3.6公里；塘库防渗2座；完成坡改梯7000亩，小水池1318个；修建2500平方米农贸市场1个；完成学校校舍建设5栋面积1412平方米；新建两乡镇医院综合楼和10个村级卫生室，新修45个村综合服务室，修建沼气池657口，实施消防示范户改灶416户，养殖项目配套改圈3723户。

2001年至2010年，全县社会扶贫共筹集社会扶贫资金650.3万元，其中资助资金190万元，修建学校11栋6464平方米，资助资金259万元，修建宿舍楼22栋12458平方米，资助资金2万元，修建学生食堂1栋100平方米，资助资金30万元，修建通村公路1条6公里，资助学校价值20.09万元学生用品334套和图书4357册，捐资60.61万元资助254名贫困大学生圆大学梦，捐资55.9万元资助2749名贫困中小学生解决上学困难，资助孤儿院2.3万元，筹集救灾款15.1万元，帮助受灾群众生产自救，资助资金30万元，用于青溪镇铺田村地质灾害生态移民搬迁。

2011年以前，镇远县未列入国家和省重点扶持贫困县，各项建设投入明显不足，导致全县农村基础设施薄弱，农民增收渠道狭窄。为此，镇远县千方百计改善农业农村基础设施、提高农民生活水平。

从1993年“八七”扶贫攻坚到2000年后的十年间，全县共减贫5.74万人，农民人均纯收入从1993年的523元增加到2010年的3335元。

2011年，镇远县列入集中连片特困地区贫困县，受县域优质土地资源匮乏、潜在石漠化分布范围广等客观条件制约，到2014年开展建档立卡精准扶贫时，全县仍有7个贫困乡镇，57个贫困村，其中深度贫困村25个，贫困人口4.77万人，贫困发生率为20.3%。

2011年至2012年12月9日，全县投入1610万元实施了70个村道路庭院硬化、房屋立面、安装太阳能路灯等建设，投资4500万元，建设通村水泥路102公里。修建沼气池523口，解决农村饮水安全20836人，实施搬迁146户600人，按照2300元的贫困标准，实现减贫人口6704人。将报京一类贫困乡和尚寨土家族乡发展上升到县级层面，分别制定了报京乡扶贫开发和脱贫摘帽工作规划、尚寨土家族乡发展规划。积极争取省民委帮扶，每年分别投入两乡220万元、200万元，支持其发展，持续三年。

2012年，镇远县启动实施了扶贫生态移民工程，完成146户600人搬迁，减少贫困人口6704人。改造农村危房3450户（其中计生户危改105户）。

2013年11月3日，习近平总书记首次提出“精准扶贫”。实施农村危房改造5748户，结对帮扶、产业扶贫、政策支持等扶贫攻坚成效显著。全年投入资金1924万元，实施扶贫项目43个，共脱贫1.1万人，新增了羊场镇、涌溪乡“减贫摘帽”；扶贫生态移民、搬迁安置330户1210人。

2014年，镇远县全年减贫1.21万人，新增江古镇、都坪镇“减贫摘帽”，贫困乡镇发生率下降到41.7%。改造农村危房970户。

二、打赢脱贫攻坚战

2014年，镇远县开展建档立卡精准扶贫时，全县仍有贫困乡镇7个，贫困村57个（其中深度贫困村25个），建档立卡贫困人口16376户47700人，综合贫困发生率为20.30%。

2014年以来，镇远县始终围绕中央和省、州决策部署，聚焦“机制顺、联动快、保障强”精准发力，确保工作政策责任落实到位。全县各级干部肩负重担，在脱贫攻坚工作中坚持尽锐出战，县四大班子以上率下、广大干部在脱贫攻坚一线建功立业、创新选人用人机制推动攻坚，县乡村三级联动一起抓，劲往一处使，共下一盘棋，用“上下合力”打赢脱贫攻坚这场世纪战役。全县所有干部把脱贫攻坚责任扛在肩上、抓在手上，上下一心，一抓到底。成立县级总指挥部，把全县12个乡镇划为12个战区和前沿指挥部；全县3371名干部结对帮扶贫困户13705户，实现干部帮扶全覆盖。五年来，一批批扶贫干部进村入户，一批批下基层干部进村蹲点，一项项精准有效的举措解决了老大难问题，用心用情打通精准扶贫的“最后一公里”，书写了一幕幕脱贫攻坚战役的壮丽史诗。

2014年，全县有1841个干部参与结对帮扶，共帮扶贫困户2909户10474人；共选派180名干部、60名农村知识青年和60名大学生干部驻村指导小康创建，集中力量对60个贫困村进行重点帮扶。全县组建专业合作社20个，投入10184万元建成通村沥青（水泥）路152公里，新增通沥青（水泥）路建制村17个，投入1429.1万元，解决2.55万农村人口饮水安全问题。全县共识别出贫困村57个，识别和录入贫困户19807户59272人。国家标准录入16167户47700人。全年获批扶贫项目资金2375万元。实施优质肉羊养殖、林下养鸡、稻田养鱼、优质核桃种植、㵲阳红桃种植、钩藤种植、茶叶种植、蔬菜种植、花卉种植、大板栗种植、辣椒种植、青脆李种植等，共覆盖农户1586户（其中贫困户1361户），户均得到扶持资金近5000元。产业化扶贫项目实施中种植业有：㵲阳镇白家坟村核桃示范基地1200亩，青溪镇蔬菜基地1000亩，鸡鸣村㵲阳红桃种植示范点150亩，羊坪镇兴隆村㵲阳红桃基地1200亩，金堡镇爱和、金凯村㵲阳红桃示范点600亩，金堡镇辽家坳村茶叶基地1400亩，羊场镇扎营关茶叶基地300亩，尚寨乡丰收村甘溪茶叶基地500亩，江古镇山背村核桃种植示范点800亩。养殖业有：金堡镇羊满哨、溪头、秀地优质肉羊基地，都坪镇马家坪、新寨肉羊养殖基地，江古镇肉羊养殖基地，蕉溪镇木溪村绿壳蛋鸡养殖示范点，报京乡乡村旅游农家餐馆旅店，大地乡林下养鸡等。将江古镇、都坪镇列入2014年度鼓励“减贫摘帽”贫困乡镇名单。

2014年6月，青溪镇耀丰生态养殖场、青溪镇黔兴生态养殖场、大地园林花木场、勤劳核桃种植示范园、羊场镇龙洞红康食用菌厂、曹明英养殖场、陈保发生态黄牛养殖场、益康长寿汤作坊、登民云雾果园、涌祥养殖场、名城食品厂、青溪镇创新种植专业合作社、青溪镇鸡鸣关优质冬桃专业合作社、蕉溪镇蛋鸡养殖农民专业合作社、羊坪镇果品种植专业合作社、廖庭香牲畜养殖专业合作社等16家企业荣获“黔东南州第四批州级扶贫龙头企业”称号。

2015年11月，中央召开扶贫开发工作会议，全面打响脱贫攻坚战。县委全面推进脱贫攻坚。11月25日，县委在日月国际大酒店召开全县扶贫开发大会。12月10日，召开易地扶贫搬迁工作座谈会。24日，召开大扶贫工作宣传安排部署会。

2015年，县委高度重视扶贫工作，建立县委书记、县长“双组长”制工作领导小组，先后召开县委常委扩大会议和全县扶贫工作推进会议进行安排部署，县、乡、村层层签订了责任状。突出精准识别，更加聚焦“两有户、两因户、两无户、两缺户”，组织乡镇和挂钩部门开展贫困人口遍访工作，对全县3.27万贫困人口全部建档立卡精准识别。积极落实配套措施，在贯彻好省委、州委配套政策的同时，制定了本县“1+19”扶贫工作方案，全面启动易地搬迁脱贫工作，完成了325套生态移民房主体建设，进一步细化了基础设施扶贫、产业和就业扶贫、教育医疗扶贫、社会救助兜底扶贫等政策，确保本县到2018年实现全面脱贫，率先建成全面小康。6月18日，县委办、县政府办印发《镇远县领导干部遍访贫困村贫困户实施意见》的通知，制定了基本原则、总体安排、工作任务、保障措施。

2011年至2015年，脱贫攻坚扎实有效。实现7个乡镇“减贫摘帽”，减少贫困村24个、贫困人口3.62万人，贫困发生率从2011年的35.04%下降到2016年的18.91%。扶贫搬迁1097户4278人。到2016年，贫困乡镇减少到2个，贫困人口减少到3.53万人，贫困人口发生率下降到20.57%。

2016年全县完成1个乡镇（尚寨土家族乡）“减贫摘帽”，贫困乡镇发生率由16.7%下降到8.33%，12个贫困村（都坪镇拱桥村，江古镇中所村，蕉溪镇鱼塘村，青溪镇柏杨村、后溪村、红光村，㵲阳镇岔河村，羊场镇岩脚村，羊坪镇黄连村、上寨村，涌溪乡洞头村、古楼坪村）退出，占计划退出的100%，贫困发生率由51.8%下降到40.9%，减少贫困人口5985人。

2016年1月6日至8日，县委、县政府赴杭州市西湖区对接“十三五”对口帮扶工作。1月12日，召开县大扶贫工作情况反馈会。2月14日，召开全县扶贫工作会议。17日，召开2016年县直机关单位、县级领导帮扶联系乡镇、村研究讨论会。25日，召开全县易地扶贫搬迁工作会议。3月9日，召开全县大扶贫推进工作通报暨干部结对帮扶工作动员会议。4月5日，召开镇远县3月份大扶贫工作推进情况专项督查工作部署会。14日，召开县易地扶贫搬迁指挥部第二次工作会议。22日，召开镇远县2016年度农村危房改造工作专题会议。5月31日，召开县易地扶贫搬迁指挥部第三次工作会议。6月23日，召开县易地扶贫搬迁指挥部第四次工作会议。7 月 15 日，召开全县大扶贫工作推进会议。7 月 18 日，举行贵州民族大学赴镇远开展扶贫调研座谈会。8 月 3 日，召开县脱贫攻坚项目基金编报暨就业扶贫劳务输出工作会议。8 月 17 日，召开全县农村危房改造工作会。8 月 22 日，召开县易地扶贫搬迁指挥部会议。8 月 23 日，召开县扶贫基金项目编报工作推进会。8 月 25 日，召开县易地扶贫搬迁有关事宜专题会议。县委扶贫精准到位。按照“五个一批”（发展生产脱贫一批、易地扶贫搬迁脱贫一批、生态补偿脱贫一批、发展教育脱贫一批、社会保障兜底一批）的总体要求，切实把 2016 年实施的脱贫专项工程落实到位，强化与杭州西湖区对口帮扶合作，加快“扶贫云”建设，发挥好政府“扶贫热线”作用。全年有望注册成立农村经济合作社 170 家，脱贫户入社率达 80%，参与“三变”的合作社 10 家，涉及 12 个乡镇 57 个贫困村，投入扶贫资金入股 300 万元以上，带动贫困户农户 238 户；实现易地扶贫搬迁 384 户 1590 人，年底将有望减少贫困人口 6000 人、尚寨乡实现减贫摘帽、12 个贫困村退出。

2017 年 3 月 20 日，县委办、县政府办印发《镇远县加快改善农村人居环境建设实施方案》通知，工作重点任务：一是实施垃圾污水治理工程；二是实施绿色家园工程；三是实施道路畅通工程；四是实施供水保障工程；五是实施信息化和亮化工程；六是实施住房改善工程；七是实施消防提升工程；八是实施便民服务工程；九是实施脱贫增收工程；十是实施乡风文明工程。保障措施：一是加强领导，落实责任；二是规划引领，注重特色；三是多元投入，形成互补；四是示范带动，全面推进；五是强化领导，加强考核；六是帮扶共建，社会参与。

8 月 3 日，镇远县脱贫攻坚作战指挥部暨十二战区成立。以乡镇为单位划分 12 个战区，各战区办公室设在乡镇人民政府，负责战区日常工作。同日，县委办、县政府办印发《镇远县脱贫攻坚问责办法（试行）》通知，共计二十七条。

2017 年 8 月 16 日，县委办、县政府办印发《镇远县 2017 年决胜脱贫攻坚总方案》通知，实施十大扶贫工程，确保贫困人口精准脱贫：一是实施产业扶贫工程；二是实施易地扶贫搬迁工程；三是实施就业扶贫工程；四是实施农村危房改造扶贫工程；五是实施农村人居环境整治扶贫工程；六是实施基础设施建设扶贫工程；七是实施社会保障扶贫工程；八是实施健康精准扶贫工程；九是实施教育精准扶贫工程；十是实施生态保护扶贫工程。为此，成立16个专班，细化责任抓落实；健全脱贫攻坚责任体系；加强脱贫攻坚考核督查；发挥基层党组织战斗堡垒作用；加强脱贫攻坚队伍建设。为打赢脱贫攻坚战提供坚强有力保障。

8月17日，镇远县脱贫攻坚团成立誓师大会召开。8月25日，“点赞魅力黔东南·助推脱贫攻坚战”镇远分会场募捐义演活动在县城大菜园广场举办。县四大班子领导等近千人参加活动。9月20日至21日，镇远县组织贫困村第一书记和党组织书记130余人赴安顺、台江县开展脱贫攻坚专题学习培训。10月18日，省政协原副主席班程农率省第七督导组到青溪镇、报京乡调研督导脱贫攻坚工作。

10月28日，镇远县召开全县脱贫攻坚农村村寨整体提升工程启动会议。11月24日，副省长钟勉率队到镇远县羊场镇调研农村“危改”“三改”工作。

全县达到脱贫标准7933户29517人，其中发展产业和就业脱贫18835人、易地扶贫搬迁脱贫7485人、生态补偿脱贫916人、发展教育脱贫208人、社会保障兜底2073人，退出后贫困发生率为1.99%。下达到县中央和省级财政专项扶贫资金7095万元。围绕重点发展烤烟、蔬菜、精品水果、中药材、花卉、畜禽养殖、稻田养鱼等特色优势产业208个，累计覆盖贫困户14762户53722人。易地扶贫搬迁：2016年黔东经济开发区和芽溪新城两个安置点共搬迁入住370户1590人，入住率100%。两路口易地扶贫搬迁项目建设安置房24栋1492套，可安置6398人。总投资完成12000万元。教育精准扶贫：已拨付县级精准教育扶贫资金58.9万元。已拨付2016—2017年教育扶贫资金255.89万元。新聘100名生态护林员全部落实到建档立卡贫困户。社会保障扶贫：全县有农村低保对象6429户12511人，将符合条件的贫困户全部纳入农村低保保障范围。报京乡建档立卡贫困户1564户6167人，其中未脱贫1171户4499人，按省定标准减贫摘帽，拟脱贫3111人，贫困发生率从44.9%下降到13.01%。2017年，都坪镇天印村，江古镇大岭村。金堡镇冽洞村、秀地村，羊场镇小坝村，㵲阳镇界牌村、苦李村，青溪镇后山村、姚湾村，涌溪乡中屯村，尚寨乡律令村，蕉溪镇罗溪村、田溪村，报京乡石桥村，大地乡路腊村按国标出列。贫困发生率下降到3%以下。

2017年1月19日，召开省州部门党建脱贫驻村工作座谈会。2月4日，召开镇远县2017年扶贫开发领导小组第一次会议。同日，召开县研究扶贫、移民相关工作专题会议。3月3日，召开农民“特惠贷”入股文化园项目专题会。4月14日，召开2017年杭州西湖区对口帮扶镇远县座谈会。4月21日，召开省残联赴镇远县开展党建扶贫调研座谈会。5月15日至18日，镇远县党政代表团赴杭州市西湖区对接帮扶工作并在杭州市开展招商引资和旅游宣传推介活动。5月24日，县委书记刘建新率队到江古镇、蕉溪镇、青溪镇、羊坪镇召开全县扶贫开发领导小组第三次会议暨脱贫攻坚大比武现场观摩会。7月14日，召开2017年易地扶贫搬迁芽溪安置点当前急需解决困难专题会议和全县保障性住房专题会议。7月19日，召开县扶贫工作专题会议。7月26日，召开镇远县减贫摘帽工作会议和县扶贫数据核实会议。8月4日，召开镇远县整县减贫摘帽决战脱贫攻坚誓师大会。8月8日，召开镇远县脱贫攻坚都坪战区工作会。8月9日，召开全县脱贫攻坚农村“组组通”公路专题会。召开江古战区脱贫攻坚誓师大会。8月10日，召开报京战区脱贫攻坚专题会议。相继召开蕉溪战区脱贫攻坚专题会、羊场战区脱贫攻坚誓师大会、大地战区减贫摘帽决胜脱贫攻坚誓师大会。8月11日，召开全县基层党建工作推进会暨全面推广“十户一体”抱团发展模式部署会议。召开镇远县脱贫攻坚都坪战区誓师大会。8月12日，召开金堡战区脱贫攻坚部署会议。8月17日，召开镇远县脱贫攻坚团成立誓师大会。8月18日，召开镇远县脱贫攻坚工作紧急部署会议。8月31日，召开全县脱贫攻坚农村“组组通”公路建设推进会议。9月12日，召开全县脱贫攻坚供电基础设施建设会议。9月13日，召开镇远县脱贫攻坚和经济运行工作座谈会。9月14日，召开全县农村“组组通”公路建设推进部署会议和全县脱贫攻坚投资基金扶贫产业子基金推进会议。9月15日，召开扶贫领域“护民生、促脱贫”专项巡察工作启动会议。县委攻坚克难，“四场硬仗”取得突破。同日，举行深度贫困村所在乡镇党政领导班子暨村支书、主任、驻村第一书记脱贫攻坚专题培训开班仪式。9月16日，召开两路口移民安置房建设推进专题会议。9月26日，召开县贫困劳动力就业全培训工作督查座谈会议。10月10日，召开县扶贫工作调度会。10月11日，召开脱贫攻坚领导小组专题会。10月16日，召开扶贫产业子基金投资决策委员会第四次会议。10月22日，召开县扶贫开发领导小组第七次会议。10 月 24 日，召开镇远县扶贫开发领导小组第八次会议暨整县减贫摘帽业务培训会。10 月 31 日，召开镇远县脱贫攻坚减贫摘帽专题会议。11 月 15 日，召开镇远县扶贫开发领导小组第九次会议暨脱贫攻坚指挥部督查调度会。11 月 28 日，召开镇远县脱贫攻坚农村村寨整体提升工程启动会议。12 月 1 日，召开州县脱贫攻坚减贫摘帽调度会。12 月 8 日，召开县扶贫开发领导小组第十次会议暨整县减贫摘帽督查整改会议。12 月 11 日，召开县扶贫开发领导小组第十一次会议。12 月 22 日，召开州县两级脱贫攻坚调度会。12 月 27 日，召开易地扶贫搬迁工作调度会。县委坚决打好基础设施建设硬仗，将“组组通”作为激发农村发展内生动力的基础性工程，共建设 488 条 1137.5 公里，将覆盖全县 12 个乡镇 110 个行政村 448 个 30 户以上村民小组。将农村村寨整体提升工程为提升群众满意度和获得感的标志性工程，融资 2.9 亿元开展农村人居环境整治，提升农村公共服务水平，让贫困户在干净、美丽、舒适的环境中脱贫。

2017 年，县委、县政府坚决打赢易地搬迁硬仗，结合县情实际，超常规建设两路口易地搬迁安置点，2018 年 3 月前将实现 1859 户贫困户 7485 人全部搬迁入住。坚决打赢产业扶贫硬仗，累计投入扶贫资金 3 亿多元，烤烟、精品水果、稻田养鱼等传统产业持续发展，特色花卉、肉牛养殖等新兴产业发展势头更加强劲，产业扶贫累计覆盖 14700 多户 53700 多人。坚决打赢教育医疗住房“三保障”硬仗。累计兑现教育扶贫资金 1100 多万元，兑现“四重”医疗保障资金 5300 多万元，完成农村危房改造 984 座，建档立卡贫困户将全部实现有安全住房目标。报京乡实现减贫摘帽，全县新增 15 个贫困村出列，减少贫困户 7939 户 29809 人，贫困发生率下降到 1.85%。

2018 年，镇远县围绕退出贫困县目标，聚焦重点难点，综合施策发力，狠抓精准扶贫精准脱贫。安排扶贫农业产业专项资金 2500 万元，重点支持农村基础设施建设、农业产业发展项目、鼓励涉农贷款、扶持农村实体经济发展，助推脱贫攻坚。1 月 2 日，召开全县扶贫成效年度考核迎检工作会议。1 月 3 日，召开县扶贫开发领导小组 2018 年第一次会议。1 月 7 日至 9 日，镇远县党政代表团赴赤水市考察学习脱贫攻坚工作，实地考察脱贫攻坚先进做法。1 月 12 日，召开全县脱贫攻坚周调度会。1 月 17 日，召开县扶贫开发领导小组第十三次会议。1 月 24 日，召开镇远县脱贫攻坚推进暨业务培训会。1 月 29 日，召开镇远县扶贫开发成效考核工作会议和全县扶贫产业子基金工作推进会。1月30日，“贵州镇远·杭州西湖东西部劳务协作专场招聘会”在县汽车站广场举行。黔、浙两地共70余家用工企业入场招聘，提供就业岗位2095个。2月22日，召开县扶贫开发领导小组第十四次会议。2月25日，召开镇远县易地扶贫搬迁工作推进会议。2月26日，召开易地扶贫搬迁工作会议。2月27日，召开扶贫工作会议。3月1日，召开镇远县扶贫开发暨脱贫攻坚“春风行动”部署会议。3月5日至4月4日，镇远县组织各乡镇、各部门及驻村干部组建110个工作队，深入各乡镇行政村开展大走访大排查工作，了解农村群众生产生活状况和家庭情况，同时开展扶贫政策宣传，确保全县脱贫攻坚有序推进。3月5日至7日，金堡、蕉溪、江古、都坪、㵲阳、羊场、报京等战区对脱贫攻坚“春风行动”进行了部署。3月9日，镇远县2018年春风行动就业扶贫劳务协作专场招聘会举办。浙江、贵州等43家企业提供就业岗位，9家企业现场开展招聘，提供岗位2300余个。3月23日，召开脱贫攻坚工作调度会。3月26日，在两路口易地移民搬迁安置点召开现场推进会。3月27日至28日，州委书记桑维亮率队对镇远县12个乡镇的扶贫产业、易地搬迁、河长制落实等进行调研，并看望各乡镇党政班子成员和十九大党代表。3月31日至4月1日，省委书记、省人大常委会主任孙志刚到镇远县考察调研。先后考察青溪镇铺田村玫瑰花种植、蕉溪镇蛋鸡养殖、镇远古城保护和旅游开发等。4月12日，召开迎接全省脱贫攻坚“春风行动”推进情况专项督查筹备会。4月17日，召开研究易地扶贫搬迁旧房拆除和危房改造工作专题会议和扶贫工作专题会。4月24日，召开县扶贫开发建档立卡清查工作常态化管理工作部署暨业务培训会。4月27日，召开镇远县扶贫开发领导小组第十五次会议。4月28日，召开易地扶贫移民搬迁旧房拆除复垦复绿工作推进会。5月2日，召开杭州市西湖区章根明书记一行赴镇远对接东西部对口帮扶工作筹备会。5月4日，召开西湖区镇远县东西部扶贫协作座谈会。5月16日，召开扶贫工作专题会。5月28日，召开全州2018年农业结构调整产业扶贫现场推进会镇远县筹备会。5月30日，召开省委第二轮巡视暨脱贫攻坚年度考核反馈问题整改工作专题会。5月31日，召开脱贫攻坚专题会议。6月5日，召开脱贫攻坚专题会议研究新选派脱贫攻坚驻村工作队后勤保障问题专题会。6月7日，召开省委巡视镇远县脱贫攻坚专题汇报会。6月9日，召开易地扶贫搬迁、农村安全饮水巩固提升工程、农村危房改造及“三改”工作、数据清洗工作专题会议。6月11日，召开全县脱贫攻坚县、乡两级督导组业务培训及工作部署会。6月13日，举行镇远县新选派脱贫攻坚驻村工作人员培训班开班式。6月21日至30日，镇远县易地扶贫搬迁指挥部组织对2017年度易地扶贫搬迁两路口安置点947户4001人搬迁对象发放钥匙。6月22日，召开脱贫攻坚专题会。6月27日，举行脱贫攻坚驻村工作队培训班（第三期）开班典礼。7月1日，召开全县脱贫攻坚“七一”表彰大会。对全县脱贫攻坚先进党组织、优秀共产党员、优秀党务工作者进行表彰。7月2日，召开脱贫攻坚调度会。7月5日，召开全县脱贫攻坚工作推进会。7月7日，召开民政工作专题会议安排民政助推脱贫攻坚等事宜。7月11日，召开脱贫攻坚专题会。7月13日，召开镇远县脱贫攻坚调度会。7月18日，召开全县脱贫攻坚工作座谈会。7月20日，召开脱贫攻坚专题会。7月27日，召开全县迎接省脱贫攻坚存在问题专项治理成效检查评估工作部署会。7月30日，召开专题会讨论《镇远县脱贫攻坚夏季攻势实施方案（初稿）》。7月31日，召开县扶贫开发领导小组第十六次会议暨脱贫攻坚“夏季攻势”部署会议。8月6日，召开专题会议研究脱贫攻坚工作。8月9日，杭州市西湖区翠苑街道和都坪镇对口帮扶捐赠仪式在都坪镇举行，捐赠爱心资金5万元。8月13日，召开专题会议安排部署脱贫攻坚工作。8月15日，召开省脱贫攻坚存在问题专项治理成效考核反馈会。8月22日，州人大常委会主任耿生茂率省人大代表调研组到青溪镇镇远乐豆坊食品公司考察调研，并参观贵州花酒酒业有限公司酿酒车间及发酵车间和青溪铺田村玫瑰花种植基地、蕉溪镇蛋鸡养殖场，了解镇远县产业扶贫项目发展情况。8月23日，2018年贵州民族大学·镇远县“校农合作”座谈会召开。8月28日，召开会议听取全县各扶贫工作专班现阶段存在问题汇报会并研究下一步工作举措。8月28日，召开县扶贫开发领导小组第十七次会议暨脱贫攻坚存在问题整改落实会议。9月6日，召开会议研究脱贫攻坚相关工作。9月12日，召开县脱贫攻坚百日攻坚战大会讨论会。9月13日，召开研究脱贫攻坚资金筹措专题会议。9月14日，召开县扶贫开发领导小组第十九次会议暨整县减贫摘帽“百日会战”动员会议和全县党风廉政警示教育大会。9月17日，召开县扶贫开发领导小组第二十次会议。9月21日，召开专题会议研究部署脱贫攻坚工作。9月25日，召开专题会议研究部署脱贫攻坚工作。9月26日，召开县扶贫开发领导小组第二十一次会议。9月，《镇远县脱贫攻坚“三率一度”工作问责办法》施行，镇远实行脱贫攻坚领域最严问责制度。10月2日，召开县扶贫开发领导小组第二十二次会议。10月11日，召开县扶贫开发领导小组第二十三次会议。10月15日，召开县扶贫开发领导小组第二十四次会议。10月16日，召开易地扶贫搬迁工作专题会。10月20日，召开县扶贫开发领导小组第二十五次会议。11月1日，召开脱贫攻坚专题会。11月7日，召开县扶贫开发领导小组第二十六次会议。11月9日，召开2018年全省18个申请脱贫摘帽县检查情况反馈培训会。12月18日，贵州民族大学与镇远县政府合作共建“乡村振兴学院”签约、揭牌仪式在县委党校举行。12月19日，召开2018年省级对镇远县脱贫攻坚成效考核部署会议。12月21日，召开脱贫攻坚成效考核工作座谈会。

2018年，县委、县政府全力打好“四场硬仗”（旨在“精准扶贫”方面，打好产业扶贫、就业创业扶贫、生态扶贫和金融扶贫这“四场硬仗”，解决贫困群众稳定增收问题）。深入推进农村产业革命，狠抓“一减四增”，共投入产业扶贫资金6300余万元，实现贫困户产业扶贫全覆盖，户均增收5000元以上。兑现教育扶助资金1.49亿元，实现贫困户教育扶助全覆盖。兑现贫困户人口医疗补偿救助资金4493.2万元，住院医疗费用实补比达90.71%，实现病有所医。完成农村危房改造、“三改”（改厕、改灶、改圈）2952户，整治透风漏雨老旧住房2283栋，实现居有安居。完成2018年度搬迁任务694户3010人，落实搬迁户就业岗位9250个，贫困户劳动力就业2892人，实现搬得出、能就业、稳得住。镇远投入12.8亿元，完成561条1211公里“组组通”公路建设，覆盖561个30户以上村民小组，项目总投资53940万元。新建农村安全饮水项目及巩固提升项目点669处，实现农村饮水安全饮水全覆盖。农村电网升级改造完成400个台区，农村供电更加安全。强力推进农村村寨整体提升工程，硬化庭院153万平方米，硬化连户道路225万平方米，安装太阳能路灯9283盏。实现29个贫困村脱贫退出，减贫508户1758人，贫困发生率降至1.75%。全面小康实现程度达到97.6%。2018年度，镇远县财政专项扶贫资金4618.3万元，对口帮扶项目资金3500万元。两项项目完工共计118项。

2018年，县委常委把打赢脱贫攻坚战作为重大的政治任务、头等大事和第一民生工程。县委围绕2018年退出贫困县目标，聚焦重点难点，采取超常规举措，苦干实干，不断提高脱贫攻坚质量和水平，减贫摘帽基础持续巩固。实现29个贫困村脱贫退出，减贫508户1758人，贫困发生率降至1.75%。先后召开县委常委会、县扶贫开发领导小组会等32次会议，研究脱贫攻坚工作，制定了《镇远县脱贫攻坚问责办法》《镇远县脱贫攻坚"三率一度"工作问责办法》，抽调50人组建6个督战队，成立3个县级督导组和12个乡镇蹲点督导组，确保各项工作落实到位，对扶贫工作中存在的作风问题开展示警约谈30人，诫勉谈话17人，行政警告2人，政务警告2人，党内警告5人，党内严重警告2人；因扶贫领域履行主体和监督责任不力、诫勉问责乡科级领导干部19人，其他人员11人。深入推进农村产业革命，狠抓"一减四增"，共投入产业扶贫资金6300余万元，调减籽粒玉米4.12万亩，种植烤烟、蔬菜、花卉、精品水果、中药材、茶叶等经济作物31.8万亩，实现贫困户产业全覆盖，户均增收5000元以上。认定"三品一标"农产品产地17万亩、认证产品12个。积极申报创建国家有机农产品认证示范县，共9家企业获得有机产品示范认证，认证有机种植基地664.61公顷，有机养殖基地51.33公顷。兑现教育扶助资金1.49亿元，惠及学生63141人次，实现贫困户学生教育扶助全覆盖。认真落实保学控辍"双线"责任和"七长"责任制，做到无因贫辍学发生。兑现贫困人口医疗补偿救助资金4493.2万元，住院医疗费用实补比达90.71%，实现病有所医。完成农村危房改造、"三改"2952户，整治透风漏雨老旧住房2283栋，实现住有安居。完成2018年度搬迁任务694户3010人，拆除搬迁户旧房470栋，复垦复绿22846平方米。完成30户以上村庄规划编制工作。完成561条1211公里"组组通"公路建设，覆盖561个30户以上村民小组。新建农村安全饮水项目及巩固提升项目点669处，新增供水管线208万米，修建和维修泵房147个，新建水池1.1万立方米，实现农村安全饮水全覆盖。农村电网升级改造完成400个台区，农村供电更加安全。新建22个通讯基站，解决了46个30户以上自然村寨通讯盲区和268个自然村寨通讯信号不强的问题。强力推进农村村寨整体提升工程，硬化庭院153万平方米，硬化连户道路225万平方米，安装太阳能路灯9283盏。深化东西部扶贫协作，西湖区对口帮扶镇远力度之大前所未有。3个省直机关、7个州直机关定点帮扶精准有力。投入项目帮扶资金3500万元，捐赠1350万元援建镇远县杭州西湖实验小学，协调企业向贫困村、贫困学生捐助600余万元。开发公益性岗位144个，解决就业144人，聘用建档立卡贫困户760人为生态护林员。电商扶贫、乡村旅游带动贫困人口9500人增收。整合“特惠贷”资金7145万元投入产业项目，实现1429户贫困户每年保底分红。着力凝聚各方合力。在12个战区分别建立脱贫攻坚临时联合党委，在110个村建立临时联合党总支和临时党支部，在村级网格内建立临时党小组，充分发挥党组织在脱贫攻坚工作中的核心引领和战斗堡垒作用。对县乡村“三级”联动指挥体系进行了优化整合，明确12个战区分别由1名县级领导脱产、驻乡镇一线靠前指挥，选派167名干部组建脱贫攻坚驻村工作队，实现驻村工作队全覆盖。推行“网格化”包保责任机制，明确80%以上的帮扶干部脱产下沉到村、到组、到一线工作。实行县领导、县直单位与挂帮乡镇捆绑考核。“七一”期间，对30个脱贫攻坚先进党组织、20名优秀共产党员和19名优秀党务工作者进行了集中表彰。

2018年，全县农村居民人均可支配收入从2014年的6329元增长到9342元，年均增长11.9%，增速高于全国和全省平均水平。实现了7个贫困乡镇减贫摘帽，56个贫困村出列，减贫508户1758人，未脱贫1716户4118人，贫困发生率下降到1.75%。

“十三五”（2016—2020年）期间，镇远县聚焦“学有教、病能医、住安居”精准发力，全力推动社会保障政策落地。县里加快安居工程建设，投入8.5亿元，完成两路口、芽溪新城、青溪慢坡三个移民安置点建设，如期实现2147户搬迁对象入住；完成农村危房改造13880户，同步实施改厨、改厕、改圈1027户；投入资金1860万元，实施2708户农村老旧住房透风漏雨整治；健康扶贫，实现各年度农村贫困人口参合率均达到100%；教育扶贫，不让一个义务阶段教育学生因贫辍学。

全县花卉种植面积19520亩。其中食用玫瑰种植7500亩；荷花种植880亩；油用牡丹种植1600亩；金银花80亩；其他花卉种植9460亩。产量5371吨，产值可达7350万元。同时，建成花卉深加工企业2家，农文旅融合发展示范点3个，覆盖贫困户3416人。

五年来，镇远县聚焦“产业旺、联结紧、收入稳”精准发力，落实产业就业扶贫到村到户到人，因地制宜发展烤烟、花卉、蔬菜、精品水果、茶叶、中药材、生态畜牧业等特色优势产业。4.29 万亩烤烟、15.91 万亩蔬菜、6.95 万亩精品水果、4.43 万亩中药材，出栏生猪 4.9 万头、肉牛 1.25 万头、生态禽 110 万羽、稻田综合种养 5.09 万亩等。

此外，镇远县将贫困群众就业问题作为一项重要工作来抓，充分发挥东西部扶贫协作和县内工业及旅游资源优势，通过多种方式引导就业。工业企业解决了 200 余贫困人口就业，旅游景区服务行业带动贫困户 2309 人就业，人均年收入 2 万元以上。目前，全县已输出贫困劳动力县外就业 14454 人、县内就业 7102 人。

至 2018 年，镇远县累计减贫 12107 户 47859 人，贫困发生率由 2014 年的 20.30% 下降到 1.75%，成为贵州省 2018 年申请退出贫困县的 18 个县（市、区）之一。

2019 年，县委坚持以脱贫攻坚统揽经济社会发展全局，深入学习贯彻习近平总书记关于扶贫工作的重要论述，全县上下凝心聚力，推进整县减贫摘帽工作，紧盯"两不愁三保障"（"两不愁"就是稳定实现农村贫困人口不愁吃、不愁穿；"三保障"就是保障其义务教育、基本医疗和住房安全）突出问题，强力推动责任、政策、工作"三落实"。今年 3 月，镇远县顺利通过省级第三方评估，并于 4 月 24 日被省政府批准退出贫困县序列，脱贫攻坚工作取得阶段性胜利。同时，按照已脱贫县"一摘四不摘"要求，全力做好脱贫成果巩固提升和剩余贫困人口（1695 户 4021 人）全部脱贫，以及对口联系锦屏县抱团脱贫工作。

（一）做好评估验收

根据贵州省脱贫攻坚省级第三方评估检查工作安排，全县一盘棋、上下一股劲，全力做好迎检工作。出台《镇远县迎接省级评估验收检查工作方案》，成立综合协调、文字资料、问题佐证、环境整治等 10 个工作组，负责评估验收检查期间各项工作的统筹调度。3 月 18 日—22 日，第三方评估机构清研灵智公司组织工作组对镇远脱贫攻坚减贫摘帽工作进行了实地评估检查。实地抽查全县 12 个乡镇 20 个村（贫困村 16 个，非贫困村 4 个），共入户问卷调查 1621 户。评估结果为：漏评率 0、错退率 0、群众认可度 98.47%，顺利通过省级第三方评估验收，实现整县减贫摘帽。

（二）完善体制机制

坚持一把手负责制，先后召开县委常委会会议、县扶贫开发领导小组会议等30余次会议研究部署脱贫攻坚相关工作，紧盯已脱贫贫困人口巩固提升和剩余贫困人口全部脱贫工作，出台《镇远县后续脱贫攻坚安排部署和全面巩固提升脱贫成果防止返贫工作方案》《镇远县2019年脱贫攻坚“清零”工作方案》。县乡两级继续保持现有脱贫攻坚指挥体系、扶贫机构设置及人员队伍不变。县直各帮扶部门明确一名副科级领导带队，安排不低于30%的在编干部吃住到村，开展帮扶工作，每个村驻村工作队员不低于6人，帮扶责任人定期做好贫困户走访回访工作。持续深化帮扶机制，10个省直、州直机关定点帮扶，杭州西湖区对口帮扶精准有力。常态化以“牢记嘱托、感恩奋进”教育引导贫困群众，按照《镇远县强化扶志扶智激发内生动力的实施方案》，深入开展智志“双扶”活动，不断激发贫困群众内生动力。涌现出一批脱贫攻坚先进典型，120名先进个人、35个先进集体受到省、州、县表彰。

（三）补齐攻坚短板

深入学习贯彻习近平总书记在解决“两不愁三保障”突出问题座谈会上的重要讲话精神，坚决打好“两不愁三保障”关键战役，按照“缺什么补什么”的原则，逐一补齐短板。打好易地扶贫搬迁硬仗，提前超任务完成全县“十三五”易地扶贫搬迁目标2229户9075人，后续扶持“五个体系”逐步健全。狠抓住房安全保障，2019年全县农村危房改造任务2786户、农村危房危改“三改”任务1939户、老旧住房透风漏雨整治任务2283户已全面竣工。实施农村饮水安全攻坚行动，全县农村已基本达到安全饮水保障标准。全面落实教育扶贫各项政策，实现教育资助“五个全覆盖”。建档立卡贫困人口参合率100%，家庭医生签约基本达到应签尽签目标。

（四）攻克深度贫困

针对未出列的深度贫困村报京乡贵洒村未脱贫76户231人，由报京战区县级常驻指挥长和报京乡党政主要领导带队，对贵洒村未脱贫户76户进行逐一走访排查，针对每户不同的问题采取一户一策，全面补齐住房、教育、医疗、饮水短板。不断完善基础设施建设，自然寨全部通硬化路，硬化庭院及连户路1.5万余平方米，太阳能路灯安装201盏，拆除老旧房屋、旧茅厕、旧圈舍191座，建成100余间标准卫生间及猪圈，极大地改变了贵洒村村容寨貌。大力发展农业产业，采取发展本地小米等特色产业加跨区域入股蛋鸡养殖产业，为群众增收，实现贵洒村贫困户285户1106人利益联结全覆盖。

2019年，县委常委会坚持以脱贫攻坚统揽经济社会发展全局，深入学习贯彻习近平总书记关于扶贫工作的重要论述，全县上下凝心聚力推进整县减贫摘帽工作，紧盯“两不愁三保障”突出问题，强力推动责任、政策、工作“三落实”，今年3月，镇远县顺利通过省级第三方评估，并于4月24日被省政府批准退出贫困县序列，脱贫攻坚工作取得阶段性胜利。同时，按照已脱贫县“一摘四不摘”要求，全力做好脱贫成果巩固提升和剩余贫困人口（1695户4021人）全部脱贫，以及对口联系锦屏县抱团脱贫工作。

2019年1月12日，县委书记刘建新在县消防队主持召开全县扶贫开发领导小组第29次会议。14日，大地战区扶贫工作专题调度会召开。15日，县人武部主持召开扶贫工作推进会；都坪镇召开脱贫攻坚部署会。18日，㵲阳镇召开战区扶贫攻坚督战大会。26日，召开脱贫攻坚调度会。28日，蕉溪镇召开蕉溪战区脱贫攻坚工作调度会。30日，蕉溪镇召开蕉溪战区脱贫攻坚调度会；31日，全县召开脱贫攻坚“冬季充电”培训会议。

2月2日，㵲阳镇召开战区脱贫攻坚工作会议。10日，召开县扶贫开发领导小组第30次会议。11日，召开农村危房改造专题会议；羊场镇召开战区脱贫攻坚会议。12日，罗强州长到报京乡、金堡镇调研脱贫攻坚工作；全县农村人居环境整治工作推进会召开。15日，召开脱贫攻坚调度会议；召开江古战区脱贫攻坚问题研判会议。17日，召开县扶贫开发领导小组第31次会议；脱贫攻坚州级督查反馈会召开。18日，羊场镇召开羊场战区脱贫攻坚会议。20日，羊场镇召开战区脱贫攻坚调度会议。25日，金堡镇召开战区脱贫攻坚工作调度会；蕉溪镇召开蕉溪战区脱贫攻坚调度会。26日，羊场镇召开战区脱贫攻坚调度会。28日，召开县脱贫攻坚调度会议。3月1日，羊场镇召开脱贫攻坚调度会。3日，召开蕉溪战区脱贫攻坚调度会。7日，召开金堡战区脱贫攻坚调度会。11日，县委书记刘建新到㵲阳镇督战脱贫攻坚工作；县委副书记、县长茹捷到大地乡督战脱贫攻坚工作；县委副书记廖尚勇到青溪镇督战脱贫攻坚工作；羊场镇政府召开脱贫攻坚调度会议。14日，召开县脱贫攻坚调度会议。16日，县委召开县脱贫攻坚紧急工作会议。18日至22日，县委书记刘建新迎接省级脱贫攻坚第三方评估检查，茹捷、廖尚勇、赵辽、王宏彬、何昌平、王冬梅、祝显德、舒健、杨召银、陈林、张以东、孔利华参加。

4月9日至17日，县委书记刘建新到上海浦东干部学院参加“学习贯彻习近平新时代中国特色社会主义思想，坚决打赢脱贫攻坚战”专题研讨班（第9期）培训。9日，召开县扶贫开发领导小组第32次会议。10日，青溪镇召开玫瑰花产业发展座谈会。11日，都坪战区脱贫攻坚工作调度会召开。18日至19日，县委书记刘建新陪同榕江县代表团到镇远考察脱贫攻坚工作，廖尚勇、杨召银参加。24日，县委书记刘建新陪同台江县代表团到镇远考察脱贫攻坚工作，廖尚勇、杨召银参加，陪同省政协副主席陈坚到镇远县考察调研，杨召银参加。25日，县委书记刘建新陪同州委副书记汤越强到镇远县调研，廖尚勇、杨召银、张以东参加；县委副书记、县长茹捷在省政府参加贫困县退出新闻发布会；县委副书记廖尚勇陪同省农业农村厅领导赴羊场镇调研。29日，西湖区政府代表团到两路口移民小区调研并在日月酒店昆仑山会议室参加西湖区镇远县扶贫协作座谈会。

5月8日，召开县扶贫开发领导小组第33次会议。22日，召开县扶贫开发领导小组第三十四次会议；召开扶贫开发领导小组办公室会议。29日，召开县扶贫开发领导小组第36次会议。

6月11日，县委书记刘建新主持召开县扶贫开发领导小组第37次会议。18日，召开教育经费投入及教育扶贫资金管理使用不规范专项治理工作会议。24日，召开脱贫攻坚“三个专项治理”专题会。6月25日，县委书记刘建新在县委党校出席乡村振兴学院第一期培训开班式，茹捷、祝显德、舒健、杨召银参加。

7月1日，县委书记刘建新在县电信局视频会议室参加全省、全州脱贫攻坚“七一”表彰大会，茹捷、廖尚勇、赵辽、王宏彬、何昌平、王冬梅、祝显德、舒健、杨召银、陈林、张以东参加，在日月酒店泰山会议室参加全县脱贫攻坚“七一”表彰大会，茹捷、廖尚勇、赵辽、王宏彬、何昌平、王冬梅、祝显德、舒健、杨召银、陈林、张以东参加。2日，召开脱贫攻坚专项治理工作调度会。17日，召开易地扶贫搬迁后续扶持工作调度会。18日，贵州民大赴镇远县开展扶贫调研座谈会召开。19日，杭州西湖区镇远县劳务协助暨易地扶贫搬迁专场招聘会举行。

8月6日，召开脱贫攻坚专项治理专题会。7日，县委书记刘建新在县消防队主持召开县扶贫开发领导小组第37次会议暨“五个专项治理”工作推进会；都坪战区召开迎接“五个专项治理”交叉检查工作动员部署会；召开驻村帮扶不扎实专项治理工作推进会，羊场战区召开脱贫攻坚“五个专项治理”工作推进会。8日，召开全县财政扶贫资金管理使用不规范专项治理工作推进会议。9日，县脱贫攻坚“五个专项治理”工作推进会召开。10日，县委书记刘建新在县委2号会议室主持召开解决“两不愁三保障”突出问题专题会议。13日，镇远县接受“五个专项治理”交叉检查评估工作座谈会举行；镇远县迎接国务院大督查工作会议召开。21日，镇远县花椒产业推进会召开。23日，县委书记刘建新在县电信局参加全省脱贫攻坚政策报告会，茹捷、廖尚勇、赵辽、陈永祥、王宏彬、王冬梅、祝显德、舒健、杨召银、陈林参加。

9月2日，召开专题会议研究贵洒村脱贫出列；召开县委书记办公会议；召开县扶贫开发领导小组第38次会议。3日，召开专题会议研究玫瑰花产业发展事宜。5日，召开镇远县农村产业革命工作推进会；召开县扶贫开发领导小组第39次会议。10日，州扶贫资金使用不规范巡回检查组到镇远县检查工作。11日，召开县产业革命蔬菜专班工作推进会。16日，召开蔬菜产业专题会议。17日，召开脱贫攻坚指挥部办公室工作会议；镇远县2019年蔬菜产业专题培训会。20日，召开蔬菜产业专题会。26日，召开蔬菜产业专题会。28日，镇远县2019年脱贫攻坚先进典型表扬大会召开，对219名脱贫攻坚先进个人和38个脱贫攻坚先进集体予以表扬。会议的目的是进一步弘扬精神、激励先进，动员全县广大干部群众牢记初心、担当使命、积极作为、攻坚克难，凝聚起奋勇争先的磅礴力量，为决战脱贫攻坚、决胜全面小康作出新的更大的贡献。县委书记刘建新，县人大常委会主任张以光，县政协主席戴黔山，县委副书记廖尚勇、赵辽、徐良华，县领导王宏彬、何昌平、王冬梅、祝显德、陈林、孔利华、黎家瑜出席会议。会议由县委副书记廖尚勇主持。

10月8日，全县秋冬种和林下经济工作推进会召开。10日，全州秋冬种现场观摩会在羊场镇金盆村举行。13日，州委书记桑维亮到镇远县调研林下经济。

14 日，全县脱贫攻坚乡村干部素质提升培训班在县委党校举行开班典礼。17 日，开展扶贫日捐款活动；东西部扶贫协作项目推进会举行；召开花椒产业专题会议。

11 月 5 日，召开农村产业革命工作推进会；魏国楠副省长到青酒集团、黔东电力公司、天印水库调研。12 日，镇远县两违清理推进会和镇远东西部协作、扶贫资金整合工作推进会议召开。13 日，召开全县蔬菜产业推进会。19 日，召开高标准农田整治、土地出让工作专题会议。20 日，召开东西部扶贫协作项目审计会议。26 日，召开县委财经委 2019 年第 5 次会议，茹捷、廖尚勇、舒健、杨胜朝参加。27 日，2019 年全县秋冬种和林下经济观摩会召开。

12 月 3 日，召开县扶贫开发领导小组第 43 次会议。6 日，镇远县蔬菜、花卉产业专题会议召开；㵲阳战区脱贫攻坚迎接检查部署大会召开；大地战区召开迎接国家和省级 2019 脱贫攻坚成效考核工作安排部署会。9 日，全县扶贫资金项目会议召开。11 日，召开东西部扶贫项目审计工作会议。12 日，杭州市西湖区委统战部、区民宗局携宗教界人士到镇远开展冬衣捐赠及帮扶资金捐赠活动。18 日，脱贫攻坚成效考核工作总结会议召开。20 日，召开专题会议研究花椒产业发展工作。24 日，召开花椒产业发展专题会议。27 日，召开县易地扶贫搬迁工作推进会；羊场战区召开易地扶贫搬迁旧房拆除工作安排会议。31 日，江古战区召开脱贫攻坚工作推进会议。

至 2019 年，镇远县紧盯偏远山区，加快建设水、电、路、讯等基础设施建设，强力补齐短板。投入资金 1.16 亿元，为 22.85 万人解决安全饮水问题；投入 4.65 亿元，解决农村生产生活电压偏低问题，确保群众安全用电；投入 4.85 亿元建设通讯基站 1326 个，实现了 30 户以上自然寨手机信号至少“一网”覆盖；投入 6.90 亿元，建成通村水泥路、撤并建制村通村水泥路、“组组通”公路共计 2151 公里，实现 30 户以上自然寨全部通水泥路；投入 4.9 亿元对全县 110 个村进行人居环境整体提升，安装太阳能路灯、硬化连户路、硬化庭院，农村人居环境持续改善、农村面貌日新月异。镇远县将产业扶贫作为脱贫攻坚“第一场硬仗”，以“户户有增收项目，人人有脱贫门路”为目标，牢牢把握农村产业革命“八要素”，用好“五步工作法”，坚持以农业产业结构调整为重点，精准选定产业。2014 年以来，累计投入资金 10.03 亿元，因地制宜发展烤烟、花卉、蔬菜、精品水果、茶叶、中药材、生态畜牧业等特色优势产业，实现了贫困户至少有 2

个产业覆盖，户均收入5000元以上。全县发展种植4.29万亩烤烟、15.91万亩蔬菜、6.95万亩精品水果、4.43万亩中药材，出栏生猪4.9万头、肉牛1.25万头、生态禽110万羽、稻田综合种养5.09万亩。镇远县加快安居工程建设，投入8.5亿元，完成两路口、芽溪新城、青溪慢坡三个移民安置点建设，如期实现搬迁对象全部入住，落实就业岗位10747个，就业3270人，实现“搬得出、稳得住、能致富”。同时，完成农村危房改造11059户，同步实施改厨、改厕、改圈1027户。投入资金1860万元，实施2708户农村老旧住房透风漏雨整治。镇远县聚焦“学有教、病能医”精准发力，全力推动社会保障政策落地。严格落实控辍保学“七长”责任制，确保义务教育阶段贫困户学生不辍学；全面落实健康扶贫政策，各年度农村贫困人口参合率均达100%，贫困户家庭医生签约服务率达100%。

2019年，实现了整县减贫摘帽目标，农村居民人均可支配收入为10351元，比2018年增长10.8%，实现了剩余1681户3980人建档立卡贫困人口全部脱贫、最后一个深度贫困村报京乡贵洒村出列、脱贫人口零返贫、新增贫困人口为零的目标，贫困村和贫困人口发生率均下降为零，全面完成了减贫目标任务。

2019年，镇远县脱贫成效巩固提升。在全县人民的共同努力下，整县减贫摘帽顺利通过国家第三方评估检查，并以优异的成绩实现精彩出列，脱贫攻坚取得阶段性胜利。在退出贫困县序列后，按照“四不摘”要求，深入推进“春季攻势”“夏秋决战”“冬季充电”，狠抓新一轮“五个专项治理”，着力解决“两不愁三保障”问题，扎实巩固和扩大脱贫成效。全面推进农村产业革命，发展烤烟、蔬菜、花卉、精品水果、中药材等特色产业种植35万亩，建成1个样板坝区和4个达标坝区，打造一批林下种植养殖示范基地，辐射带动农户13748户51516人。“校农结合”采购县内农产品比例提高到60%。易地移民安置点“五个体系”建设进一步完善，社区服务、就学、就医、就业等民生保障有力。东西部扶贫协作成效明显，实施产业发展、公共服务示范项目11个，教育医疗“组团式”帮扶、劳务输出协作、人才支援等工作扎实有效开展。“组组通”公路、安全饮水等基础设施管护机制基本形成，农村条件大幅改善。专项治理问题34个，贫困户识别和退出更加精准，扶贫资金管理使用更加规范，驻村帮扶更加扎实，脱贫攻坚打法更加精准，剩余贫困人口1681户3980人和贵洒村如期实现脱贫退出。

2019年4月25日，贵州省人民政府批准镇远县退出贫困县序列。同年底实现了所有贫困村和贫困人口“双清零”目标。站在新的起点上，镇远县委、县政府将带领全县27万同胞，永葆“闯”的精神、“创”的劲头、“干”的作风，扎实推进脱贫攻坚与乡村振兴有机融合，持续巩固和扩大扶贫成果，决胜全面小康，共同奋力书写新时代“百姓富、生态美”的镇远新答卷！

2019年来，镇远县根据“一摘四不摘”的总体要求，全面推动责任落实、政策落实、工作落实，推进脱贫成果巩固提升，全县乡村面貌发生了天翻地覆的变化，基础设施建设迈上新台阶，农村产业迅速发展，干群关系更加紧密，脱贫攻坚取得了显著成效，广大群众获得感更实、幸福感更强。

“脱贫致富快，全靠产业带。”镇远县紧紧把握产业革命“八要素”，用好“五步工作法”，成立了烤烟、花卉、蔬菜、精品水果、茶叶、中药材、生态畜牧业等10大产业发展专班，由县领导领衔具体抓，累计投入农业产业发展资金6.81亿元，引进和培育25个龙头企业，成立240个农民专业合作社，因地制宜发展特色优势产业，实现贫困村合作社全覆盖，户均创收5000元以上。

镇远县立足自然条件、产业基础和市场需求，按照“尊重传统、培育新兴、突出特色、提质增效”的思路，明确提出重点以花卉、花椒、天麻、精品水果、特色养殖为林下经济产业的主攻方向，宜种则种，宜养则养，引导林下经济产业合理布局，集中力量重点突破、强力推进，促进林下经济向集约化、规模化、标准化和产业化发展。全县林下种植达11130亩，已实现产值2562.6万元。

镇远县抓好坝区产业发展，全县有26个200亩以上坝区，共计面积19317.34亩，坝区产业发展实施各类项目14个，投入资金2064万元，采取“龙头企业+合作社+农户”发展模式，覆盖农户5611户20814人。

一系列扶贫措施，让老百姓走上了小康路，日子越来越甜，书写了新时代“百姓富、生态美”的镇远新篇章！

站在新的起点上，镇远县将扎实推进脱贫攻坚与乡村振兴有机融合、无缝对接，全面加快小康建设步伐，按照脱贫摘帽不摘责任、不摘政策、不摘帮扶、不摘监管“四个不摘”的要求，持续巩固和扩大扶贫成果，感恩奋进，奔向小康！

第四章　传承创新并重　发展文化事业

第一节　建设社会主义文化

一、文化载体建设

恢复《镇远报》为及时传达贯彻上级和县委、县政府的重大决策和重大举措，多侧面多角度地宣传名城镇远，积极探索全县经济社会发展的有效途径，扩大对外交流，1998 年 2 月 27 日，县委决定于 1998 年 5 月 30 日恢复已经停刊 37 年的《镇远报》。《镇远报》复刊后，由县委办、县委宣传部、县史志办三家主办。成立《镇远报》编辑出版委员会，县委书记杨尢光任主任，县长刘正华、县委副书记朱鸣、副县长潘锋任副主任，编辑部设在县史志办公室，黄贵武任编辑部主任，黄建春为副主任，启动经费 2 万元。《镇远报》先为半月刊，后改为旬报，每月 10 号、20 号、30 号出版。《镇远报》的出版发行，社会普遍反映较好。到 2006 年底，共出版《镇远报》342 期，700 万余字。

恢复《㵲阳河》刊物。为发掘名城文化、宣传推介镇远，唱响名城品牌，加快旅游发展，1997 年 6 月 27 日，中共镇远县第七届七次全委会议通过的《关于进一步加强社会主义精神文明建设的实施意见》，决定恢复《㵲阳河》刊物。2002 年 6 月 14 日，正式恢复《㵲阳河》刊物（季刊）。6 月 17 日，县委、县政府成立《㵲阳河》杂志编委会。编辑部设在县文联，主编先后为李启荣、李镇江，常务副主编为王启明。到 2006 年底，共出版《㵲阳河》18 期，共 180 余万字，图片 180 余幅。

二、广播电视建设

随着国家经济社会发展和政治、文化宣传的需要，广播电视网络建立经历了“广播—电视差转—闭路电视—宽带传输网络电视”发展的历程。1951 年 2 月，县委建立收音站，这是简单的接收电波讯息，进行记录形成文字转达的收转讯息机构。1956 年 4 月底，镇远收音站改为镇远县广播站。此后的 30 多年，镇远县广播工作列入国家宣传系统，肩负着传达党中央的声音，联系各族人民群众的光荣任务。

电视卫星技术的普及和应用在原来的广播事业基础上提出了新的要求。1979 年 5 月 1 日，在县城东南面的龙头山建立电视差转台，这是镇远初级广播电视发展的开端。随后，镇远广播电视紧跟社会科技发展和满足人民群众对物质和文化的迫切需求，不断更新和增加设备，使电视转播覆盖不断扩大，各区乡镇也纷纷建立功率不同的电视差转站。为了适应广播电视事业发展需要，1984 年 4 月 17 日，县委决定将原股级单位的县广播电视台升格为正科级的县广播电视局，并于 1986 年在共和街修建广播电视办公楼。1990 年 3 月在县城建立有线电视地面卫星接收站并建成城区有线电视网，镇远县广播电视事业步入了历史上快速发展的新阶段。

1994 年，城区有线电视网络升级改造，传输节目大为丰富。1996 年 7 月，全县各乡镇建立地面卫星接收站。广大农村的电视接收站安装工作主要由县广播电视局组织安装，并按照国家广播电视管理条例进行调试验收、发证。1997 年 2 月，县委、县政府决定精简机构，将县文化局与县广播电视局合并为“县文化广播电视局”。同年 4 月，县文化广播电视局在县委门前左侧修建办公大楼。当年 12 月 26 日建成投入使用。城关电视网络节目增到 25 套，同时还开通了中央卫星电视加密节目 3、5、6、8 频道。城区有线电视实现全天 24 小时播放，同时还在文广大楼五楼演播厅开通了电视现场直播。1997 年至 2001 年，镇远县农村广播电视发展步伐加大。2000 年，县委、县政府将“村村通广播电视工程”列入县政府实施工程，并超计划完成省、州下达建站指标。全县共有地面接收站 900 余座，电视人口覆盖率达 93%。2001 年 3 月 8 日，国家广电总局、国家发展计划委员会授予该局“全国村村通广播电视工程建设先进集体”荣誉称号，在全州仅有该局获此殊荣。

随着社会发展和建设需要，镇远县城电视网络在7年中，进行过4次较大的工程改造。第一次是1998年初，县城8条街道按14米扩宽，临街屋面拆建，传输电缆和进户线全部拆除，重新铺设主干支线8000多米。1999年由于电力部门农网改造，该局电缆与电力电杆共用，城区传输电视干线第二次进行改造。为建新区、保古城，在城西建新区，随着新区建设，该局第三次较大规模地进行干线改造和延伸建设。2002年以后，该局又在城区进行第四次广播电视网络大改造。城区的步行石板街区实行传输线路下埋，并实施了有线电视HFC宽带双向网络技术改造。电视频道增加到43套。城区有线电视综合宽带网络工程的实施，覆盖了城区所有电视用户，并建立了计算机自动化用户收费管理系统。

随着广播电视事业的不断发展，硬件设施不断加强，镇远电视台的新闻采编、制作、播出从过去的口播到图像新闻、专题的采写编播；从1994年的模拟摄像编辑制作，到2006年的数字化采、编、播，质量在不断提高，采编队伍较稳定，每天开办自办新闻节目和其他栏目，成了本地人民群众每天关注的热点。

第二节　民族文化建设

党的十一届三中全会以后，县委、县政府十分重视民族文化建设。民族文化日益发展，成为镇远民族文化旅游的重要内容。

一、苗族文化建设

文字推行。1982年春，镇远开始试行苗族文字，并推荐选派一名学员参加凯里第二期苗文师资培训班学习。同年11月，镇远首批苗文扫盲班在涌溪村试行。30名苗族群众参加学习。1983年6月，又选送龙金明等6人到凯里参加第三期苗文师资培训班学习。7月，黄平、施秉、镇远三县在镇远举办短期苗文师资培训班。全县设四个试行扫盲班，参加学习人数146人。1984年7月，镇远、施秉、黄平三县，在黄平联合举办苗文师资培训班。镇远学员有25名。结业后，分配到涌溪、金堡、报京等乡村教学点上任教19人，共开办19个班。其中：有两个班为学校双语（汉语、苗语）教学试验班。参加学习人数618人。1985年到1990年，每年都开办“双语”教学实验班或苗语班，共1413名苗族儿童参加学习。

推行“双语”教学，对边远少数民族不懂汉语儿童上学起到了一定的积极的辅助促进作用。随着社会不断进步，交通条件不断改善，民族往来不断加强，民族间相互交流，相互沟通。懂汉语的苗族妇女和儿童越来越多，“双语”教学已基本完成历史使命。2000年，全县仅开办贵洒小学一个“双语”教学点。

文学艺术。文学艺术主要集中在口头文学，有优美动听的歌谣和令人回味的故事。苗族舞蹈，全县共有9个类别：芦笙舞、木鼓舞、踩鼓舞、板凳舞、刀舞、竹竿舞、捞虾舞、高跷舞、踩歌舞。苗族口头文学故事，极为丰富、神秘。按类别分有神话故事、传说故事、人物故事、生活故事、精灵故事及动物故事等。故事中的《苗家的起源》《六月六吃新节的传说》和《九月九斗牛节的来由》尤为流传广。1991年，县民族部门收集整理出《苗族故事选》一书，共10万余字。

二、侗族文化建设

文字推行。1958年至20世纪60年代，侗文推行。党的十一届三中全会重申民族语言文字政策。1981年，县民委报送两位侗族同志参加在锦屏县举办的师资培训班学习。他们回来后在报京乡组织群众学习侗文，参加学习的有30多人。由于诸多原因，这期侗文班没有按计划完成。1983年，又选送周昌福等4人到天柱侗文师资班培训。他们回来后，又分别在报京乡的报京村、报友村举办了3个班的侗文夜校，共有学员60名。1984年，又由县民委及报京乡政府选送11名侗文教师到天柱县侗文师资培训班学习，他们回来后，分别在报京村、金龙村开办3个试点夜校班，学员110人，并在报京小学三年级两个班开设侗文课，学生81人。1985年，又在报京、巴所、金龙、龙崩继续开办夜校，5个班，209人。1986年至1988年，侗文正式进入报京学校，实行双语教学，3个班132人。几年来。报京培训侗文教师五期14人，侗文学员达591人，收到较好的效果。

文学艺术。镇远侗族文化艺术，具有浓厚的民族特色。民间声乐、舞蹈、器乐，保持着传统的形式。报京三月三的传说广为流传。1990年10月，县民委出版9万字的《侗族故事选》。山歌分情歌、伴嫁歌。山歌有四句一首，也有八句一首的。从字数看，有三字一句和十一字一句的，这种山歌又称为“嫩歌”。报京侗族乐器主要是芦笙。芦笙又分母芦笙、大芦笙和小芦笙。

三、土家族文化建设

土家族没有文字。文学艺术，主要靠身传口授，有自身的舞蹈、乐器和歌谣。土家族舞蹈主要有唢呐舞、高跷舞、龙灯舞、傩戏、上刀梯等。主要乐器是唢呐、锣鼓。尚寨土家族人民有吹唢呐的传统和技术。唢呐调有72种。

唢呐及其吹奏曲，是土家族人民世代相传的，特别喜爱的乐器与乐曲。唢呐分小号、中号、大号三大类。尚寨现有唢呐380余支，达到平均每5户1支。进入21世纪的第一年，2000年尚寨人民议定“八月八”为唢呐节。组织280余支唢呐，浩浩荡荡汇集尚寨大赛。规模之大，唢呐之多，系贵州之罕见。

歌谣主要有情歌、酒歌、叙事歌、木叶歌、伴嫁歌、哭嫁歌、哭丧歌、孝歌。除歌谣外，还流传讲吉语等口头文学。

第三节　文物保护与开发

镇远历史悠久，文化丰厚，文物众多，历届县委、县政府都十分重视文物的保护与开发工作。

一、文物保护

镇远县文物保护工作始于1979年，1982年成立县文物管理所后，全县文物保护管理工作得以正常开展。为做好文物保护工作，通过普查核实后，县政府于1981年9月16日批准公布了第一批县级重点文物保护单位9处，即青龙洞、中元禅院，万寿宫、莲花亭、天后宫、四宫殿、府城垣、吴王洞摩崖、笔岫山文笔塔；1984年6月27日、1986年10月28日、1989年4月15日，1999年县政府又先后公布第二批、第三批、第四批和第五批县级重点文物保护单位共计81个；

1985年，省政府批准公布天后宫、四宫殿、在华日本人民反战同盟和平村旧址、吴王洞摩崖、府城垣、卫城垣、中共镇远支部旧址（周达文故居）为省级重点文物保护单位。1988年1月，国务院批准公布青龙洞古建筑群（包括祝圣桥、莲花亭）为全国重点文物保护单位。2006年5月，国务院又批准“在华日本人民反战同盟旧址和平村”为全国重点文物保护单位。到2006年，全县已有全国重点文物保护单位2处，省级重点文物保护单位7处，县级重点文物保护单位73处。

二、文物维修

在县委、县政府的大力争取下，从1956年起，省政府先后拨专款修复了青龙洞等古建筑。

1956年和1963年，省政府两次拨款对青龙洞进行维修。1979年至1981年省政府拨款对中元禅院（中元洞）一组建筑进行维修。1983年至1986年由省政府再次拨款对古建筑群的青龙洞、紫阳书院（紫阳洞）、万寿宫、香炉岩上的凝岘亭、祝圣桥上的魁星阁等建筑进行全面抢救维修。1992年由省政府拨款对中元禅院的大佛殿进行维修。2000年11月至2001年4月，由国家文物局拨款90万元对祝圣桥的桥墩进行加固和海底处理。

1986年，由省政府拨款对在华日本人民反战同盟和平村工作队旧址办公楼、卫兵室等进行复原修建，2001年11月至2002年7月，由县政府投资64万元对大礼堂进行复原修建。1986年由省政府拨款对中共镇远支部旧址进行全面维修。

此外，省政府还拨专款对天后宫大殿、卫城垣等文物古迹进行维修。县委、县政府也积极组织专款对邹泗钟专祠、大河关码头、卫城码头、府城码头、禹门码头和天后宫码头等县级重点文物保护单位进行维修。

三、文物调查与征集

镇远县文物保护工作始于20世纪50年代，当时县文化馆（办公地点设在青龙洞万寿宫内）通过移交得到部分文物，但因各种原因，文物保护工作无法正常开展。1979年，维修中元洞，全县文物保护工作进入起步阶段，县委、县政府成立了镇远县文物管理委员会，县文管会在青龙洞万寿宫管理房及垃圾堆里拣选到苏元春军棍、铜印、床、床罩，青溪铁厂“天字一号”钢锭等。1982年成立青龙洞修复工程组，经省文化厅同意，工程组利用部分维修工程款，在每年底召开全县文物工作座谈会机会，对民间捐赠文物的群众进行表彰，发放文物征集费，这种形式一直延续到 1993 年。其间，征集到大量文物藏品，后由于经费短缺，此项工作无法得到很好开展。1997 年，省文物局在青龙洞古建群建贵州省民族民间建筑博物馆，在全省各地征集到一批具有历史、艺术、科学价值的建筑构件。近二十年来，文物部门根据《中华人民共和国文物保护法》在打击盗掘古墓、违法收藏、贩卖文物案件中，通过公安部门移交了一部分文物。

通过征集、发掘、捐赠、移交、拣选的文物藏品包括银器、金器、铜器、铁器、木器、古籍善本、字画、瓷器、陶器、碑帖、石雕、砖雕等各类馆藏文物 600 余件，其中国家二级文物 3 件，三级文物 10 余件。这些文物藏品分别存于县档案局库房、贵州省民族民间建筑博物馆、“和平村”旧址陈列室、中共镇远地下党支部暨周达文故居陈列室、镇远名城博物馆（邹泗钟专祠），设置了藏品档案，建立了严格的管理制度。

四、文物“四有”工作

《中华人民共和国文物保护法》（下文简称《文物保护法》）规定：“各级文物保护单位，分别由省、自治区、直辖市人民政府和县、自治县、市政府划定必要的保护范围，作出标志说明，建立记录档案，并区别情况分别设置专门机构或者专人负责管理”，这就是通常所说的文物保护单位的“四有”工作。文物保护单位的“四有”工作是国家依法对文物保护单位实施保护管理的基本措施和保证，也是对文物保护单位进行保护管理和宣传研究的基础工作。

在完成全国重点文物保护单位、省级重点文物保护单位及部分县级重点文物保护单位的保护范围划定工作后，1993 年 5 月 17 日，确定了青龙洞古建筑群的保护范围。2002 年，省政府批复，重新公布了其保护范围。1993 年 5 月，为将邹泗钟专祠、谭钧培公馆申报为省级文物保护单位，公布了邹泗钟专祠、谭钧培公馆保护范围。1993 年 9 月 30 日，公布了 7 处省级文物保护单位（四官殿、天后宫、中共镇远支部旧址、府城垣、卫城垣、在华日本人民反战同盟和平村旧址、吴王洞摩崖）的保护范围。2000 年，贵州省文化厅、贵州省建设厅、贵州省国土厅联合下发批复，重新公布了和平村旧址保护范围。对文物保护单位树立保护标志碑，对主要文物作了档案记录。

五、文物陈列展览

青龙洞古建筑文化展览。1986 年，青龙洞古建筑群维修工程基本竣工，准备对外开放。省文物管理委员会和省文化厅文物处考虑到镇远青龙洞是当时全省发现规模最大，布局最奇特的一组古建筑群，为使其开放后参观内容既充实，又能展示宣传贵州省丰富多彩的古建筑文物，决定利用这组古建筑举办《贵州古代建筑文化展览》。展览由贵州省博物馆承办，共展出贵州祠庙、民居、城垣、屯堡、古驿道、桥梁、鼓楼、木雕、石雕等各类古建筑照片和侗族鼓楼、花桥、安顺文庙、平坝天台山等古建筑模型。1986 年 11 月 11 日，《贵州古代建筑文化展览》正式揭幕。副省长罗尚才出席揭幕仪式。应邀来黔进行文物考察和出席揭幕式的人员有故宫博物院研究员、原副院长、全国政协委员、国家文物委员会委员、中国建筑学会建筑历史与理论学术委员会主任委员单士元，原国家文物局副局长汪小川等领导和专家。

和平村陈列室展览。1987 年，原军政部第二俘虏收容所（在华日本人民反战同盟旧址和平村）办公楼复原重修竣工。县文物管理所将二层东二间辟为陈列室。展出的主要内容有反映日军侵华罪行的图片，原在华日本人民反战同盟开展反战宣传活动的图片和刊物，原部分反战同盟成员 1982 年和 1985 年访问镇远时的照片，原在华日本人民反战同盟访华团捐赠的文物、镇远和平村的历史及有关专家考察和平村的情况。

贵州民族民间建筑文化展览。1986 年，贵州省文化厅文物处为了表现丰富多彩的贵州历史文化的全貌，决定利用地方拥有的优势，将文物保护维修与博物馆建设相结合、文博事业与旅游事业相结合、文化建设与经济振兴相结合，在文物资源比较丰富、自然景观十分优美的旅游线上，充分利用现有的文物建筑，因地制宜发展一批具有地方特色和民族风格的小型多样的专题博物馆。青龙洞古建筑群因其规模宏大，布局奇特，空间组合变幻无穷，大量吸收了贵州山地少数民族建筑特点，建筑类型丰富多彩。著名古建筑专家祁英涛说："把这个地方作为古建筑博物馆，相当好。她本身就是个展览品。"省文化厅文物处把选址在这里的专题博物馆定名为"青龙洞民族建筑博物馆"。1989 年，省文化厅文物处决定开始筹建贵州镇远青龙洞民族建筑博物馆，并由故宫博物院研究员、前副院长单士元题写了馆名。在省文化厅文物处主持下，收集了黔东南、黔南、遵义、毕节等地区的镇远、黎平、三都、湄潭、毕节、大方、金沙等县文物资料，完成该馆的基本陈列《贵州民族民间建筑文化展览》，内容包括居住环境、民族村寨、贵州民居、公共建筑、民族民间建筑的细部处理、建筑构件等6个部分，共展出照片146张，建筑图81幅，实物124件，模型10个。

第四节　物质文化与非物质文化保护、传承工作

2015年至2019年，镇远县累计排查县境内古建筑、石刻、摩崖等不可移动文物98处，其中全国重点文物保护单位4家、省级重点文物保护单位16家、县级重点文物保护单位78家，可移动文物700余件。累计筹措资金1亿余元，整体恢复古院落（古民居）15个、古巷道6条、古码头12处、门楼4座，完成青龙洞古建筑群、“和平村”旧址等一批有代表性古建筑的修缮。

突出活化利用体系。整合文物局、宣传部、文史委、史志办、文联等力量组建工作专班，全力做好文物古迹、革命遗址、民族文化等方面的考究、挖掘和提炼。加强与省内外高校合作，撬动高校专家、资金、项目等资源，充实文物内涵，挖掘力量。鼓励支持博物馆（纪念馆）与高校、企业等社会力量开展多种形式合作，开发富有镇远特色的文化旅游产品及品牌，将古城区符合条件的古民居、古院落打造成各具特色的精品民宿，助推旅游业快速健康发展。累计补助4000余万元，新增旅游精品酒店和民俗客栈10余家，旅游标准床位21000余张，涌现出两湖会馆、镇远镖局、全家大院等一大批优秀古迹精品客栈，加强多元传承体系。建立人才合作交流机制，挖掘热心镇远文物和历史的“土专家”，大力培养专业文博人才。近年来，共开展各类培训20余场次，培育专业人才130余人次。加强与国家、省级对接，积极开展各级文物保护单位升级申报工作，通过举办国际博物馆日宣传周、纪念日、开馆仪式等，展出珍贵文物，提升馆藏文物知名度，彰显镇远多元文化精髓。

至2018年，镇远县有全国重点文物保护单位3处，即青龙洞古建筑群、和平村旧址、镇远城墙（卫城墙、府城墙、四官殿）；省级重点文物保护单位17处，即中共镇远支部旧址（周达文故居）、天后宫、吴王洞摩崖、邹泗钟专祠、谭氏民居（谭公馆）、镇远青溪铁厂遗址、镇远码头、青浪卫城墙等；县级文物保护单位77处；另有未列保的文物、不可移动文物93处，文物藏品800余件。2018年5月9日至10日，国家文物局文物保护与考古司资源处一行4人，到镇远县开展历史文化名城文物保护评估试点现场复核工作。8月初，贵州省人民政府下发关于公布第六批省级重点文物保护单位的通知，镇远县都坪镇镇远何氏甘罗二夫人合葬墓（明）、青溪镇青浪卫城墙（明至清）、㵲阳镇镇远石屏山古建筑群（清）、镇远和公祠（清）、镇远中央红军召开打富济贫活动大会旧址（1934年）、镇远红九军团司令部旧址（1934年）、红军镇远阻击战战斗遗址（1934年）、金堡镇镇远中央红军干部会议旧址（1934年）、大地乡镇远路腊红军战斗遗址（1934年）、㵲阳镇镇远黔东南州党政与教育机构旧址（20世纪50年代），共10处文物名列其中。6月，投资299.09万元完成青龙洞古建筑群防雷工程；10月，投资372.98万元，完成青龙洞古建筑群赋存岩体及古驿道加固工程；12月投资13.3万元，完成和平村旧址防雷接闪带修复工程。

2018年，和平村旧址纪念馆、周达文故居纪念馆、镇远县博物馆三馆免费开放，接待人数共计49.98万人次，同比增加8.85%，其中和平村旧址纪念馆接待16.31万人次、周达文故居纪念馆接待11.26万人次、镇远县博物馆接待22.43万人次。

2019年10月，镇远天后宫入选第八批全国重点文物保护单位。

至2019年，镇远县不断强化措施推进文物保护利用，全力做好“中国历史文化名城”的保护传承。一是强化文物管理。在开展文物普查，摸清家底的基础上，对新增、消失、名称不规范的文物保护单位进行核实，重新整理文物保护单位资料，建立“四有档案”，实行动态管理。全县境内有各级重点文物保护单位共计97处，其中，全国重点文物保护单位3处，省级重点文物保护单位17处，县级重点文物保护单位77处。全县登记在册的可移动文物共有216件。二是强化文物修缮。围绕“保护古城、传承文化、完善功能”的战略，积极向上级文物部门申报文物保护修缮项目经费。同时，委托具有资质的设计单位提前编制文物保护规划，为文物保护工作提供规划引领。近年来，全县相继编制完成了《贵州省镇远城墙保护规划》《和平村保护规划》《青龙洞环境整治方案》《周达文故居环境整治方案》，镇远城墙、和平村旧址、青龙洞古建筑群等各级重点文物保护单位得以修缮。三是强化安全防范。坚持“安全第一、预防为主；属地管理、单位负责；打防结合、综合治理”的原则，将文物安全作为文物保护的基础。近年来，全县累计投入2000余万元用于开展文物防火、防雷、防虫、岩体加固等安全技术防范工程。对重要文物保护单位采取严格的日巡查制度和24小时值守制度，建立安全隐患排查管理台账，逐条销号解决问题，形成完善的安全检查机制；四是强化保护利用。依托国家首批全域旅游示范区创建契机，将文物保护与利用融入到全县全域旅游示范区创建工作中，把文物保护修缮项目纳入全县旅游文化基础设施建设及综合开发项目同步实施，充分发挥文物在文化旅游、社会教育中的重要作用。已将全国重点文物保护单位青龙洞古建筑群、在华日本人民反战同盟镇远“和平村”旧址、镇远城墙等打造成为国家级旅游品牌。结合文物保护单位实际情况，在不改变文物国有性质的前提下，以令公庙、炎帝宫作为试点，探索吸引社会力量参与文物保护利用。

镇远古城是1986年12月被国务院批准为国家第二批历史文化名城，2018年通过了国家对历史文化名城文物保护评估（试点）检查。目前镇远县境内有各级文物保护单位共计98处，其中全国重点文物保护单位4处（青龙洞古建筑群，日本在华反战同盟“和平村”旧址、镇远城墙、天后宫）；省级重点文物保护单位16处［中共镇远支部旧址（周达文故居）、吴王洞摩崖、邹泗钟专祠、谭氏民宅（谭公馆）、镇远青溪铁厂遗址、镇远码头、青浪卫城墙、镇远何氏甘罗二夫人合葬墓、镇远和公祠、镇远中央红军召开打富济贫活动旧址、镇远红九军团司令部旧址、红军镇远狙击战战斗遗址、镇远中央红军干部会议遗址、镇远路腊红军战斗遗址、镇远黔东南州党政教育机构旧址、镇远石屏山古建筑群］；县级重点文物保护单位78处。可移动文物收藏单位共有6家，馆藏文物437件，其中珍贵文物82件，一级文物15件，二级文物27件，三级文物36件。文物管理机构为镇远县文物管理局，内设机构有办公室、文物保护股、安全保卫股，下辖青龙洞管理所、镇远县博物馆、和平村旧址纪念馆和周达文故居纪念馆。

一、文物保护单位保护

根据《文物保护法》的规定，镇远县已编制完成3个全国重点文物保护单位的保护规划，依据规划有序开展保护工作。省级以下文物保护单位保护规划编制将逐步开展。

（一）积极争取资金开展文物保护工作

近年来，通过积极申报项目，文物保护单位得到不同程度的保护和修缮。青龙洞古建筑群共投入2000余万元，先后实施完成观音殿、万寿宫南府客厅、令公庙、中元禅院、紫阳书院、万寿宫保护修缮、青龙洞白蚁防治、青龙洞消防系统、安防系统、防雷系统、东山寺原址保护展示、青龙洞赋存岩体及古驿道加固等工程。2018年通过发改渠道争取1500万元，实施青龙洞环境整治工程，目前已完成总工程量的60%。青龙洞紫阳书院至中元禅院基础加固及岩体破碎带治理工程（约1500万元）设计方案已通过省厅审批，已按省厅意见进行修改，现正在上报州局核准。

和平村旧址共投入1200万元，实施完成和平村旧址墙体加固工程、和平村旧址国家级抗战纪念设施保护工程、和平村旧址防雷、消防工程。镇远革命文物和平村、中共镇远支部旧址，革命文物保护展示工程设计方案已得到省文物局批复。现正在实施中共镇远支部旧址（周达文故居）修缮工程。现正在编制周达文故居纪念馆建设设计方案，待方案审批通过后实施。

镇远城墙投入1258万元实施保护修缮工程，工程现已全面竣工。通过发改渠道争取750万元，实施镇远城墙保护利用设施建设项目，现也已全面竣工。

实施省级重点文物保护单位邹公祠东院修缮工程，现已完成总工程量的60%。

为持续加强镇远县的文物保护工作，今年向上级申报天后宫修缮及“三防”工程、和平村安防、镇远城墙防雷等项目计划。编制完成了炎帝宫、北极宫、上官民宅西院修缮方案，待方案评审通过后即可实施。

为加强文物保护单位的日常保养维护，镇远县将文物保护经费列入县级财政预算，每年投入50余万元对各级重点文物保护单位进行日常维护。

贯彻“预防为主”的文物工作方针，镇远县把文物安全防范工作作为文物安全的基础工作。努力保障文物本体安全，现已完成了青龙洞古建筑群“三防”、和平村旧址消防和防雷工程、周达文故居消防工程。编制了《镇远谭公馆三防工程设计方案》和《镇远城墙安防设计方案》，组建了青龙洞、和平村旧址2个微型消防站，每年定期开展1次以上消防知识培训和应急演练。

（二）文物安全检查巡查工作

每年年初县文物局对全县文物安全工作进行安排部署，成立县文物安全领导小组，明确专人具体负责。与各馆、所、个人分别签订安全责任书，完善各项安全制度和消防应急预案，每月开展文物保护单位安全检查1次以上，重点文物保护单位实行一日一巡查制度。定期检查消防水池、消防栓、灭火器、电气线路等，采取人防为主、器防备后和强化火源控制的文物安全防范措施。

（三）完善文物“四有”工作

全县共划定文物保护单位保护范围及建设控制地带20处，其中：国家级重点文物保护单位3处、省级重点文物保护单位16处。设立各级文物保护单位保护标志100余块，全国重点文物保护单位和省级重点文物单位实现全覆盖。设置文物保护单位的专门管理机构4家，建立完成全国重点文物保护单位记录档案3处，正在收集整理其他文物保护单位的记录档案资料。

二、可移动文物保护

镇远县涉及珍贵文物收藏单位分别有和平村旧址纪念馆、贵州民族建筑博物馆、镇远县文物管理局库房三个收藏单位。其中和平村旧址纪念馆收藏有2件（国家二级文物1件，国家三级文物1件）、贵州民族建筑博物馆共收藏有29件（国家一级文物6件，国家二级文物6件，国家三级文物17件）、镇远县文物管理局库房有51件（国家一级3件，国家二级20件，国家三级28件）。因条件限制，以上收藏馆所均没有专业的保存设备，如防火、防盗、控湿、控温等设备，没有专门的文物库房，现文物局临时将和平村的四间房间作为文物库房，造成文物藏品无法得到有效的分类和管理，导致部分可移动文物如民族服饰、木雕、铁器、字画等被虫蛀、锈蚀，有的已糟朽和霉烂，对镇远县今后文物研究工作的开展存在重大影响。

三、文物利用

全县利用文物保护单位开设为免费开放博物馆、纪念馆3家，分别是和平村旧址纪念馆、周达文故居纪念馆、镇远县博物馆。2018 年上半年三馆免费开放接待人数共计 184572 人次，其中，和平村旧址纪念馆 53564 人次，周达文故居纪念馆 46812 人次，镇远县博物馆 84196 人次。现青龙洞、和平村旧址、中共镇远支部旧址（周达文故居）、邹泗钟专祠（镇远县博物馆）、镇远红九军团司令部旧址（镇远革命史馆）、镇远城墙、天后宫作为旅游景点对外开放。圆泰昌（镇远素席馆）、何家大院、全家大院、黄家大院、水星祠、傅家民宅、杨氏民宅等文物保护单位和餐饮住宿对外开放，众多文物继续延用其原功能，但还有很多古建筑没有得到较好的开发利用，处于闲置状态，如谭公馆、东山寺、令公庙、紫气东来等。

四、非物质文化遗产保护管理

非物质文化遗产，是最古老也是最鲜活的历史文化，是国家和民族文化软实力的重要资源和宝库。保护和弘扬优秀的非物质文化遗产，对建设社会主义核心价值体系具有重要的作用。

2007 年 5 月 29 日，镇远县苗族踩鼓舞、土家族傩戏、木雕工艺、洞藏青酒酿造工艺、元宵龙灯会、土家族八月八唢呐节等 6 个民族民间文化项目，被列入贵州省第二批非物质文化遗产代表名录。

2009 年 6 月 2 日，州民族民间文化优秀传承人工作领导小组办公室公示《黔东南州民族民间文化优秀传承人公示名单》，金堡乡爱和村潘胜席（苗族，女，擅长苗族踩鼓舞）、青溪镇丁志坚（汉族，擅长花灯）列为“民间舞蹈”传承人；张绍玉（汉族，女）列为“传统手工技艺”传承人；尚寨乡丰收村刘安银（土家族，擅长唢呐演奏）列入“民俗”传承人。

到 2010 年，全县有赛龙舟、报京“三月三”、镇远元宵龙灯会、镇远土家族“八月八”唢呐节、镇远苗族踩鼓舞、洞藏青酒酿造工艺、镇远木雕工艺、镇远土家族傩戏、花灯戏等 9 个省级非物质文化遗产代表作名录、镇远孝歌等 10 个州级非物质文化遗产代表作名录、报京侗族扎染等 30 个县级非物质文化遗产代表作名录，另有非物质文化遗产线索 338 条。有非物质文化遗产省级传承人 1 人，州级传承人 4 人。

2012 年，非物质文化遗产得到更好的传承和保护，“镇远赛龙舟”获得国家级非物质文化遗产保护项目。

2014年，全县拥有“赛龙舟”“报京三月三”2项国家级非物质文化遗产代表性项目名录；“侗族刺绣”“道菜制作工艺”“花灯戏”等11项省级非物质文化遗产代表性项目名录；“土家唢呐调”等14个项目被列入黔东南州非物质文化遗产代表性项目名录；“苗族刺绣”等114个项目被列入县级非物质文化遗产代表作名录；建立完善四级名录体系。有省级非物质文化遗产传承人1人、州级非物质文化遗产传承人12人、县级非物质文化遗产传承人99人。结合中国第九个文化遗产日，举办“我爱文化遗产”知识竞赛活动和非物质文化遗产宣传活动，发放宣传小读本1000多份。举办非物质文化遗产传承人培训班，招收学员50多人次。做好第四批国家、省、州级非物质文化遗产保护项目申报工作。“道菜制作工艺”“镇远龙灯锣鼓”“土家唢呐调”“报京侗族刺绣”等4个项目申报为州级非物质文化遗产代表作名录。

2014年11月11日，“报京三月三”经国务院批准，列入第四批国家级非物质文化遗产代表性项目名录。2014年，采集《苗族剪纸》图片87张，拍摄相关视频时长40多分钟，收集到青溪铁厂的全部文字资料，《花灯戏》相关曲（调）谱书籍两本。有《镇远报京“三月三”》《镇远元宵龙灯会》《花灯戏》《赛龙舟》等10个项目列入市（州）非物质文化遗产代表作名录，其中《花灯戏》《青酒洞藏工艺》9个已被列为省级非物质文化遗产代表作名录。

镇远县充分利用“国际博物馆日”、集镇赶场天等有利时机，大力开展文化遗产、文物法律法规宣传普及活动，深化群众对相关知识的理解。通过采取出动宣传车、摆放展板、悬挂横幅、发放宣传资料、设立宣传咨询台等多种宣传形式，尤其是活动宣传牌以简单易懂，图文并茂的形式向民众宣传相关知识，深受广大群众的喜爱，积极开展申报工作，推进遗产晋级升位。以《镇远县都坪镇天印贡茶（传统）制作技艺》申遗申报工作为标志，镇远县第四批非物质文化遗产晋级升位申报工作于今年3月份正式启动，对天印新老茶园全景、贡茶的整个制作技艺流程等进行了认真拍摄。

2015年6月1日，镇远县第一批县级非物质文化遗产生产性保护示范基地7个，涉及企业有：镇远县蔡酱坊、镇远县启发古建雕刻有限责任公司、镇远县古城北侗手工刺绣厂、贵州省镇远县青溪铁锅厂、镇远县红十字骨伤科民族医院、镇远县天印贡茶加工厂、镇远县名城食品厂。与之对应的非遗项目是：道菜制作工艺、赛龙舟、侗族刺绣、铁锅制作工艺、中草药接骨、镇远天印贡茶制作工艺、镇远腊肉制作工艺。

到2016年，全县有“赛龙舟”“报京三月三”2项国家级非物质文化遗产代表性项目目录；“侗族刺绣”“道菜制作工艺”“花灯戏”等11项省级非物质文化遗产代表性项目名录；“土家唢呐调”等14个项目被列入黔东南州非物质文化遗产代表性项目名录；“苗族刺绣”等114个项目被列入县级非物质文化遗产代表性项目名录；完善四级名录体系。有省级非物质文化遗产传承人1人、州级非物质文化遗产传承人10人、县级非物质文化遗产传承人99人。3月30日，镇远县非物质文化遗产展示馆正式开馆，文化部非遗司及省、州、县领导出席开馆仪式，标志着该县非物质文化遗产保护工作正迈向新的发展阶段。该馆于2015年12月初动工修建。全年对来自12个社区近40名学员进行培训，实施非物质文化遗产代表性项目名录数据采集工作，核实传承人基本信息，开展县非物质文化遗产项目传承保护发展示范村挂牌保护工作，开展全国第11个“文化遗产日”系列宣传活动，充分展示镇远县丰富多彩的非物质文化遗产。

2017年1月初，蔡酱坊被贵州省文化厅公布列入第三批省级非物质文化遗产生产性保护示范基地。这是镇远县继贵州青酒集团有限责任公司后又一家企业获此殊荣。2017年，镇远县有非物质文化遗产代表性项目名录141个。其中，国家级的有赛龙舟、报京“三月三”2个，省级的有镇远元宵龙灯会、土家族“八月八”唢呐节、花灯戏等11个，州级的有土家唢呐调、龙灯锣鼓、镇远孝歌等14个，县级的有苗族刺绣、侗族扎染、社饭制作技艺等114个。

2018年，镇远县完成县第五批6个州级非物质文化遗产代表性项目名录的文本修订和视频修改工作；县第一批县级非物质文化遗产传承人申报及公布，开展全县第四批州级非物质文化遗产代表性传承人申报认定工作；完成县“十三五”文化旅游提升非遗工程项目储备4个项目的申报工作；启动国家级非物质文化遗产代表性项目名录“赛龙舟”的数字化建设工作。

近年来，在县委、县政府的领导和重视下，在上级业务部门的支持和关心下，镇远县积极推动非物质文化遗产保护与传承工作，并取得了一定成效。

（一）全面开展普查，摸清非遗家底

2005年，根据文化部、省文化厅部署，镇远县初步开展了非遗普查工作。当时，普查、收集了一部分非遗线索与项目，内容涵盖民间文学、传统音乐、传统舞蹈、传统戏剧、曲艺、传统体育、游艺与杂技、传统美术、传统技艺、传统医药、民俗等10个大类，并通过初步普查认定，抢救了一批濒危的非物质文化遗产项目。2013年底，县非物质文化遗产保护中心人员到位后，制定了非遗普查方案并启动了全县范围内的非遗普查工作，更加全面地了解和掌握了县非物质文化遗产资源的种类、数量、分布状况、生存环境、保护现状。同时也为推荐、申报各级非遗项目奠定了重要基础。

（二）积极组织申报，建立名录体系

自2005年以来，通过组织推荐、申报、评审等程序，镇远县成功申报国家级非物质文化遗产代表性项目名录2项，即赛龙舟、“报京三月三”；省级名录14项，即花灯戏、侗族刺绣、洞藏青酒酿造工艺、木雕工艺、镇远土家族傩戏、镇远素席、报京招龙习俗等；州级名录20项；县级名录117项。它们共同构成了镇远县四级非物质文化遗产代表性项目名录体系。

（三）推进机制建设，促进非遗活态传承

一直以来，镇远县积极鼓励、支持传承人开展传承活动，通过发放传承人补贴、召开传承人座谈会、培训会等方式，营造了非遗传承保护的良好氛围。为促进非遗活态传承，县建立了名录项目、传承人、传习所、传承基地“四位一体”保护与传承机制，将项目保护的4个主体维系在一起，明确保护与传承任务，取得了明显成效。目前，全县拥有省级非物质文化遗产代表性传承人1人，州级12人（过世2人），县级99人。建立了非遗传承人带徒授艺考核机制，明确每年传承人带徒授艺目标任务，实行年终考核机制，并与补助经费挂钩。同时，积极推进传习所、传承基地建设，全县挂牌建设传习所、传承基地共计14处，努力推进非物质文化遗产进社区、进农家、进校园、进课堂，将民歌、民乐（唢呐、芦笙、踩鼓舞等）纳入音乐课学习，将剪纸、刺绣纳入美术课，将传统技艺纳入手工课，使非物质文化遗产成为对青少年进行传统文化教育和爱国主义教育的重要载体。

（四）加大非遗展示宣传，形成人人参与保护的氛围

县注重运用“文化和自然遗产日”和传统节日活动，充分展示全县非物质文化遗产的魅力。自2013年以来，每年的“文化和自然遗产日”期间，县通过精心组织和筹划开展了丰富多彩、形式多样的静态非遗展示、活态展演、非遗知识竞赛等宣传展示展演活动，形成了人人参与、人人保护、人人共享的社会氛围。

（五）建设非遗展示馆，促进优秀文化传播

通过整合县仁寿宫现有资源，于2016年3月30日完成镇远非遗展示馆建设，展陈面积约300平方米，馆内共6个展厅，由博览、互动、多媒体等内容组成，分别介绍了镇远非物质文化遗产的保护方法和传承脉络。同时，积极推动建设文化交流研究中心，2017年12月4日，国家民委人文社会科学重点研究基地和南方少数民族非物质文化遗产研究基地镇远非遗研究中心，在镇远县非物质文化遗产展示馆成功挂牌，努力打造成为展示县多元文化魅力的重要窗口。

（六）编辑出版非遗书籍，展示非遗保护成果

经过多年的收集整理，在全体编撰人员的共同努力下，县《镇远非遗》一书正式出版发行。该书图文并茂、分类举目、以概貌介绍的形式，第一次集中、系统、全面地向人们展示县优秀的非物质文化遗产，让人们对非遗这项工作有一个总体的、基本的认识与了解。同时为县今后开展非物质文化遗产的调查、研究、保护、传承与合理开发利用，促进文化旅游向纵深发展，提供一个较为全面的基础性、借鉴性、指导性资料。

（七）开展数字化建设，推动非遗资源保护与共享

根据国家、省州关于加快数字化建设相关工作要求，结合大数据时代，2018年，县完成了国家级非物质文化遗产代表性项目名录“赛龙舟”的数字化建设工作。数字化建设工作，主要利用科技手段对镇远县赛龙舟进行数字化保护，并为镇远县赛龙舟资源的互通共享奠定数据基础。通过严格、专业的设计策划、采集记录、制作处理、存储交换、信息发布等工作过程，在非物质文化遗产保护专家的指导下，更加全面、深入地对县非物质文化遗产的专业特性进行挖掘和保护，推动非遗资源共享。

到2018年，全县国家级非遗名录有：赛龙舟、镇远报京“三月三”；省级非遗名录有：报京侗族刺绣、洞藏青酒酿造工艺、镇远道菜制作工艺、镇远木雕

工艺、镇远苗族踩鼓舞、镇远花灯戏、镇远土家族傩戏、镇远土家族“八月八”唢呐节、镇远元宵龙灯会；州级非遗名录有：土家族唢呐调、镇远龙灯锣鼓、镇远孝歌；县级非遗名录有：报京侗族扎染、铁锅制作工艺、镇远天印贡茶制作技艺、苗族刺绣、苗族竹竿舞等100项。

第五节　大力发展民族文化旅游

镇远县有着非常丰富的旅游资源。1986年12月8日，镇远被国务院批准为中国历史文化名城。在两千多年的历史长河中，镇远积淀了悠久厚重的历史文化、众多瑰丽的文物古迹和绚丽多姿的民族文化。现已打造出10张国家级旅游品牌，即中国历史文化名城——镇远、国家级风景名胜区㵲阳河、国家级重点文物保护单位青龙洞古建筑群、日本在华反战同盟“和平村”旧址、镇远城墙、镇远天后宫、全国农业旅游示范点铁溪景区、国家级非物质文化遗产“赛龙舟”、报京“三月三”、国家5A级景区镇远古城旅游景区。另外还有省级风景名胜区高挂河，以及保持明清风貌的古民居、古巷道、古码头等省、县级文物古迹160余处。城内㵲阳河自西向东呈“S”形蜿蜒贯通全城，形成了“九山抱一水，一水分两城”、山水城浑然一体、天人合一的独特的太极图古城风貌，被中外游客誉为“东方威尼斯”。

“十一五”期间（2006—2010年），镇远县文化旅游业取得突破性发展。依托悠久的历史和丰富的旅游资源，把文化旅游业作为镇远县的战略性支柱产业和主导产业进行培育，通过大力发展以旅游业为龙头的第三产业、促进县域经济发展。镇远成为旅游新热点。全县共投入3亿多元改善交通条件、保护古城和发展旅游业。按照“规划先行、保护第一、突出文化、合理开发”的原则，通过大力度的文物古迹修缮和历史街区、建筑风格、古城环境整治，通过加强基础设施和城市配套功能建设，通过亮化、绿化、美化和丰富文化内涵，使千年镇远古城展现出独有魅力，吸引力和影响力不断增强。同时，完善㵲阳河景区硬件设施，开发高过河新景区，对铁溪风景区进行规划，对报京、匏瓜等民族村寨进行旅游景点打造。新建了一大批宾馆、酒店、山庄、客栈，旅游接待条件大大改善。接待游客量从2006年的34.8万人次增加到2010年的134万人次，旅游综合收入从2006年的0.61亿元增长到2010年的3.3亿元。

2007年1月18日，在全国旅游工作会议上，铁溪风景区被批准为“全国工农业旅游示范点”。4月2日，镇远县名城旅游开发经营有限责任公司成立。4月30日，府城宾馆、名城宾馆、太极古镇宾馆、帝豪大酒店、禹门宾馆、康鑫园宾馆、腾龙宾馆、㵲阳河宾馆等8家旅游企业被列为县首批旅游定点接待单位；桂花村、地灵山庄两家乡村旅游企业被列为乡村旅游示范点。12月11日至12日，省长林树森一行到镇远考察古城建设和旅游业发展情况。2007年，㵲阳河客运船增至22只，总座位550座。同年，在中国民族贸易促进会主办的首届中国旅游论坛上，镇远古城被古城古镇古村联盟评选为中国十佳古城。

2008年9月，贵州青酒集团通过招投标方式，获得高过河风景名胜区整体特许经营权。12月5日，镇远县为星级民居客栈授牌。全家大院、许家民居、和大河关民居为四星级民居客栈；三星级客栈3家；二星级客栈2家。

2009年3月6日，中国历史文化名城镇远荣获“中国最美的十大古城”称号。28日，镇远至剑河岑松旅游公路动工兴建。8月11日，由贵州青酒集团投资4700万元开发的高过河景区对外开放。9月6日，“青酒杯”第59届世界小姐大赛中国总决赛贵州分赛区总决赛在镇远古城水上舞台举行，共有28名佳丽登台角逐。这是世界小姐大赛中国总决赛首次在贵州设立分赛区。14日，报京乡民族旅游汽车站破土动工。11月1日至2日，全国政协原副主席王文元到镇远县考察旅游产业发展情况。镇远名特产品主要有：洞藏青酒、羊场茶叶、天印贡茶、核桃、大板栗、猕猴桃、甜瓜、枇杷、㵲阳红桃、金秋梨、李子、桐油、茶油、陈年道菜、豆腐乳、豆豉、青溪铁锅、侗族刺绣、苗族刺绣。

2010年1月12日，由州旅游局与镇远、雷山两县携手中国华铁传媒，将贵阳开往上海南K111/K112次快速列车冠名为“原生态·黔东南、镇远—西江”号品牌列车挂牌运行。1月，国家级风景名胜区㵲阳河获得“多彩贵州100强品牌”称号。3月18日，镇远县启动旅游标准化建设试点工作（镇远县旅游标准化建设按目标要求在两年内完成）。28日，东关、文德关关楼复建开工奠基仪式在文德关举行。文德关关楼总高22米，东关关楼总高21.6米，总投资400万元。29日，县旅游局和县工商局联合为镇远文荟苑、青酒文化铁溪展示厅、蔡酱坊等7家旅游商品店颁发旅游商品专卖店牌。3月31日至4月1日，全省旅游工作会议在镇远召开。省委副书记王富玉，省委常委、副省长黄康生出席会议并讲话，省委常委、宣传部部长谌贻琴主持会议。3月，报京乡民族旅游车站竣工并投入使用。4月15日，镇远县旅游行业协会第一次会员代表大会召开，镇远县旅游行业协会正式成立。7月，由亚太旅游联合会、国际度假联盟组织、中华生态旅游促进会、中国国际友好城市联合会共同主办的第一届中国低碳旅游建设峰会在北京召开，镇远县获得“中国低碳旅游示范地”荣誉称号。8月25日，由当代贵州杂志社、省风景名胜区协会、省旅游协会、省经济文化促进会等部门联合举办的2010贵州十大影响力风景名胜区和十大魅力旅游景区、2010贵州十大影响力乡镇和十大魅力乡镇（街道办事处）评选揭晓。镇远古城·㵲阳河旅游景区、㵲阳镇分别被评为十大魅力景区和十大魅力乡镇。11月1日至2日，全国政协副主席、中央统战部部长杜青林一行专程到镇远就文化旅游产业发展工作进行调研。实地参观和考察“和平村”旧址、青龙洞古建筑群、镇远展览馆等。

2010年，镇远县有旅游客运车9辆、共200多个座位。建成占地面积约5000平方米，停车位150个左右。全县有旅行社30家、旅游公司6家、从业人员100余人。全县有宾馆、客栈432家，其中星级宾馆6家；旅游餐饮店524家，农家乐97家，旅游商品专卖店98家，旅游咨询服务中心2个。旅游直接从业人员2500人，间接从业人员22000余人。全年接待游客11.98万人次，镇远成了贵州东线旅游的重要目的地。全县停车场有：林业局停车场占地面积3000平方米，100个停车位，日月旅游停车场，占地面积5000平方米，150个停车位；全县旅游产品：陈年道菜、镇远霉豆腐、镇远豆豉、天印贡茶、苗伯妈红酸汤、羊肉汤锅、青酒、民族刺绣等。

2011年2月22日，镇远在贵阳召开旅游推介暨新闻发布会。3月31日，召开全县红色文化旅游发展规划工作会议。12月16日，县2011年导游（讲解）员业务技能大赛在府城宾馆举行。100多名导游（讲解）员参加比赛。

“十二五”期间（2011—2015年），县委全力打造镇远旅游“升级版”。将古城景区创建成为国家4A景区，先后实施了古城道路升级改造、文物修缮、古民居古巷道提升项目。建成文德关大型旅游接待服务中心和一批星级酒店、精品客栈，成功推出明清时期酒坊、茶坊非遗展演等文化旅游项目。全县国家级旅游品牌多达8张，承办黔东南州首届旅游产业发展大会，进入全省20个示范景区之列，被纳入国家首批全域旅游示范区创建和全省旅游改革试点县。启动了古城创建5A景区工作；积极推进下㵲阳河和高过河创建4A景区工作。全县旅游服务企业和商家达1500余家，标准床位近2万张，旅游从业人员达2.5万人。接待游客数量年均增长34%，2015年达到580万人，旅游总收入年均增长65%，2015年，达到41亿元。五年来，全县共接待游客2443万人次，年均增长16%；实现旅游综合收入193亿元，年均增长23%。

2012年2月17日，镇远县文化旅游发展总体规划通过省级评审。3月30日，县召开文化旅游工作暨文明城市创建、“整脏治乱”和“满意在镇远”工作会议。7月22日，国家旅游局景区质量等级评定委员会专家包利刚等到镇远县就古城景区创建4A级旅游景区进行验收。

2012年，镇远县编制完成了《镇远县文化旅游发展总体规划》；“镇远赛龙舟”被授予国家级非物质文化遗产保护项目；完成了大型舞蹈史诗《古韵镇远》升级改版；启动实施了㵲阳河景区相见河游客中心和停车场、黔东南苗岭国家地质公园镇远园区建设项目；投资近7000万元完善了高过河景区基础设施建设，实施了青龙洞古建筑群、两湖会馆等文物修缮工程；吸纳民间资本实施了中康度假酒店、西峡温泉度假酒店等星级酒店和一批民居客栈、旅游商品店等建设项目；镇远古城景区被国家旅游局批准为国家4A级旅游景区。2012年铁溪被誉为“全国农业旅游示范基地。”

2013年9月18日至20日，原国务委员戴秉国到镇远县就旅游文化发展和城镇化建设进行了考察。10月25日至26日，贵州省委副书记、省长陈敏尔等一行深入镇远县各景点景区、黔东经济开发区进行调研考察。以镇远古城为核心的文化旅游景区要素保障条件明显加快改善。全年接待游客390万人次。2013年，投入3000多万元巩固已开发的六大旅游市场，新增湖南湘潭、衡阳及贵州省的遵义、铜仁等省内外新兴市场，已着手开发成都、杭州、昆明及泛珠三角等三大圈市场，古城镇远知名度不断提升。并在2013年荣获“中国自驾游首选目的地”和“中国最美风景县贵州十佳”称号。全县各类旅游服务企业达1100余家，有标准床位13000余张，旅游直接从业人员2500余人，间接从业人员

22000余人。全年接待游客390万人次，实现旅游收入26亿余元。

2014年，县委、县政府加强统筹安排，加速推进项目审核、审批及跟踪服务，确保旅游项目得到强力推进。先后开工建设古城道路改造、小菜园至芽溪滨河道、四里桥至黄桑田道路改造、羊场至尚寨公路改造4个道路建设项目；芽溪五星级酒店、西峡温泉度假酒店等6个酒店建设项目；文德关、五里牌、芽溪3个游客服务中心项目加快建设；云龙洞景区开发、古城灯光亮化提升工程、标识标牌系列建设、东关观景亭建设等4个景区开发项目。累计完成投资3.86亿元，文德关游客服务中心即将建设完成，将为减缓古城旅游压力发挥重要作用。全县各类旅游服务企业达1100余家，标准床位达13000余张。全县文化产业增加值完成2.22亿元，占全县国内生产总值的4.10%；接待游客497.55万人次，实现旅游综合收入33.8亿元，分别增长24.7%和28.4%。文化旅游业已发展为镇远县支柱产业。

2014年1月4日，加快文德关游客服务中心建设进度。5日，县工作组到涌溪乡中屯村匏瓜寨就该寨的通寨公路建设及未来旅游开发等事项进行考察调研。6月6日，在文德关旅游接待中心、芽溪滨河道以及芽溪新区旅游接待中心等在建项目工地召开现场办公会。19日，由中国民族贸易促进会、中国旅游论坛、贵州海外联谊会主办，由县人民政府、贵州青酒集团有限责任公司、中国民族贸易促进会公益事业部、《世界中国》杂志社承办的“同心圆梦·美丽中国行——2014镇远国际旅游论坛”在日月大酒店召开。联合国及世界67个国家的旅游事务官员、驻华大使、参赞、文化人士齐聚镇远参加论坛，论道世界旅游发展形势。9月17日，旅游卫视《景观文化》栏目组到镇远进行为期6天的专题片拍摄，全方位、立体展现镇远景观文化。12月25日，由省旅游局在日月酒店举办全省精品客栈建设现场观摩推进总结会议。

2014年，县委、县政府实施文化旅游兴县战略。确立力争到2017年打造国家5A级旅游景区的总体目标，围绕旅游开展招商引资，争取银行融资支持，全力打造镇远旅游“升级版”。一是启动旅游综合改革，5A景区申报进一步加快；二是强力推进重点项目，旅游产业进一步提质增量；三是加强行业规范管理，旅游服务水平进一步提高。文化旅游业发展成镇远县支柱产业。著名旅游风景区有：国家级㵲阳河风景名胜区、全国历史文化名城镇远古城、千古名胜铁溪风光、省级高过河风景名胜区；其他风景区有：白水溪、白岩河、鱿鱼洞与长潭、犀牛塘、龙羊井与箱子岩等。民族风情旅游村寨有：报京侗寨、岗旺苗寨、爱河苗寨、尚寨土家族乡。

2015年，镇远县承办了黔东南州首届旅游产业发展大会，进入全省20个示范景区之列，被纳入国家首批全域旅游示范区创建县和全省旅游改革试点县。全县旅游服务企业和商家达到1100余家，三星级以上酒店增加到7家，拥有标准床位近2万张，旅游从业人员达2.5万人。接待游客数量年均增长34%，达到580万人次，旅游总收入年均增长65%，2015年达到41亿元。

2015年6月18日，黔东南州第一届旅游产业发展大会暨镇远县第七届古城文化旅游艺术节在镇远文化园召开。县委坚持以旅游为导向，扎实推进国家5A景区创建工作，实施了古城道路改造、文德关旅游服务中心等10个旅游重点项目，进一步夯实了全县旅游产业发展基础。6月18日，镇远县成功举办了黔东南州首届旅游产业发展大会。11月3日至6日，县委书记刘建新带队赴国家旅游局汇报镇远县古城申报国家级5A景区创建工作，同时开展招商引资活动。11月15日至17日，县委、县政府在北京出席镇远整体旅游文化资源合作项目签约仪式。全县各类旅游服务企业达1100余家，文化旅游增加值完成2.22亿元，占全县国内生产总值的4.10%；接待游客580万人次，实现旅游综合收入45亿元。

2016年9月29日，镇远县㵲阳河十八湾旅游综合开发项目和镇远县青溪温泉旅游综合开发项目，在凯里黔东南州开发投资有限责任公司会议室举行签约仪式。㵲阳河十八湾旅游综合开发项目总投资约50亿元；青溪温泉旅游综合开发项目总投资约8亿元。10月2日，2016年镇远文化旅游美食节暨首届贵州镇远文化旅游美食高峰论坛在文化园广场开幕，为期5天。评出镇远传统名吃（含小吃）、镇远传统改良新名吃（含小吃）、镇远最正宗外地菜（含小吃）等十大名菜体系。

2016年，镇远县全力打造“以古城文化为核心，以铁溪休闲度假、高过河运动休闲、㵲阳河观光游览为支撑”的精品旅游景区；重点抓好铁溪全国农业旅游示范点建设。镇远被确定为全国首批全域旅游示范区创建单位。2016年以来，立足县情，镇远县以“全景式打造、全季节体验、全产业发展、全社会参与、全方位服务、全区域管理”为抓手，举全县之力，集全县之智，全力推进国家全域旅游示范区的创建，实现文化旅游高质量发展。

（一）以古城提升为核心，推进“全景式打造”

贯彻落实省委提出的“老景区要有新作为，大景区要有大担当”，“镇远古城景区要在‘提升、拓展、挖掘’上做文章”的重要指示精神，以镇远古城景区为核心，以㵲阳河景区为纽带，以高过河景区、㵲阳河、铁溪景区和乡村旅游景点为支撑，推进产、城、景、文、旅深度融合和农文旅一体化发展。一是依托镇远国家级历史文化名城旅游名片，大力实施古城景区提升工程，围绕古城创建国家5A级旅游景区，累计整合资金15亿元，对古城景区进行保护和提升，完成青龙洞古建筑群、“和平村”旧址、古码头等一批有代表性古建筑的修缮，新建古城景区游客服务中心1座，游客服务点15处，A级旅游厕所32座；建成盘龙桥至文化园亲水平台800米，整治河滩2.1万平方米，维修新大桥至镇江阁栈道379米，石屏山护栏3600米；复建青石板街道1.56万平方米，整体恢复古民居15家、古巷道6条、古码头12处、门楼4座；安装各类旅游标识牌3000余块；建成智慧旅游体系，实现古城景区免费Wifi全覆盖，有效提高古城景点观赏价值与吸引力，景区品质得到全面提升。二是以创4A为目标，提升打造高过河、㵲阳河、铁溪等景区；依托传统的民俗文化和良好的自然生态资源，开发建设报京大寨、尚寨苗屯、涌溪匏瓜、青溪铺田等乡村旅游景点，形成“一核多点”“百花齐放”的旅游格局。三是按照“一城一环一带三组团”（即镇远古城、绕古城休闲度假环、㵲阳河休闲带以及高过河户外漂流运动组团、江古四季康养组团、报京—金堡民俗体验组团的空间布局和农文旅一体化发展的思路，以黄桑田和文德关农业观光示范园、沿河板滩旅游景观带和两路口大健康养生产业园建设为载体，大力发展休闲观光、农耕体验、康体养生等产业，催生一批新景点。四是以㵲阳河为纽带，强化与上下游邻县合作，积极推进㵲阳河流域旅游一体化，推进县域景区景点从“单兵作战、各自为政”走向协同发展，实现㵲阳河全域旅游直通，构建生态观光、休闲度假、避暑养生、文化体验、户外运动等慢游产品体系，推出带动全域、延伸周边的特色精品线路。

（二）以产品开发为前提，实现“全季节体验”

针对镇远县旅游产业链条不够完善，淡旺季明显、发展不均衡的问题，进一步开发具有竞争力、吸引力的旅游产品，丰富旅游载体。一是深入挖掘古城景区内涵，积极整合包装一批特色小吃一条街、旅游购物一条街、文化娱乐一条街等特色街区，做足城区段㵲阳河上下游、石屏山山上山下的景区拓展文章，减轻古城景区承载压力，培育休闲娱乐主体，丰富古城“夜游”“夜娱”产品体系，让游客留下来，住下来，实现旺季更旺。二是以休闲度假、文化体验、自然风光、民俗风情、节庆赛事、康体养生等为“卖点”，重点开发休闲度假、农业观光、生态旅游、自驾游体验等休闲度假产品，提供传统手工艺制作、农耕农事、民族传统节日等互动性、参与性较强的民俗体验活动，大力发展户外露营、野外探险、㵲阳河水上运动、山地赛跑等健身产品，满足不同地区、不同类型游客的消费需求和旅游偏好，着力打造“四季品牌”，真正让淡季不淡。三是强化应急值守，重要涉旅岗位实行“全天候”值班制度，及时处理旅游突发情况，确保旅游安全运行。

（三）以产业融合为抓手，促进“全产业发展”

充分发挥旅游业具有经济拉动力强、产业关联度高、就业容量大等特点，启动“旅游+”功能，一是以新型农业发展农业观光、休闲采摘、科普宣教、自助狩猎等旅游新产品，开发生态农业观光园、生态农庄体验等农文旅结合项目。二是以青酒集团白酒酿造工艺、绩曲酒特色酿造工艺、花酒酿造工艺、老青溪铁厂遗迹为突破口，加强工业旅游的开发与建设。三是围绕旅游产业转型升级，大力发展物流、信息咨询、研发设计、商贸餐饮和连锁、专卖、特许、电子商务等现代服务业，积极促进旅游与其他相关产业的深度整合，相融相盛，连点成线，连线成面，做到产中有景、景中有产，实现步步是景，处处可游。

（四）以群众发展为目标，带动“全社会参与”

围绕构建大旅游格局，深入实施文化旅游强县战略，在旅游基础设施、景点打造、业态丰富、产业培育上，不仅靠政府加大投入力度，更要靠全社会参与其中，做到人人是旅游形象，处处是旅游环境；围绕脱贫攻坚奔小康目标，大力实施旅游扶贫工程，通过发展乡村旅游增收致富，突出乡村特色，把当地农民生产、生活、田园风光、民族风情、文化传承相结合，整合特色优势资源，打造丰富多彩的乡村旅游项目，鼓励各地开展具有地方特色的文化旅游、民族民俗活动，让群众充分享受到旅游发展红利，自觉、积极投身到旅游事业发展中来，充分发挥人民群众的主观能动性，开发出让游客有吃、有玩、有乐、有知的旅游产品。加强干部县情及旅游素养培训，增强全民抓旅游的意识和能力，全面提升镇远县文化旅游综合服务质量。

（五）以全面提升镇远旅游形象为保障，施行“全方位服务”

在加强旅游硬件建设的同时，大力提升旅游服务软实力。加快《镇远古城旅游服务标准化》体系建设，开展旅游行业“十佳”评选活动，塑造旅游服务标杆。组建镇远旅游行业旅行社分会、酒店住宿业分会等旅游协会，充分发挥旅游行业协会自律作用，提升旅游行业内的服务质量及管理水平。开辟绿色通道引进高素质的规划创意、市场营销、酒店管理、导游讲解等紧缺人才。强化旅游行业职业培训，加强旅游企业主、导游等从业人员培训管理，每年培训从业人员 600 余人次。对全县党员干部进行重点培训，让每一名党员干部都成为合格的“导游”，提升镇远县旅游服务总体水平。倡导“镇远是我家，爱我㵲阳河”的理念，激发全县人民群众的主人翁意识，推动整体文明素质提升。以“文明在行动·满意在镇远”活动为抓手，加强旅游综合环境打造，真正让游客在镇远“行之顺心、吃之放心、住之安心、娱之开心、购之称心、游之舒心”，让镇远之旅成为国内外游客憧憬向往的纵情山水之旅，返璞归真之旅，追忆乡愁之旅。

（六）以建立健全旅游体制机制为保障，实施“全区域管理”

成立了创建工作领导小组，将创建工作作为“一把手工程”，纳入重要发展目标和考核内容。加快推进旅游机构改革，拟组建镇远古城保护管理局和旅游市场联合执法机构。以财政拨款、企业赞助、经营权拍卖、门票收入等方式建立古城保护基金，加快融资步伐，形成古城保护融资新机制。牢固树立“没有安全就没有旅游”的理念，始终坚持把旅游安全工作摆在突出位置，重点抓好节假日期间安全生产工作，进一步完善安全管理制度和预案，不断提高全县旅游企业安全生产意识和应急管理能力，保障旅游安全进行。精准定位目标市场，全力塑造“心居何处、自在镇远”品牌形象，以沪昆高铁和贵广高铁线为纽带，深入拓展省内、湖南、重庆、四川等近程市场，积极开拓珠江、长江三角洲等新市场，逐步拓展港澳台、东南亚等国际市场，形成一个覆盖国内各省市及周边国家的营销大网络。联合雷山西江、铜仁梵净山、湖南张家界等景区，共同推出贵州东部旅游黄金线；强化与黄平、施秉的联动与合作，打造推出以㵲阳河为主线，集古城文化体验、漂流探险、自然非遗观光为一体的黔东南北线精品游线。

镇远县正深入实施“文化旅游强县”战略，以创建国家全域旅游示范区、“文化旅游大县”为目标，以文化旅游全面深化改革为抓手，按照“全景式打造、全季节体验、全产业发展、全社会参与、全方位服务、全区域管理”的发展思路和“一城三带五围”的发展规划，以镇远古城国家5A级旅游景区为示范引领，带动县域内自然风光、人文历史、民族风情等旅游资源协同发展，建立“产业围绕旅游转、产品围绕旅游造、结构围绕旅游调、功能围绕旅游配、民生围绕旅游兴”旅游发展新模式，构建资源优化、空间有序、产品丰富、产业发达、人与自然和谐发展的文化旅游新格局。

2016年1月15日，召开镇远县旅游开发项目座谈会。1月18日，召开2016年度旅游文化推介工作座谈会。2月17日，召开镇远县旅游综合开发项目规划方案评审会。4月21日，召开2016年“五一”期间旅游服务工作会议。5月12日，召开镇远县㵲阳河沿岸农文旅产业规划设计研讨会。7月8日，召开县旅游公厕建设暨创卫工作专题会议。8月2日，召开县农文旅一体化规划评审会。9月22日至26日，县委书记刘建新带队赴云南昆明开展旅游推介和招商引资活动。9月27日，召开“十一”期间旅游服务工作会议。9月29日，在凯里举行县政府与开发投资公司合作开发㵲阳十八湾旅游产业项目和青溪地热旅游综合开发项目签字仪式。10月4日，召开2016年国庆黄金周视频调度会。10月19日至20日，县委副书记、县长茹捷赴北京参加申报创建5A级景区景观质量专家评审会议。县启动古城创建5A景区工作。10月31日，召开㵲阳河沿岸农业文化旅游开发概念性规划设计评审会。全年接待游客人数780.22万人次，同比增长35.6%；实现旅游收入59.16亿元，同比增长44%。全县有各类旅游经营户及旅游服务企业1560家，旅游直接从业人数2600人，间接从业人数近万人。

“十二五”期间（2011—2015年），镇远县先后实施了古城道路升级改造、文物修缮、古民居古巷道提升和一批星级酒店、精品客栈、旅游服务中心等旅游基础设施项目。全县旅游服务企业和商家达1500余家，标准床位近2万张。古城景区创建为4A景区，进入全省20个重点示范景区之列。镇远县被列为首批国家全域旅游示范区创建县和全省旅游改革试点县，2016年10月12日被省委划定为革命老区。2015年承办了全州首届旅游产业发展大会。打造了明清时期酒坊、茶坊、非遗展演等文化旅游产品，形成了古城历史文化体验游、铁溪田园休闲养生游、㵲阳河自然风光体验游、高过河激情漂流探险游等精品业态和旅游线路。启动了古城创5A景区工作，并通过了创5A景观价值评定；积极推进下㵲阳河和高过河创4A景区工作。以古城为核心的休闲度假旅游目的地已基本形成，镇远旅游知名度不断提高，文化旅游兴县富民成效日益显现。五年来，共接待游客2443万人次，年均增长16%；实现旅游综合收入193亿元，年均增长23%。

2017年1月14日，召开黔东南州承办第十三届贵州旅游产业发展大会暨打造国内外知名民族文化旅游目的地誓师大会。2月，镇远县旅游文化基础设施建设及综合开发项目上榜第三批国家级PPP示范项目。3月24日，召开全县旅游综合开发专题会议。4月1日，召开旅游综合开发专题会议。启动创建国家全域旅游示范区。14日，召开贵州镇远㵲阳河十八湾核心启动区规划设计汇报会。19日，㵲阳河十八湾旅游综合开发建设启动会召开，㵲阳河十八湾青溪地热温泉开发建设工作正式启动。5月1日，召开全县“文明在行动，满意在贵州”活动推进暨全国县级文明城市5A景区创建动员会议。9日，召开赴杭州市西湖区开展旅游推介会筹备会。14日，召开承接省第十三届旅发大会暨创建5A级旅游景区工作调度会议。5月15日至18日，县委书记刘建新率党政代表团赴杭州市西湖区对接帮扶工作并在杭州开展招商引资和旅游宣传推介活动。6月2日，召开智慧旅游规划汇报会。7日，召开贵民集团、省工行赴镇远县磋商旅游文化基础设施建设及综合开发PPP项目座谈会议。8日，召开古城文化旅游股份有限公司股权转让事宜专题会议。17日，中科院考察团赴㵲阳河风景名胜区考察，县相关部门与中科院考察团召开座谈会。6月28日至7月1日，县委书记刘建新带队赴江西南昌市开展旅游宣传和招商引资活动。7月19日，召开㵲阳十八湾青溪片区征拆工作会议。10月12日，召开㵲阳河创建4A景区工作推进会议。18日，镇远县㵲阳河景区创建国家4A级旅游景区旅游厕所及步道、护栏修复改造等建设项目启动。11月17日，镇远县创建5A景区暨迎接省十三届旅发大会重大项目建设工作推进会召开。28日，召开创建5A景区融资工作座谈会议。29日，召开芽溪旅游服务中心规划设计评审会议。12月7日，召开省农行赴镇远县调研旅游融资工作座谈会议。镇远古城创国家AAAAA景区工作，回收㵲阳河景区、高过河景区、铁溪景区和古城水上游的特许经营权。编制县全域旅游发展总体规划，全域旅游示范区创建工作有序推进。完成文德关停车场提升改造工程和㵲阳河3A旅游公厕、游览步道、观光车道等项目建设。加快古城景区旅游公厕改扩建、文化园综合改造提升、智慧旅游系统、标识标牌的个项目建设。启动青溪温泉小镇和㵲阳十八湾综合开发项目建设。同年，旅游总收入82.39亿元，同比增长39.28%，省外游客接待493.31万人次，同比增长23.6%，境外游客接待4504人次，同比增长7.29%，接待游客总人数1075.95万人次，同比增长37.9%。

至2018年，镇远县依托自身的青山绿水和人文民俗发展，抓好规划引领，突出项目建设，完善基础设施，优化发展环境，全面推动“美丽乡村、旅游产业、优势产业、特色文化”多元融合发展模式，全县乡村旅游呈现出健康快速发展的喜人势头。已有乡村旅游村寨17个，乡村旅游客栈70家，乡村旅游农家乐166家，已申请星级评定乡村旅游经营企业22家，荣获省级乡村旅游精品客栈5家。铁溪桂花村、黄桑田现代高效农业示范园、文德关休闲观光农业示范园、㵲阳镇柏杨坪农业休闲观光园、青溪镇铺田村玫瑰花基地、蕉溪镇三门滩荷花基地、报京侗族文化、金堡爱河苗族民族文化、尚寨苗屯土家族凹形式建筑文化、涌溪嘎网民族土司庄园建筑文化、金堡镇爱河苗寨吊脚楼建筑文化和报京北侗干栏式建筑文化；尚寨“八月八”唢呐节、涌溪“九月九”斗牛节、爱和“六月六”吃新节和报京“三月三”情人节等民族传统节日活动得到比较完整的保留和传承，每年当地群众自发举办的传统节日活动都引起省内外媒体和游客的广泛关注。镇远县还结合新农村建设、特色小城镇建设和生态文明建设等工程，都坪孟了、金堡羊满哨、㵲阳柏杨坪、黄桑田等民族特色村寨相继建设，吸引了大量游客关注和前往观光体验旅游。

2018年1月10日，召开镇远古城国家5A级旅游景区创建工作推进会议。1月，镇远县在贵州省首家引进智慧公厕建设。2月2日，召开镇远县旅游文化建设综合开发PPP项目法律事务专题会议。3月26日，举行镇远古城创建国家5A景区全业培训班开班仪式。28日，召开镇远县创5A景区工作推进会议。4月13日，副省长魏国楠到镇远县调研，了解镇远县历史文化保护传承、旅游发展、教育发展、政务服务等工作开展情况。29日，青溪镇铺田村首届玫瑰花节活动在铺田村玫瑰花基地开幕。主题是“游养心镇远·观花海铺田”，赏花、评玫瑰仙子、民俗表演、品农家美味等一系列精彩的活动吸引了数万各地游客。仅2017年该园共接待观花采果游客10.2万人次，在2018年仅花期就已累计接待游客超25万人次。5月，位于县汽车站背面的镇远古城景区旅游服务中心动工建设。6月8日，召开文德关旅游接待中心接管专题会议。15日，召开全州乡村旅游标准化建设电视电话会议镇远县分会场会议。8月17日，召开旅游融资工作会议。9月19日，召开与州工行对接全县旅游项目融资工作座谈会。12月7日，召开文化旅游专题会议。11日，召开大佛山景区推进会。13日，召开文化旅游PPP项目会议。

2018年，镇远县文化旅游业快速发展，古码头修复、滨河栈道、灯光优化提升、古城景区门禁、游客接待中心、景区标识标牌等旅游配套设施建设成效显著，㵲阳河景区成功创建为国家4A景区，创建国家全域旅游示范县、古城创5A景区的基础更加夯实。全县接待旅游人数1120.05万人，同比增长4.10%，旅游总收入95.25亿元，同比增长15.61%。全县有各类旅游经营户及旅游服务业企业1560余家，其中，宾馆、酒店、民居客栈等住宿设施近700家，客房10000余间，标准床位20000余张；饭店、小吃店等餐饮设施664家；旅游商品店104家，农家乐100余家，大小旅游船舶21艘，共有船位1432个。有旅行社20家，导游（讲解）员270余人，有旅游车队4家，旅游车41辆，旅游车位1000余个。旅游直接从业人员2600人，间接从业人员近30000人。

古城国家5A级旅游景区创建，明确古城旅游公司作为镇远古城国家5A级旅游景区创建主体，充实创建团队，强化资金保障，重点实施古城景区游客服务中心及服务项目、栈道码头及河滩公园、滨河大道观景工程、文化园提升项目、水上巴士等旅游交通、古城风貌及灯光亮化、公共卫生厕所提升、标识标牌及垃圾桶、创5A门禁、智慧旅游、城区三线下埋等11项“硬件”设施，已完成27座旅游公厕的新建及改扩建，标识标牌的更新提升，环卫设施的安装、灯光亮化提升、河滩公园、三座门楼安装污水管网收集等。

镇远下㵲阳河景区创建。2017年9月6日通过考核评估进入国家4A级景区行列，全县4A级景区增加至2个。10月，镇远下㵲阳河景区先后实施道路改造、游客服务中心提升改造、标识标牌提升、旅游公厕改造等工程，添置电子显示屏、标识标牌、环卫设施，完善游客服务中心接待功能配套实施。高过河景区于12月25日通过考核评估进入国家3A级景区行列。

2019年，县委、县政府全力推动文化旅游发展。以镇远古城创国家5A级旅游景区为目标，不断夯实文化旅游产业发展基础。完成古城景区旅游公厕改扩建，正在加快文化园综合改造提升、智慧旅游系统、标识标牌、门禁系统等项目建设，完成高过河旅游基础设施接待项目改造提升。至2019年，镇远古城创建国家5A级旅游景区指标任务已基本完成，正在做好接受国家暗访的各项准备工作。当年1—9月，全县共接待游客849.79万人次，实现旅游综合收入101.67亿元。

2019年，全县有国家5A级旅游景区1个，国家4A级旅游景区1个，3A级旅游景区2个；有各类文化旅游服务企业1600余家，其中宾馆客栈700余家、农家乐150余家，旅游餐饮企业500余家，旅游购物店100余家，旅行社、旅游车队及景区管理企业50余家；“吃、住、行、游、购、娱”六大要素日趋完善。旅游直接从业人员3000余人，间接从业人员20000余人；2019年接待游客1180多万人次，旅游综合收益突破100亿元。

2019年7月11日，召开专题会议研究旅游市场整治、国有资产收回等事宜。12月31日镇远古城国家5A级旅游景区完成公示。

“十三五”期间（2016—2020年），镇远县将切实加快城乡发展步伐，加大项目建设力度，构建以县城为中心，芽溪新区、黔东经济开发区为重点，㵲阳、青溪、羊坪、羊场四个建制镇为支撑平台的城镇发展体系，增强城镇综合经济实力，推动县城和小城镇协调发展，带动了青溪镇铺田、报京乡报京大寨、都坪镇孟了、㵲阳镇柏杨坪、黄桑田、金堡镇羊满哨等美丽乡村的乡村旅游。

第五章　大力发展教育　提升民族素质

第一节　中华人民共和国成立以前的镇远教育

一、辛亥革命以前的镇远教育

镇远县辛亥革命以前的教育可分三个阶段。一为明以前私塾为标志的单一的封建传统教育；二为明以后至废科举以前的官学、书院、私塾为主要形式的多元化的封建统治教育；三为废科举后至辛亥革命前夕的新式学堂与旧式私塾并举的新旧交替的“中西合璧”时期的教育。

（一）明朝以前的镇远教育

明代以前，镇远地处边陲，交通不便，教育不发达，但各封建王朝，为安定边疆，驻防官军与镇远各族士绅合作，兴办私塾于驻防地，以教兵民子弟。镇远本地各族开明士绅也先后效法，于城乡间设立私塾，送子弟入学，学习中原文化。惜连年征战，镇远乃用兵重地，加上历代封建统治者目的重在征服、统治镇远苗、侗各族劳苦大众，虽有私塾之举，但书生、学子能由此脱颖而出者寥若晨星。即便如此，在地处边陲之“蛮荒”，教育之星星之火，亦为以后镇远教育之发展打下了坚实的基础。

（二）明朝以后至废科举以前的镇远教育

明朝以后，镇远县官学、书院、私塾并举，读书之风盛行，教育事业较为发达。这期间，镇远教育主要有三种形式：其一为官学，镇远官学，不仅有府学、县学之分，而且有卫学、社学、义学。镇远最早的官学为镇远府学，创办于明宣德六年（1431），废止于清光绪三十一年（1905），历时 474 年。其二是书院。创办最早的书院有史记载为紫阳书院，明、清两代镇远共创建书院 7 所，其中影响最大的为文明书院及秀山书院。其三是私塾。镇远私塾源远流长，私塾总类由单一化向多元化转化。有城乡绅民合办的朋学，有富家出钱自办的家塾，有塾师自设之蒙馆，有官府、士绅创办的社学及义学。镇远社学乃贵州创办之最早之社学之一，创办于明嘉靖三十二年（1553），学校规模虽不大，但对于镇远苗、侗各族贫苦子弟“有志学文者，皆可入学肄业”，不可谓不是一件大好事。镇远县义学始建于康熙四十四年（1705），先后共建义学5所，即镇远府义学，镇远县义学，青溪义学，养正义学及光绪九年（1883）前后总兵和耀曾创办的镇远武庙义学。值得一提的是，这些义学专收苗、侗等少数民族贫寒子弟入学肄业。

这一时期，镇远县办学宗旨及教学原则沿袭历代“忠君尊孔”“忠孝节义”“三纲五常”的儒教理念。各类教育形式、教学内容和教学程度不尽相同。府、县、卫学每届生员各有定额。教学内容为“五经”“四书”之类经史典籍；书院学生既有生员，也有童生，学生在校研读经史，习作八股文章，以应科考。私塾、义学及社学部为启蒙教育，教学任务为训蒙识字，教材多为《三字经》《百家姓》《千家诗》之类启蒙读物，教学方法为点、读、背、写等传统教学方法。

这时期，府县级教育行政机构为教授署、教谕署、训导署，各设教授、教谕、训导1人。教授、教谕、训导除教员外另兼任府、县卫学教育行政长官。各书院设山长1人，主持院务。一切教育事宜均按钦定章程实行。清代颁布的《圣谕广训》《晓示生员卧碑文》，即教学人员的道德准则。在这种封建教育制度下，镇远生员通过科考，成名致仕者不少。据不完全统计，明清两代，镇远有贡生198人，举人173人，进士19人，入翰林者3人。由科考跻身仕途者约312人，其中任官道台、知府、知县、县丞等职者117人，官总督及中央各部主事者约19人，出任教授、学正、教谕、训导者约176人。

（三）废科举以后至辛亥革命前的镇远教育

光绪二十四年（1898），戊戌变法，清帝下诏废除科举。二十五年（1899），下诏各省府、州、县兴办学堂，镇远知府郑思贤即改文明书院建明德中西学堂。在府城文庙办蒙养学堂，此及镇远有学堂之始，时慈禧垂帘听政，恢复科举，教学内容仍以“四书”“五经”为主，但增开了史地、格致、数学及体操等新课程。

光绪三十一年（1905），清帝再次下诏废除科举，兴办学堂，按“中学为体，西学为用”的教学思想颁布“忠君、尊孔、尚公、尚武、尚实”的十字教学宗旨。镇远知府谢文翘及知县吴祖悌联合镇远士绅，于光绪三十二年（1906）创办师范传习所一所（明德中西学堂改办），官立高等小学堂一所，官立初等小学堂10所，镇远县各乡公立小学堂11所，府属各区立小学堂10所。光绪三十三年（1907），青溪知县任万清委绅官立高、初两等学堂一所，初等小学堂5所。宣统三年（1911），恢复中学教育，校址迁镇远卫城县学宫，名镇远七属中学。未几，辛亥革命爆发，清帝退位，民国建立，镇远地方陷入混乱局面，中学遂告中断。

清末，镇远共有师范传习所一所，普通中学1所，高等小学1所，两等小学1所，初等小学36所。入学学童共约1590余人，教职员工约98人。除此之外，私塾教育也较活跃，但由于资料不全，具体数据不详。

该时期，镇远教育处于新旧交替时期，一面沿袭封建传统教育，一面学习西方资产阶级教育思想。在教学内容方面，各学堂在奉行尊孔读经基础上，开设讲经、读经、修身、国文、算术、历史、地理、格致、体操、图画、手工、乐歌、理化、生物等课程；在学制方面，执行固定学科，高、初等学堂为“四·五制”，中学堂为四年制，私塾无固定学制，开设部分规定科目；在师资方面，各学堂均聘任了部分由优级师范毕业之学生，私塾仍沿用旧式师塾和部分师范传习所结业的学员，值得庆幸的是，镇远留学日本的一些有识之士，自愿回乡办教育。乔远亨兼高等小学堂堂长，全力整顿镇远教育。

该时期教育行政机构为劝学所，设学务总董1人，劝学员若干人，县以下分区设学，各区设劝学员1人。规模大的学堂设堂长、监学、庶务员，规模小者只设堂长或教员。学堂一切事务依章而行。各项教育法规均有浓厚的“忠君”思想，各种“礼节”“禁倒”封建条规均以管束学生为目的，但由于新式思想的渗入，注入了“实行考核、奖惩”等新式教育思想。

废科举后，由于西学东进，镇远青年学子中之有识之士，纷纷外出求学，有的上省城读师范，有的还渡重洋赴日本留学，不少人参加了孙中山先生组建的同盟会，积极从事推翻帝制，建立民国的斗争，其中佼佼者为杨国栋、刘堃（刘潜）、周英、乔运亨、吴会贤、董恩禄、潘德明、谢廷灿、张希文、艾必丰、黄跃宗、黄柏林、聂友兰等志士仁人，他们后来大多成为镇远乃至黔东教育界之中坚分子。

二、民国时期的镇远教育

中华民国三十八年间，镇远教育经历四个阶段。民国元年至民国十五年（1912—1926），是封建教育逐步过渡到半封建半殖民地教育阶段。民国十五至民国二十六年（1926—1937），是实施国民党三民主义教育阶段。民国二十七年至民国三十四年（1938—1945），是共产党领导下的抗日救国教育与国民党“一个党、一个主义、一个领袖”的专制教育阶段。民国三十五年至民国三十八年（1946—1949），是国民党全面反共反人民的法西斯教育阶段。

（一）民国初期的镇远教育

民国元年（1912），镇远县接办清末遗留下来的各种各类学堂，改学堂为学校，堂长为校长。教育宗旨，实行南京政府颁布的“注重道德教育，以实利教育，军国民教育辅之，并以美感教育完成其道德”。在此基础上，废止修身及讲经读经课目，开设公民道德科目。改革学制，高、初小分别为三年和四年。在注重普通教育之时，加强了职业教育及女子教育。镇远女子初等学校，青溪女子初等小学，镇远敦本女子小学相继建立。民国三年（1914），镇远中学复校，初名实质中学，后改道立中学。

袁世凯任大总统时期，教育经费拮据，官办小学发展缓慢，私塾教育有所发展。为了协调官办学校与私立学校比例，镇远县遵令重新登记私塾，将大部分私塾冠以“国民学校”名称上报。据民国六年（1917）统计，镇远县有初级中学1所，职教员19人，学生150余人；高等小学3所，学生107人，毕业生18人，教员23人，职员9人，岁出入1334元，资产价值总额980元；国民学校27所，学生842人，毕业生75人，教员49人，职员18人，岁出入共3179元，学校资产价值总额2960元。全县共有小学30所，学生949人，毕业生93人，教员72人，职员27人，岁出入共4513元，资产总额3940元。袁世凯为维护其独裁统治，颁发了“爱国、尚武、崇实、法孔孟、重自治、戒贪污、戒躁进”的教育宗旨，恢复讲经读经课及修身课，企图为其封建统治培养忠实奴才。民国八年（1919），镇远道尹在省视学之支持下，由省府补助大洋2000元设道立镇远师范（简易）1所于原明德中西学堂。培育小学师资，虽只办一期，但加强了镇远小学师资力量。

民国十年（1921），孙中山领导的国民党政府重新掌握政权。民国十一年（1922），教育部颁布以“三民主义”为中心的教育宗旨。在学制上中学仍为四年制，小学改为“二四”制，即高小二年，初小四年。在课程上再度废除讲经读经，修身课，改设公民课，改“国文”为“语文”，改体操为“体育”。

民国十二年至民国十五年（1923—1926），镇远县兵、匪相继劫掠，水、旱、瘟疫交替袭来，中、小学相继关门。这时期，镇远教育行政机构初期沿用清末劝学所制。民国十一年（1922）废除劝学所建制，改设教育局，设局长1人，督学1人，办事员若干人，县以下设学区，各学区设教育委员1人，教育局负责全县地方教育经费之筹集，县另设财政局统一管理教育经费。教学师资上，部分为省内外师范毕业或进修者，乡村小学及私塾仍用旧式教学人员。

（二）民国中期的镇远教育

民国中期，镇远教育为实施“三民主义”教育宗旨阶段。民国十五年（1926）秋后，周西成任贵州省长，比较重视教育。此时，镇远地方逐渐安定。

民国十八年（1929），镇远县长孙竹笙协同教育局长谢廷灿全力恢复镇远教育。首先设立2所县立两级小学、2所县立初级小学。民国十九年（1930），县长毛正中开办师范讲习所一期，培育、充实师资力量。同年十月，镇远县成立义务教育委员会，实施“强迫”教育。民国二十年（1931），镇远中学恢复，先名联立中学，后改省立八中。民国二十四年（1935），裁撤教育局。教育行政划归县府三科管理，教育事务由民教馆兼理，另组教育事务处处理具体教育事宜。当年，全县小学共计12所，其中县立小学4所，区立小学6所，乡立小学2所，全县共计高小3班63人，初小19班636人，其中女生80人；民众夜校5所，学生180人；中学1所，学生70人；私塾10余所。全县受完全小学教育与未受完全小学教育之比为1∶9。

民国二十五年（1936），镇远县举办教师暑假讲习会，提高小学校长，县、区、乡教育行政人员素质，参加学员共42人，分别来自两级男、女校。县立初小、乡学、短小民教馆及县督学。开设科目为：精神训话、政治述评、教导方法、现代教育思想、小学行政、小学现行法令、预决算之编制、民众教育、问题研究等。同年镇远县府制定《保学推进委员会组织规程》，预计二十六年内扫除镇远府卫两城文盲。民国二十六年（1937）统计，全县有初级中学1所（省立师范附设初中部），学生230人；高小2所，学生297人；初小20所，学生1230人；民众夜校5所，学生208人；短期小学11所，巡回教学区1个。

该时期教育行政机构为民教馆长兼理教育事务，经费来源主要为房租、屠、斗各捐，省款补助，全年经费为12132元，其中本县自筹7000元。这时期，国民党中央势力伸入贵州，民国二十四年（1935）后，镇远已有国民党、三青团组织，一些中、小学教员及教育行政人员加入国民党、三青团，但此时期，国民党、三青团较少干预学校行政事务。

（三）抗日战争时期的镇远教育

抗日战争爆发后，镇远县处于大后方，大批流亡师生进入镇远，镇远教育一度空前繁荣。普通教育方面，在发展普通小学教育之同时，推行短期义务教育，开办短期小学。民国二十九年（1940），全县有完全小学4所，初级小学9所，短期小学20所，小学教员130人，其中检定合格与师范及初中毕业者60人，占教员总数之46.1%，其余均为小学毕业程度，然大多年富力强，头脑清新者。在成人教育方面，民教馆长张文钦办成人民校45班；县款办义务小学4所。在师范教育方面，由于流亡来镇之外籍学生之入学，冯吉扬校长顺应新潮流，撤销女子初中部，实行男女合班。在中学教育方面，聂友兰、周希颐呈请依新县制规定创办县立中学；县府批准成立县中筹委会，谢廷灿任主任委员，在学前教育方面，有幼儿班3班，儿童62人。

民国三十年（1941），镇远县实行新县制，原青溪县裁撤，毗邻镇远之四乡镇并入镇远县，并将石阡县五个保，岑巩县一个保，三穗县三个保，剑河县南京堡划入镇远县版图，全县划为二镇十三乡。依新县制规定，全县办中心国民学校14所，保国民学校28所，同年，将所有短期小学改称国民学校，不再办理短期小学；同时省民教馆接收镇远府城二小，改办为贵州省立实验国民学校，将县立平原小学改办为贵州省立实验保国民学校。在学前教育方面，有幼儿班5班，儿童107人，其中女童52人。

民国三十一年（1942），重新调整行政区域，全县划为一区三镇十乡108保。照新县制规定设立乡镇中心学校13所，国民学校60所，以达每三保两校之规定而有余，入学儿童4305人，占学龄儿童之45%以上；民教部成人入学者1930人，占成人总数之10%以上。同年，镇远县立中学成立，第一部设于镇远，

第二部设于青溪，改翠星镇中心学校为标准中心学校，增设保校7所，全县保校增至67所。

民国三十三年（1944），镇远医事职业学校成立。

民国三十四年（1945），省府批准镇远县立中学第一部改为省立镇远中学，并添办高中，将第二部改为县立初级中学，是镇远县有普通完全中学之始。全县有中心国民学校13所，保国民学校80所，总计初级部132班、高级部15班，学生男4656人，女883人。已达每乡（镇）一中心学校，每保一国民学校之规定。另有私立小学3班12级，学生188人；成人班24班，学生758人，妇女班2班，学生82人，全县有小学教师261人。

抗战时期，镇远教育呈现繁荣景象，但是教育经费不敷。学校设备简陋，又因大军过境多驻扎学校，学校损失较大。

该时期，县教育行政设教育科，统管全县教育事宜。初期实行新县制，推行"政教合一"，乡（镇）长、副乡（镇）长分别兼任学校校长、教导主任。后期始设专任校长、主任。县以下设正教委员，乡（镇）中心学校校长负责本乡（镇）保国民学校之辅导。县设督学负责督导全县教育，另有县教育令之设置，负责辅助县教育科长协调全县教育事宜。

在抗日战争时期，共产党领导下的镇远各界进步人士，积极进行抗日救国活动。中共镇远特别支部，以省立镇远师范、省、县立民教馆、镇远邮局为基地，在全县及邻县组织"抗日民族解放先锋队""读书会""演剧队"等进步团体，团结广大青年，与国民党镇远县党部、三青团及特务组织进行斗争，镇远师生抗日热情十分高涨。他们阅读《大众哲学》《辩证唯物主义历史唯物主义》等有关马列主义的著作，发行《海燕》等进步期刊，其声势之大，不仅震撼镇远山城，也震动了整个黔东。一批进步学生，在党的教育下，在斗争中加入中国共产党。共产党员教师乔光鉴、学生宋大鸣，教育工作者李实等团结进步师生，以实际行动执行了党的抗日救国教育方针，在广大师生及社会各界中产生了很大反响。

（四）民国末期的镇远教育

抗日战争胜利后，流亡师生纷纷离镇返乡，国民党政府全面反共，加强"一个党、一个主义、一个领袖"的法西斯教育。这一时期，县教育行政仍为教育科，各校推行训育制度，配备训育主任及训育员，加强童子军团活动，强化军事训练、思想训育及党义训示。其时法币贬值，国民党先后推行“金圆券”和“银圆券”，但是国库空虚，金、银两券亦成废纸，市面以物换物，物价一日数涨，达到斗米斤盐，全县学校经费奇缺，教职员生活极端困苦。

为解决教育经费不足问题，民国三十五年（1946），镇远县制定划分“保权职责”政策，将保校一律改为保自办，经费由保自筹。民国三十六年（1947）又改为县办保校、保自办保校两种，共计保校62所，较上年减少18所。同年，全县改设示范中心学校4所。

民国三十七年（1948），镇远添办中学一所于头牌，是时为镇远县立第二中学。镇远县有省立师范1所，省立中学1所，区立卫校1所，县立中学2所，省立小学1所，示范中心学校4所，乡（镇）中心学校10所，保国民学校38所，私立小学3所。民国三十八年（1949），解放军渡江后直趋大西南，国民党政府忙于应变计划，学校教育陷于瘫痪状态，10月以后，全县各级各类学校相继关闭。

总体上讲，民国时期的镇远教育，不仅被当地的官僚和封建地主阶级把持着，而且大部分学校设在人口集中的乡镇上，一些较偏僻的村寨，从来就听不见读书声，看不见读书人。官僚和当地的地主还假借“办教育”的名义，以“修学校”为幌子，派捐派款、欺骗人民，结果没见修成一所学校，捐款却落入了他们的私囊。

第二节　中华人民共和国成立初期的镇远教育

中华人民共和国成立后，镇远县教育进入整顿、恢复时期，在几乎一片废墟上起步，几经周折，从而将旧教育改造成为新型的社会主义教育。新中国成立以来，镇远教育发展大致经历4个阶段。1949至1956年为改造旧教育，建设新教育阶段；1957至1965年为从稳步发展到盲目跃进，再到调整、巩固、提高阶段；1966至1976年为教育事业受挫阶段；1977年以后，为教育事业重新发展阶段，经调整、整顿、改革、提高到结构改革，依法治教，普及初等教育、普及九年义务教育，教育向纵深发展阶段。

一、社会主义改造时期的镇远教育

1949年11月，镇远县解放，镇远教育进入改造、建设新阶段。同年冬，镇远县人民政府接管国民党县政府留下来的学校29所，其中中等师范1所，普通中学3所，高级小学3所，初级小学20所，省立小学1所，私立小学1所，学生总数2373人，教职工76人。

1950年以后，镇远地委在镇远办干部培训班2期，共计600余人，办在职干勤人员业余文化补习学校1所，3班，学生200余人，镇远县参加干勤人员40余人。同时，专署、县人民政府先后举办少数民族教师训练班、教师假期训练班、讲习会等多期。

1950年，青溪中学并入岑巩中学、县二中并入镇远中学，镇远城关增设私立小学3所。1951年后，镇远师范复校，师范附小开办幼儿班。专署、县人民政府联合举办机关保育院1所。1952年，县招生委员会及扫除文盲委员会也相继成立。1953年秋，镇远县人民政府调整普通小学教育，将一小、二小合并改组成立贵州省镇远小学校。同年，将有条件的冬学转入常年夜校。1953年年终统计，全县有各级各类学校194所，451班，学生15132人，毕业生519人，招生6604人，教职工644人，其中女教师40人，少数民族教师20人。1954年后，学校继续发展。

1956年，全县基本完成社会主义改造，改造旧教育，建设新教育任务基本实现。全县教育事业稳步前进，有师范学校1所，普通中学1所，共25班，学生1232人，是1949年的3.3倍。普通小学146所，325班，学生13340人，是1949年的6.6倍。工农业余教育250所，400班，学生12262人，是1952年的9.3倍。全县共有各级各类学校399所，754班，学生27104人，是1949年的11.42倍。全县教职工总数1227人，其中工农业余教师815人，普通中初等学校教职工482人，是1949年的6.34倍。

新中国成立初期，县人民政府根据中央、西南局及省委指示：“提高人民文化水平，培养国家建设人才，肃清封建的、买办的、法西斯主义的思想，发展为人民服务的思想为主要任务”的教育方针，对旧式学校进行整顿、改造。废除国民党训育制度、撤销训育处、废除“党义”“公民”“军训”“童训”课，设立教导合一的教导主任制，开设政治课、体育课，对旧式学校及职教员，执行“接过来，包下来”，逐步改造的方针，经过一系列学习及政治运动，清洗了混进教师队伍的反革命分子，处理了不称职的教师，分期培训旧教育人员，学习党的教育政策，进行“五爱教育”，树立为人民服务思想。同时，集训部分社会青年知识分子，充实教师队伍。1950—1956 年，镇远县人民政府，贯彻、执行党的“向工农开门”、“整顿巩固、提高质量”及“巩固公立、发展民办”的教育工作方针，不断调整学校布局及公民办学校之比例，扶持村校及民办学校，发展工农业余教育、干部教育、职工业余教育。在教育改革中，学习苏联教育经验，在学制、教学方法及教学管理等方面进行不同程度的改革。其间，改学期为学年制，实行秋季始业；废止体罚制，推行思想政治教育；实行校长负责制，学生民主选举学生会；运用教学“五原则”及“五环节”，废止“注入式”，提倡“启发式”；并逐步执行教育教学计划管理，实现学校以教学为中心的管理体制。

这一时期，镇远县教育行政机构，初为民政局代管，不久即设立文教科，1957 年后改设教育局，县以下先为行政区内中心学校校长负责制，1957 年后划分学区，实行校长负责制。

新中国成立初期，教育经费之主要来源为国家拨款，群众集资与勤工俭学，村小及民办学校主要由办学区域群众负担，谁读书、谁出钱，国家也补助民办教师少量工资。1956 年，教师工资由解放初期的月支大米制过渡到工资制。教师政治地位逐年提高，其中部分教师及教育工作者被选为人民代表、政协委员，有的教师还加入了中国共产党。

二、社会主义建设时期的镇远教育

1957 年至 1961 年，镇远教育由稳步发展到跃进式发展。至 1959 年，全县完小发展 98 所，初小 266 所，共计 364 所，学生 42314 人，入学率达 90% 左右，基本普及小学教育；普通中学 13 所，学生 3328 人，是 1958 年的 127.32%；半日制农中及各类职业学校在校生 1014 人，为 1958 年的 116.17%；业余学校 176 所，学生 5001 人，幼儿园由 1957 年的 1 所，猛增至 123 所，入园儿童 2722 人。是年将三穗、岑巩高中并入镇远中学。中等专业教育方面，1958 年，黔东南州卫生学校在镇远建校，在校生 259 人。镇远县为解决师资缺乏，随后又建立镇远县师范学校，招收新生100余人，1961年停办。在工农业余教育方面，有业余学校265所、371班，学生12985人，教师671人；另设干部学校1所、2班，学生95人；全县公办中小学教师649人，全县基本形成“千人教、万人学、万人教、全民学”的局面。1958年采取各种形式开展扫盲工作运动，扫除了一大批文盲。

1961—1965年，镇远县人民政府，贯彻执行“调整、巩固、充实、提高”的方针，根据省委“巩固重点，提高质量”的原则，对全县各级各类学校进行整顿。1961年，普中缩减为4所，其中初中3所、高中1所，小学缩减为90所，其中高小23所、初小66所；幼儿园保留1所。县师范撤销，县卫校及各类农职业学校停办。工农业余教育暂时关停，组织农民开荒种地，发展生产，渡过困难关。1963年后，学校教育开始发展，至1965年，全县有普中3所，15班，学生736人；小学212所，444班，学生12254人，幼儿园1所、1班，学生46人；耕读小学63所，学生1782人；恢复镇远师范学校，招生100人，同时举办教师进修学校1所，培训耕小及民办教师100余人。镇远一小、青溪小学、涌溪小学试行五年一贯制教学计划。

1957年，镇远县教育改革按照毛泽东主席提出的：“我们的教育方针，应该使受教育者在德育、智育、体育诸方面都得到发展，成为有社会主义觉悟的、有文化的劳动者。”的指示，在加强政治思想教育的同时，深入开展各种形式的教学研究活动，积极推行“劳动卫国制”。1958年，贯彻“教育为政治服务，教育与生产劳动相结合”的方针，教育革命迅速发展。1963年教育调整后，贯彻中央《全日制中学暂行工作条例》《全日制小学暂行工作条例》，开展兴无灭资，忆苦思甜，学习毛主席著作，学“英雄”，创“三好”等活动，对学校师生进行劳动教育、革命传统教育和共产主义理想教育。在教学方面，限制师生劳动时间，强调学校教育以课堂为中心，以教师为中心，以学生为主体的思想，加强教研活动，提倡“少而精”及“精讲多练”教学原则，积极探索“双基”（基本知识、基本技能）教学经验。在体育方面，推行《青少年体育锻炼标准》，开展各种形式的课余体育活动。

这一时期，县教育行政机构为文教局（县体育运动委员会、文化局、教育局合并组成），各区、社设文卫部、学校系统以区、社为单位，设视导区。1959年，全县划分小学学区，计小学区34个，其中高小107所，初小204所，学生共42610人。全县参加中等学校考试学生449人，录取416人，录取率92.6%。在管理方面，合办学校由县文教局及所在区、社双重领导，民办学校由所在区、社、队多层领导，各学校由校长负责制转化为党支部领导下的校长分工负责制。

三、“文化大革命”时期的镇远教育

1966年秋，镇远县由“四清”转入“文化大革命”，1966至1976年教育事业受到很大挫折。1968年6月中旬，镇远县革命委员会根据中共中央、国务院、中央军委、中央文革小组关于学校毕业生分配“必须坚持面向农村、面向工矿、面向边疆、面向基层，与工农相结合的方针”，全县首批高、初中和部分小学毕业生以及社会青年共934人上山下乡，插队落户。1969年，全县知识青年上山下乡，接受贫下中农再教育。

“文化大革命”后期，镇远教育出现跃进式发展。据1976年统计，全县高中由“文化大革命”前的1所，增至7所，在校学生888人，是1965年的5.9倍；在校初中生增至5925人，是1965年的10.1倍；在校小学生总计33434人，是1965年的1.1倍，小学发展相对稳定。各级学校编制剧增，1976年有教职工1701人，是1965年的1.3倍。这一时期，1971年镇远县师范学校再度重建，培养县内所需教师。

第三节　社会主义发展时期的镇远教育

党的十一届三中全会以后，80年代至90年代，中共中央、全国人大、国务院相继发布了一系列教育法律法规，是镇远县教育依法治教的重要阶段。镇远县教育认真贯彻执行了国家颁布的《中国教育改革和发展纲要》《扫除文盲工作条例》《中华人民共和国义务教育法》《中华人民共和国教育法》《中华人民共和国教师法》《中华人民共和国国旗法》《中华人民共和国未成年人保护法》和《幼儿园管理条例》等法律法规。确立了普及初等教育和扫除青壮年文盲教育（简称“双教”）、基本普及九年义务教育和基本扫除青壮年文盲教育（简称“两基”）

及“两基”巩固发展阶段，为教育工作的重中之重，推动了教育的大发展。

1984年，州人民政府决定，镇远县师范学校改称黔东南州镇远县师范学校，归州教育委员会管理，成为黔东南州五所师范之一。2000年，镇远师范撤销，镇远中学迁至该校址。

一、初等教育

1978年，党的十一届三中全会胜利召开，1980年，中共中央、国务院作出了“关于普及小学教育若干问题的决定”，提出了20世纪80年代基本普及初等教育的历史任务。1981年，制定了“调整、改革、整顿、提高”的八字方针，对普及教育进行了内部调整。1981年10月，贵州省人民政府召开全省教育工作会议，贯彻中共中央国务院《关于普及小学教育若干问题的决定》，中共贵州省委、省人民政府印发了《贵州省教育工作会议纪要》，强调各级党委、政府要把普及小学教育工作列为重要议事日程，要认真改进工作作风，踏踏实实做好普及小学教育工作。1983年，中共贵州省委、省人民政府召开全省教育工作会议、研究贯彻中共中央、国务院《关于改革农村学校教育若干问题的通知》和全国普通教育会议精神。1984年省委、省政府发出《关于加强我省普通教育和改革中等教育的通知》，批示各级党委和政府并有关部门，要充分认识教育在四化建设中的地位和作用，把普及小学教育列为党委和政府的重要议事日程，并把发展教育列为考核党政干部的内容之一。

根据中央及省州对普及初等教育的部署，1984年8月25日，县委、县政府决定限期普及初等教育。县委、县政府要求㵲阳镇力争1985年实现普及初等教育目标；区镇所在地的青浪、蕉溪、羊场、金堡、羊坪、都坪等区、乡（镇）力争1986年实现普及初等教育目标；其余乡、村1988年实现。实现普及的标准是：城关及区（镇），所在地的适龄儿童入学率达95%以上，巩固率达97%以上，毕业率达90%以上；其余的乡入学率达90%以上，巩固率达90%以上，毕业率达80%以上。学制采取五年制、六年制同存，全日制、半日制并行，逐步将乡以上完小过渡为六年制或“四二”分段制。积极发展幼儿教育，为小学打下良好基础，1984年乡以上完小教育要开办学前班。努力抓好农民教育，扫除青壮年文盲。提倡“一长管两校，日校办夜校”，使农村教育与普通教育紧密结

图 5-1　20 世纪 70 年代羊场中学教师宿舍
（镇远县教育局供图）

图 5-2　2018 年羊场中学新貌
（镇远县教育局供图）

合，公办教育负担一定的扫盲任务，责任落实到人。全县经过 8 年的努力，1992 年 10 月，实现了办学形势好，质量待遇提高，学龄儿童入学率达 92.78%，小学升初中率 57%，初中升高中率 37%，高中在校生 4081 名，初中在校生 9993 名，小学 20638 人。群众办学热情高，乡、村都计划要建民办学校，并发展到 11 个民族中学。1992 年干部集资共收 6.5 万元，各乡镇集 3.09 万元。1993 年 9 月 28 日，县委、县政府根据关于实施《中国教育改革和发展纲要》的意见，提出到 20 世纪末，确保普及六年教育，力争普及九年义务教育。

1994 年以后，根据省委、省政府在《关于实施〈中国教育改革和发展纲要〉的决定》中规定，县委、县政府先后成立了迎接省州对镇远进行高标准扫除青壮年文盲验收筹备委员会、“普九”工作实施指导小组、“两基”工作领导小组，实施“基本扫除青壮年文盲”“基本普及九年义务教育”的“两基”工作。

党的十五大提出了科教兴国战略，随后，中共中央、国务院提出了《关于深化教育改革全面推进素质教育的决定》。根据国务院科教兴国的战略部署，省、州政府规定：镇远县在 2000 年必须实现“基本普及九年义务教育，基本扫除青壮年文盲”（简称“两基”）目标。为确保在 2000 年实现“两基”目标，1999 年 10 月 25 日，县委、县政府决定对“两基”工作实行一把手负总责，建立“两基”工作组织机构，加强对“两基”工作的领导，切实做好教育税费的征、管、用，加大教育的投入，加强师资队伍建设，保证教师的数量和学历合格率等工作。并依照《中华人民共和国义务教育法》规定，确保适龄儿童少年入学并学完规定学业。进一步落实教育分级办学、分工管理的制度。充分发挥各职能部门作用，抓好“两基”工作。贯彻中央决定，加强“两基”工作的督导检查，确保任务的完成。同时确定，县属行政事业单位和省、州驻县企业单位挂乡镇、帮学校和县四大班子领导“两基”工作联系点。此后，县委、县政府又根据《中华人民共和国义务教育法》《扫除文盲工作条例》等法律法规和县委、县政府《关于“两基”工作的决定》，对乡（镇）政府、村（居委会）和教育、财政、人事劳动等 23 个有关涉教部门在实施“两基”教育工作中的职责和任务作了明确要求。各级部门都要充分发挥本部门工作职能作用，为全县的“两基”教育做出贡献。县政府还与乡镇政府签订实现“两基”目标责任书。明确乡镇政府工作部门在“两基”工作的职责和任务，并纳入责任目标管理，使之形成合力，为“两基”扎扎实实地工作，确保“两基”目标的实现。

2000 年 11 月，省、州政府对镇远县基本普及初等义务教育（简称“普六”）、基本扫除青壮年文盲工作进行复查验收。“普六”工作顺利通过了验收。因教育基础设施严重滞后等原因，许多工作未能如期完成，“两基”验收被延期至 2001 年。

图 5-3 镇远中学原校址（镇远县教育局供图）

5-4 镇远中学原校门（镇远县教育局供图）

图 5–5　镇远中学新貌
（镇远县教育局供图）

从 2001 年 3 月起，县委、县政府调整充实了“两基”工作领导小组、“两基”工作督查组和县、乡（镇）“义务教育执法组”等机构，督促、检查、指导乡（镇）义务教育执法，宣传贯彻教育法律法规，加强县直机关挂乡（镇）帮校工作的督促，保证“两基”硬、软件的达标。同时，层层签订“两基”目标责任书（县政府与 12 个乡镇政府、各涉教部门签订“两基”目标责任书，县教育局与 12 个乡［镇］教育辅导站、27 个中学签订“两基”目标责任书）。县委、县政府要求，各乡镇党政一把手必须亲自抓“两基”工作，各部门主要负责人要担负起“支教”第一责任的职责，要认真对照县政府与各乡镇、各部门签订的目标责任书，竭尽全力调配人力、物力、财力，切实解决“两基”工作中的重大问题，保证“两基”目标如期实现。

2001 年 11 月，镇远县“两基”工作顺利通过了贵州省政府的验收。

二、职业教育

镇远县的职业教育起源于清末。光绪三十三年（1907），知县吴祖悌创办镇远师范传习所，校址在原明德中西学堂内，学制一年，学生 24 人，教职员 5 人。始建之初，其专业类所必备开设学科不齐全，师资力量，教学设备等都不匹配，虽开了镇远职业教育的先河，但与后来日臻完善的师范类等职业教育相媲比，届时只能算作职业教育的雏形阶段。

民国二十五年（1936）之后，省立镇远师范学校在镇远县设立。是时，在聘请了省内优秀教师的同时，更有效地充实了其他方面的办学条件，与始创之初相比，师范专业具有的学科比较齐备，所需教学设备基本上能满足于此时的教学需求。客观地说：此时镇远可谓是有较正规的职业教育了，为此后的职业教育发展奠定了较强的基础。

1944 年镇远又设立了高级医事职业学校，填补了有史以来镇远无医疗专科学校的这一空白，为镇远医疗事业的发展作了突出贡献，也拓宽了镇远职业教育的范围。后虽经受战乱的波及，但医疗专科教育也能在风雨飘摇中苟延残喘地沿袭到共和国成立，为建国后培训了一大批医学人才。

中华人民共和国成立之初，社会经济千疮百孔、百废待兴，各行各业亟待大量的人才充实到社会主义革命和建设中，为缓解当时人才奇缺的紧张局面，迫于当时的特殊条件，在党和政府的高度重视下，各级各类具有职业性质的学校在此时也纷纷应运而生。到 1958 年为止，在镇远县独立挂牌办学的职业学校就有卫校、工业、水利、机械，还涉及农、林、茶等行业的其他职业学校。但由于师资力量、办学经费不足等客观因素，导致远远跟不上学校的迅猛发展，特别是受三年自然灾害的严重影响，学校难以维持正常的教学秩序，师生只能疏散而离校，一度呈现出昙花一现的大起大落而迫于停办的职业教育局面。

随着经济社会的恢复和好转，1965 年前后，原被迫停办的农、林、工、卫生、师范等职业学校再度开办。可是，1966—1976 年间，因各种原因，镇远职业教育受到干扰，许多学校一度被迫停办十余年，给镇远职业教育带来了损失。

党的十一届三中全会之后，明确了以经济建设为中心，职业教育已明显地跟不上经济社会发展等问题已凸现出来，党中央、国务院及时地调整了中等教育结构，职业教育逐步受到党和政府的高度重视。

1984 年 8 月 25 日，县委、县政府决定将羊场中学高中部办成农业中学，在镇远二中试办职业高中班，其他各区都可试办农（职）业班，各学校在一些班级

图 5-6　2000 年教育部授予镇远县“普及初等义务教育县”牌
（镇远县教育局供图）

图 5-7　2001 年教育部授予镇远县“普及九年义务教育和扫除青壮年文盲县”牌
（镇远县教育局供图）

中也要开设农（职）业技术课程。当年或次年要筹建一所综合性的农（职）业中学，为农村培养“两户一联”的农、畜牧业技术人才。当年秋，各区均开办了农（职）业中学。每办一所学校，县财政给一万元开办费，普通中学每办一个职业技术班给1000元补助费。并规定，农（职）业学校的学生在校享受普通中学学生的同等待遇。此后招工，应优先对口招收农（职）业学校的毕业生。县委、县政府还决定每年从民族地区补助费和支援不发达地区补助费中，拿出38%左右用于发展文化教育基础特别薄弱的地区，着重解决学生（特别是女学生）入学难、读书难的问题。在苗侗聚居的金堡、涌溪的学校，可在一些班级试开苗文、侗文课程。

1985年经县人民政府审批筹建镇远县职业中学，次年正式开班办学。此校的创建，显示出职业教育的独立性，揭开了镇远职业教育新的一页，它显示了职业教育有别于普通、师范和医疗专科等方面教育。该校历经了22个春秋，在此期间虽然有兴又有衰，但也开设了养殖等10个专业，为社会各业培训了600余名学生。由于生源奇缺和其他主、客观等多种因素的影响，于1997年被迫于停止招生。

1992年10月27日，县委书记、县长姚本才主持常委会议，听取了县教育局关于职业教育意见的汇报，并提出了职教发展措施。一是成立职教总校，负责统筹、协调、指挥、计划、扶持、审批、督查、总结全县职教。二是各单位、各部门主办或联办成立职业技术分校和培训中心：党校（组织部主办），职中（教育局主办），农校（农牧局主办），县卫生学校（卫生局主办）。乡村24所农业文化技术学校（由乡镇主办，教育、农委等部门协办），准备再建乡镇企业培训中心、商业服务培训中心、茶叶、五倍子等培训中心。三是多渠道筹措教育经费。四是改善办学条件。五是坚持“先培训，后就业”的原则。六是推行“双证书”和“优惠证书”制度。七是加强职业技术师资队伍建设。这些措施的实施推动了镇远县职业教育长足发展。

但是，到20世纪90年代后期，全国大中专院校扩大招生数量，一些中等职业学校遍地开花，县级职业学校受到冲击。不久，镇远职业中学停办，职业教育处于低谷。

2005年镇远职业中学挂牌于镇远文德民族中学，在各方积极努力下，镇远

图 5-8　镇远县职业中学新貌
（镇远县教育局供图）

职校承担了农业局的“阳光工程”培训任务，成为这一工程的培训基地，在对农民工的培训中取得了一定成效，并被省扶贫办认可。

2007 年，镇远职业中学又被授予扶贫办的“雨露计划”培训基地，其对象和内容主要是农村劳动力转移。直到 2007 年，因没有从根本上解决“三缺”问题（缺人，缺少有技能技巧的“双师型”“多师型”的教师；缺钱，缺少激活职业教育可持续性发展的资金；缺地，缺少必备的教育教学用地），生源奇缺等问题还十分突出，导致发展镇远职业教育举步维艰。

三、农民教育

（一）农民文化（扫盲）教育

镇远县农民教育大致分为两个阶段：第一阶段，1987 年前扫除农村农民文盲阶段，重点在扫盲。第二阶段，1987 年后采取扫盲和扫盲后技术教育相结合，建立农民文化技术学校，重点开展农民实用技术培训，帮助他们脱贫致富，扫盲教育进入新阶段。

扫除文盲教育是对文盲、半文盲进行政治、文化、生产技术、生活常识等方面的教育。其目标是通过学习，使他们达到国家规定的个人脱盲标准，具有初步认识、阅读、书写、计算能力。根据国务院颁布的《扫除文盲工作条例》，个人脱盲的标准是：农民认识一千五百个汉字，企业和事业单位职工、城镇居民认识两千个汉字，能看懂浅显的报刊、文章，能记简单账目，能书写简单的应用文。扫除文盲工作的方针是：一堵二扫三提高。

早在春秋时期，孔子就提出“有教无类”的主张。至此各地兴办学堂，建立教育机构。在明、清时期，镇远建有不同形式的官学、社学、义学、书院、私塾。尤其义学，收教贫民、少数民族子弟，具有扫盲性质。民国时期，在中学、师范附设民众夜校。1935 年，镇远兴办民众教育馆、短期小学，对不识字者开展识字教育。1937 年，省教育厅明确提出：“民众学校实施抗战教育，扫除文盲。”镇远各民众学校为之奋斗。解放前，尽管做了一些扫除文盲工作，因教育落后，新文盲不断产生，扫盲教育收效甚微。

共和国成立后的农民文化教育，始于 1950 年冬。当时，省立镇远中学社会教育委员会在其初中部的所在地—府城文庙内，创设工农夜校一所，招生 3 个班，学生共 121 人。其中工农班 33 人，妇女班 28 人，小学补习班 60 人。其师资主要是省立镇远中学教师兼任，参加学习的学员绝大多数积极性很高，此次培训是建国之后的首次培训，因此也产生了积极而广泛的效果。

1951 年元月，镇远县人民政府训令各区、乡、镇公所：为了提高一般农民政治和文化水平，尤其是参加了农会的农民，他们已经有了自己的群众组织，又值农闲时期，我们应当大力号召，加以领导。但农民参加冬学要以自觉自愿为原则，不能强迫命令。努力进行宣传动员，启发群众对学习的认识和要求。根据各地情况并参照省府关于农村冬学指示，迅速设立了夜校、识字班、黑板报、读书会等，扫盲班迅速成立起来。3 月 20 日，㵲阳镇召开工农夜校座谈会。出席座谈会的有汪世荣、杨西横、陈曰英、董世才等九人。陈曰英任会议主席，董世才作记录。此次座谈会决议在城区内中、小学附设工农夜校五所，教员由附设的学校在本校聘任兼职教师。据 1952 年 7 月呈报县府，其简况如下：

第一工农夜校（省立镇中附设）3个班，学生100人，其中儿童40人，青年57人，中年1人，老年2人；第二工农夜校（两湖小学附设）1个班，学生30人，其中儿童11人，青年17人，中年1人，老年1人；第三工农夜校（豫章小学附设）3个班，学生147人，其中儿童17人，青年112人，中年17人，老年1人；第四工农夜校（镇远小学附设）3个班，学生62人，其中儿童17人，青年12人，中年32人，老年1人；第五工农夜校（大菜园小学附设）3个班，学生114人。据统计：当年工农夜校共有13个班，共计554人。

1956年，各地冬学、夜校推广郝建华"速成识字教学法"，由于很多教师都未掌握"速成识字教学法"的基本知识，部分教师甚至连三拼法也不会，在大搞速成识字教育中，教学的效果很差，学生因此纷纷要求退学，据第五次工农夜校情况调查，该校第一学期有学生130人，期终时仅剩30人。在此情况下，镇远县人民政府及时发出了通知：为避免速成识字教学法在群众中引起不良影响，各区乡人民政府及各小学，要切实注意防止到处乱办速成识字班，要竭力避免乱办班而引发的混乱现象，以确保今后扫盲工作顺利进行。12月14日，镇远专署还成立扫盲委员会。吴志远任主任，梁书院任副主任，委员有张金屏、王占英等6人。12月23日又成立了扫盲办公室，杨传文任办公室主任。办公室下设秘书、宣教、调查研究、会计等四个股室。镇远专署所辖县也成立相应组织。镇远县因地、县同城，镇远县扫盲工作多与专署协同进行。11月14日，镇远县开办冬学教师训练班，培训农村冬学教师217人，旨在提高教师的文化程度，提高在扫盲中的业务能力。这次教师培训，对此后的扫盲工作产生了很好的影响，对有效地提高扫盲质量，确保扫盲数量等方面都起到了积极的推动作用。

1953年之后，镇远县有冬学条件的地方，逐步转入常年业余民校。业余民校的兴起，标志了镇远县成人教育不再局限于冬季，而是任何季节均可开展。据1953年末统计，全县有业余民校17所，学生909人，教师59人。入冬学的学生9073人，占全县人口的9.3%。专署另分配给镇远县的任务指标是：冬学学生3113人，民校200人，业已超额完成了任务。

1954年，镇远县增办冬学，全县入冬学学生4100人，教师109人，业余常年民校8所，学生566人，教师47人。

随着农业合作化高潮的到来，农村的组织空前强盛，农民扫盲教育在以后的几年中也因此得到了较大发展。据1955—1956年，镇远县部分农业合作社统计，参加扫盲班学习的社员995人，其中乡村干部32人，15—25岁农民800人，妇女503人，业余教师54人。

1957年，镇远县农民业余文化教育继续发展，农民由于受到自然条件和文化素质尚差等方面不利因素的影响，以致全县入学农民4848人，毕业200人；次年上半年入学农民增至9500人，毕业550人，呈现出入学率高而毕业率的比例偏低以及收效不高等现象。

1958年下半年，随着各行各业“大跃进”的迅猛发展，镇远县委、县人委提出：全党动员，全民动员，掀起万人教，全民学的扫盲高潮。7月27日电话会议上，宣传部负责人分析了当前形势时指出：全县已有21939人参加学习，占全县青壮年的57.08%，并办有夜校472所，边教组1113个。已基本扫除文盲的有永远社和爱国社。全县文盲共38000人，可动员的扫盲教师12000人，平均每个扫盲教师负责扫除3个文盲，10—20天内扫除全县文盲是可能实现的。会后，于暑假期间即开展全面扫盲，8月份宣布镇远县为无盲县。

同年，扫盲工作大搞群众性的突击运动，掀起了“人人入学，个个读书；万人教，万人学”的扫盲高潮。从表面上看其成绩是非常显赫的。也正是由于浮夸风和形式主义的负面影响，没有做好继续巩固扫盲成果工作，因而复盲现象相当严重。

1959年，全县扫盲结合兴修农田水利进行，继续“大哄大嗡”，背离了扫盲的基本要求，以致其效果极差。

1960—1963年上半年，由于三年自然灾害影响，农民生活、生产十分困难，镇远县委、县政府认真执行中央休养生息政策，组织并领导农民恢复生产，渡过难关，扫盲工作基本处于停止状态。

1963年下半年以后，经济社会略有好转，镇远县的农村扫盲工作逐步得到恢复。1964年有半耕半读农民学校4所，收农村青少年92人入学，半耕半读小学63所，收农村失学儿童1782人入学。但此后几年，因各种原因，又有所回落。

1971年，扫盲工作又逐渐得到重视，黔东南州革命委员会教育局在今冬明春工作要点中指出：“1. 各县对于扫盲夜校的分布、规模、教员、学员以及活动情况要做到心中有数；2. 要求平均每个生产队组织 10 人参加扫盲学习；3. 每县都要有扫盲夜校的点，派人前往蹲点，及时总结、推广点上的扫盲经验，以点带面，推动全县扫盲工作。”还强调指出：扫除文盲，是一个广大群众的政治运动，各级党委、政府要加强调查研究，抓好典型，依靠群众智慧和力量，不断总结经验，战胜困难，在毛主席革命路线指引下，为完成扫除文盲的任务而奋斗。镇远县农民业余教育重新起步，1971—1972 年全县培训“政治夜校”业余辅导员 60 余人，平均每个公社 2—3 人。各政治夜校以学习政治，以批判资本主义为主，较少的学习科学文化知识，扫盲效果并不佳。

1971 年 12 月，镇远县革委政治教育组在拟定的关于聘请和培训业余教育辅导员的请示报告中认为：“根据我县情况，农村中失学青年和基层干部，还有相当一部分文盲存在。”为了改变这种状况，以适应社会主义革命和社会主义建设的需要，使业余教育更好地为三大革命服务，力争在第四个五年计划期间扫除少青壮年文盲。因此，要求首先在农村失学青年、基层干部、党团员和民兵中扫除文盲，使我县业余教育的群众运动既轰轰烈烈，又扎扎实实。并提出了具体意见：各公社选聘业余教育辅导员 1—2 名，对辅导员的条件，工作职责和报酬等作了具体的规定。

1973 年 12 月，黔东南州革委政治部教育局下发了《关于农村扫盲工作的意见（初稿）》指出：第一，以路线教育为纲，大力宣传农村扫除文盲的重要意义；第二，加强党对扫盲工作的领导，建立扫盲领导机构；第三，配好扫盲干部，挑选和培养扫盲教师；第四，结合农村实际，采取灵活多样的形式办学；第五，要坚持自力更生，勤俭办学的方针，因陋就简地解决扫盲学校的实际问题；第六，扫盲学校要在无产阶级政治统帅下，把学文化、学政治、学军事、学技术结合起来。

1973 年 10 月，贵州省革命委员会在下发《关于大力开展扫除文盲和业余教育的通知》中要求：“在今冬明春掀起一个扫盲和业余教育的群众运动的高潮，并且坚持下去，切实做出成效。”提出了以下要求：一是做好规划，狠抓落实；二是组织教师队伍，认真选编教材；三是切实加强对扫盲和业余教育的领导。要求将该通知发至公社。

1974 年，镇远县革命委员会下发了《关于贯彻全省农村扫盲业余教育现场会议精神的意见》指出，目前农村扫盲业余教育工作坚持办得好的有96处，参加学习人数1800余人。对提高农村广大基层干部和青壮年的政治思想觉悟和文化知识水平都起了很好的效果，取得了很大成绩。同时，县提出了相应贯彻意见：一是在全县范围内动员社会各种力量，争取用2年时期脱盲5000余人；二是以党的路线为纲，大造革命舆论，发动并依靠群众参加扫盲；三是建立扫盲领导机构，加强扫盲工作；四是采用不同渠道聘请扫盲教师，扩大扫盲的教师队伍；五是认真的、因材施教的解决教材问题；六是因地制宜，采取灵活多样的办学形式，做到方便群众入学，又能使扫盲工作见成效。这一年，镇远县业余教育委员会成立，教育局配备一名干部负责业余教育工作。

1975年6月，中共镇远县委批准蕉溪区《关于开办"五七"中学的请示报告》，这是镇远县一所独具特色的农民学校。学员一边生产，一边学习文化和农业科技知识。在农村主要是以生产队为单位，大办政治夜校。据统计，全县当年办政治夜校443所，学生10238人。1975年，镇远县制定《扫盲教育发展规划》，计划在1978年实现无盲县。

据1978年统计，镇远县农民业余政治文化夜校共309所，在校生8194人，其中有上山下乡知青360人。专职教职工12人，兼任教师488人，同年，毕业生2390人。此外，在政治文化夜校中，有扫盲班140个，在校学生2878人，毕业1805人，专任教师2人，兼任教师218人。

即使做了大量的扫盲工作，但其工作量依然异常巨大，党的十一届三中全会之前（1978），镇远县少、青、壮年文半盲率仍高达41.64%，基础十分薄弱。全县有业余初等学校49所，在校生6026人，毕业677人，兼任教师372人。其中扫盲班38个，在校生1998人，毕业548人，兼任教师167人。

1980年4月，镇远县成立工农教育委员会，恢复工农教育办公室，杨莲池任办公室主任委员，华顺庭、艾旭任副主任委员。办公室附设于县教育局，由教育局马壮副局长兼办公室主任，配备一名干部专管工作教育，区（镇）以下配备5名专职农教干部，专管农民教育工作。据统计，当年扫除全县少、青、壮年文盲共93411人，占少、青、壮农民37%。全县已有1个区、10个公社、50个大队均开展了扫盲工作。同年办农民文化学校24所，在校学生759人，招生471人，毕业488人，有兼任教师24人。与历次扫盲工作相比，该年成效最为显著，原因主要有以下几个方面：一是各级党委和政府高度重视，组织机构健全，所辖区（镇）配备了专职干部；二是充分发挥了公、民办教师的作用，做到了办一所，带一所，帮一所，使学员进得来，学得好，留得住，讲求实效；三是统筹安排，相互协调，调动了农业局、科协、妇联、共青团等单位积极参与配合。

1981 年 2 月，镇远县革命委员会批转县工农教育委员会、县教育局《关于我县农民教育工作情况和八一年工作安排意见报告的通知》，认为“扫除文盲，开展农村业余教育，逐步提高农民的科学文化水平，是摆在我们面前的一项十分重要而又带长期性的任务”。强调“各级领导务必加强领导，采取措施，切实把这项工作迅速开展起来，为农业现代化做出贡献”。具体意见是：第一，大力开展宣传和发动工作，使农村广大干部和群众充分认识农民教育的重要性、迫切性；第二，以扫除文盲为重点，有条件的社、队要在发展农民业余小学教育的同时，积极配合农业、科协等部门办好农业技术培训班，并要从实际出发，分批分期地扫除文盲，即要“堵少年、扫青年”，又要“三教”一起抓；第三，进一步建立健全农民教育的组织机构，加强组织领导；第四，把农民教育列入教研活动之中，以提高扫盲质量；第五，县教育局按教育经费总数的 2% 作为农教支出，力求做到专款专用，对办得好的多给，差的少给，未开展的不给。这一年，镇远县办小学班 20 个，在校生 600 人。参加扫盲班学习少青壮年农民 5000 余人。次年 11 月，贵州省召开农民教育先进代表大会，镇远县教育局马壮、赖树策，青溪小学涂成益，金堡公社李万亨，羊坪中寨大队杨通国等 5 人被评为先进工作者。同月，贵州省教育厅下发了《关于认真制定扫盲规划的通知》中要求：扫除文盲是我们党和国家的一项基本政策，是写进了宪法的；制定扫盲规划是一项艰巨而细致的工作；一定要在当地党委和政府的领导下，坚持走群众路线；确定非文盲的标准，全省统一规定为读满五年制小学三年级。

1981 年，全县 7780 名青壮年文盲、半文盲参加扫盲班学习，其中已有 2065 人脱盲。办起业余小学班 19 个，有学员 451 人，办有农业科技班 2 个，有学员 58 人。

根据 1984 年 4 月镇远县文化户口普查，镇远县少青壮年中有文盲、半文盲 30081 人。小学普及率 79%，预测将产生新文盲 6753 人。要扫除这样多的文盲，任务是十分艰巨的。因此，各扫盲班首先要立即在自己的服务半径内再次摸准复核好农民的文化状况，弄清文盲、半文盲人数和分布区域，建立起文化户口和文盲卡片，然后做好动员和组织文盲的入学工作，建立自己的农教中心。同年，有农民扫盲班23个，学员8467人，脱盲4013人。

1985年，12—40周岁少青壮年人数是81375人，其中文盲、半文盲22135人，文盲率为27.2%。当年的任务是：要求办夜校211所；设232个班；入学人数为7160人；争取脱盲5080人；确保脱盲468人。业余小学班24个，入学人数490人；农业科技班11个，入学人数220人。县教育局作为扫盲的主要部门，工作如下：1. 派一名副局长抓农教工作，随时随地对工作加以督促、指导；2. 给各区视导员、各乡学区校长配备1名助手，专门协助抓农教工作；3. 每扫1名盲增加4元作为奖励，完成任务另发奖金250—150元；4. 查扫结合（以扫为主，以查为辅），一是扫盲；二是查出原文（半）盲花名册中的非文盲。同年6月，县教育局下发了《关于组织动员家居农村的中学生利用暑假期间进行义务扫盲的通知》。要求：家居农村的中学生充当“小先生”，每人包一至二名文盲脱盲的任务；教学形式多样化；暑假结束后，学生必须持乡学区“中学生假期开展扫盲活动情况”的证明到校报名。这一年，全县脱盲5808人，超14.3%完成黔东南州政府下达的扫盲任务。镇远县12—40周岁农村人口中非文盲率已达79.9%。

1986年，是全县基本扫除文盲，迎接省、州检查验收的关键一年。按照省、州、县要求，各乡镇、村积极组织开办扫盲班，开展扫除文盲教育和扫盲后技术教育，脱盲人数大增，文盲率大幅下降。8月，为进一步更有效地开展扫盲工作，县教育局下发了《关于配备各乡镇教育管理委员会教育干部的通知》，全县所辖乡镇共配备了25名教育干部，这些干部有的是抽调；有的是借调；也有兼任或调动的。同年11月，镇远县教育局转发了州、省教育委员会《关于印发贵州省农村脱盲基本扫除文盲单位标准及检查验收试行办法的通知》，其主要内容包括：脱盲标准、检查验收办法、验收标准权限、检查验收的组织和要求。全县对照标准查缺补漏，积极整改。

1987年1月，镇远县成立了县委书记胡化任组长、县长姚本才为副组长的“双教”（基本普及初等教育、基本扫除文盲）验收工作领导小组，明确办公人员，其办公室设教育局。同年9月，县委、县政府在羊场镇召开了全县“双教”工作会议，其主题是：提高认识、统一思想，总结前段“双教”自查验收工作，总结经验教训，抓紧整改，为迎接省、州来我县验收做好准备。与会者一致认为：教育是经济建设的基础，要振兴镇远经济，首先要振兴镇远的教育。搞好这次“双教”验收是振兴镇远教育的一个重要环节。根据上级文件精神，镇远县各乡镇“双教”扫盲的基本标准是：在12周岁到40周岁的少青壮年中，金堡、松柏、报京三乡的非文盲人数达80%以上，城关地区的非文盲人数达90%以上，其他地区的非文盲人数一律要求达85%以上。扫除文盲的标准是：能识1500个常用字：能看懂浅显通俗的报刊；能够记简单的账、写简单的便条。据统计，全县参加扫盲学习的文盲、半文盲2070人，脱盲1068人。全县有22个乡（镇）达到少青壮年基本无文盲单位标准，占乡（镇）总数91.85%。

1987年9月，经省、州验收团验收，结果是：全县非文盲率为89.5%，基本无文盲单位率91.6%，与县自检检验结果基本相符，达到了“双教”基本合格的标准。省、州对镇远县近几年来的扫盲工作作了充分肯定。黔东南州人民政府根据贵州省有关规定，下发了《关于批准镇远县为少青壮年基本无文盲县的通知》，认定镇远成为基本无文盲县，奖金1305元。这是镇远县教育史上的大事。在基本扫除文盲后，镇远县人民政府继续开展巩固和发展扫盲教育工作。

镇远成为基本无文盲县后，农村扫盲工作逐步转入农民文化技术教育。各乡镇村建立农民文化技术学校，重点开展农民实用技术培训，帮助他们脱贫致富。

1988年2月，国务院颁发《扫除文盲条例》，为扫盲教育提供了法律保障。

同年，全县扫除文盲1015人，完成州下达1000名任务的101.5%，保持了全县24个乡镇无文盲单位的记录。重点开展了生猪快速育肥、牧草种植、食用菌栽培、科学种田等农村实用技术培训。

1989年3月，县教育局下发了《关于实施农教工作月报制度的通知》，要求：如实填报农教进展情况；提供先进经验、模范典型、好人好事等信息；明确填报时间在月底之前。

1989年8月，镇远县编制委员会同意县教育局设立“成人教育股”，其人员由县教育局、内部调整解决，更加明确了县教育局在扫盲工作中的具体责任和义务。

同年，黔东南州下达给镇远扫盲任务是1500名，实际完成1908名，超额完成了408名。

1990年6月，国家教育委员会下发了扫盲教育宣传要点，该要点共分51条，包括扫盲的目的和意义；扫盲是政治、经济、文化任务等内容。这年正是国际扫盲年，为庆祝这一使广大民众摆脱贫困、愚昧，走向致富的节日，镇远县狠抓了扫盲工作。截至这年12月底为止，经考核验收有1251人达到脱盲标准，完成州下达我县脱盲（900人）任务的139%，镇远县被评为省扫盲先进单位，受到省教委的表彰。

1991年1月，镇远县教育局在拟订的《1991—1995扫盲和扫盲后继续教育规划》中明确要求，“87年经省、州‘双教’验收，已达到基本‘双合格’标准，为巩固验收成果，今后，成人教育工作的重点不是单纯的文化扫盲，而是有组织、有计划地开展扫文盲、扫科盲、扫法盲相结合的文化兼技术地扫盲后继续教育，运用多种手段提高劳动者的素质，培养农村急需人才，促进农村经济繁荣。”要广泛宣传，提高认识；要争取党政部门对成教工作的重视和支持；有明确目的地完成当年扫盲后继续教育培训任务；切实做好堵、扫结合，大力推进普、农并进；注重信息应用，重视追踪服务；建立一支稳定的业务素质较高的教干队伍；重点抓好脱盲后继续教育，以巩固验收成果。

同年，镇远县成人教育取得了较好的成绩：州下达扫盲任务是1300人；技术培训5000人，实际完成扫盲1800人，完成了任务的138.5%；举办各种实用技术培训108期，受训人员达1600人次，完成培训任务的152%。各区（镇）均完成了扫盲和培训任务，其中涌溪、蕉溪尤为突出，分别完成扫盲任务的162.5%和150%，完成技术培训任务的161.2%和184.5%。

同年，贵州省教育委员会在下发的《关于进一步加强我省扫除文盲工作的意见》中指出：一是提高认识，切实把科教兴农落实到实处、充分认识农业振兴靠科技，科技发展靠人才，人才培养靠教育；二是明确任务，采取措施，扎实工作；三是振奋精神，进一步开展高标准扫盲工作；四是切实办好乡（镇）、村农民文化技术学校；五是合理使用扫盲经费；六是加强领导机构建设。镇远县认真贯彻执行了这一意见，有计划、有步骤，行之有效地开展工作。为贯彻省教委《关于进一步加强我省扫除文盲工作的意见》，针对1990年工作资金不足而导致阻力大、任务落实不到位等情况，1991年，县教育局在给县政府《关于对我县扫盲工作进展情况通报》中建议：请县政府划拨8000元解决1990年拖欠的扫盲经费，责令各区财政把扫盲经费列入教育经费预算，按任务如数支付，以确保全县扫盲工作顺利进行。

1992年1月，贵州省教委下发了《关于印发农村成人学校人口教育项目实施意见的通知》，并附有：1.贵州省农村成人学校人口教育项目学校名单，镇远县都坪镇农民文化技术学校榜上有名；2.农村成人学校人口教育进度报告。为此，县教育局在该年度的工作要点中指出：完成全县脱盲1200人任务，继续抓好“三后”教育，办好24所农民文化技术学校，力争30%的村挂上农民文化技术学校的校牌，开办农村各种实用技术培训，计划全年培训8500人次；作好高标准扫盲宣传，做好40—45周岁文半盲情况摸底，力争60%村的40—45周岁非文盲率达95%。为了保证这一年任务的完成，采取将任务承包到教师身上，责任到人。这一年，全县任务完成得较好。在实用技术培训方面，有五倍子栽培、烤烟管理与烘烤、节柴改灶、桑蚕、玉米营养袋育苗移栽、菌类培养、稻田养鱼和药材栽培等种植培训。广大农民群众投入到“科普园地”中去学习、实践，发展经济，达到脱贫致富。在扫盲中也涌现出一些先进个人，除受县级表彰之外，同年9月，江光国同志被黔东南州教育局表彰为扫盲先进工作者。8月，在下发《镇远县高标准扫盲工作实施方案》中，就指导思想、组织领导、大造舆论、工作内容、资料整理、验收步骤、经费预算、经费筹备等做了具体要求和安排。镇远县的扫盲教育步入了高标准扫盲新阶段。

镇远县从1987年实现“基本无盲县”目标到1993年高标准扫盲验收合格后，仍坚持“一堵、二扫、三提高”（堵，堵住新文盲的产生；扫，扫除现有文盲；提高，提高文化程度）的方针，又投入到“两基”攻坚战中，在开展扫除少数文盲时，将“扫盲”和农村农民实用技术培训、学文化知识与科学技术有机地结合起来，农村涌现出一批种植、养殖专业户，扫科技盲初见成效，使农村农民脱贫致富，是成人教育的好路子。1998年，县以农村农民文化技术培训为突破口，以两段育秧优质稻生产、稻田养鱼、果树栽培与管理等为主攻方向，建起了涌溪农业生态示范园；都坪镇大板栗、金秋梨、柑橘、木耳种植基地；金堡冽洞村稻田养鱼示范基地等。为了加速农村经济的发展，各级政府紧紧围绕以农民需求展开培训，把杂交玉米栽培、水稻两段育秧、优质稻（滇屯502）栽培、烤烟烘烤、稻田养鱼、沼气和改厨等技术送到农民手中。据不完全统计，全县有2万余人掌握了一门以上的实用技术。科技养殖、种植大户不断涌现。同年，都坪镇成为联合国教科文组织人口教育 P–20 项目试点，蕉溪镇荣获教育部颁发的“中华扫盲奖”光荣称号，成为镇远县扫盲工作的典型。蕉溪镇田溪村村民杨胜银通过烤烟和养殖培训，用科学种植养殖，每年创税收 7000 元，家庭人均纯收入 5000 元，仅 2000 年，生猪出栏 16 头，获纯利近万元。1999—2001 年，杨胜银连续三年被州人民政府评为“种烟能手”“烤烟状元”等光荣称号，2000 年，被省人事厅评为“省级科技拔尖乡土人才”。涌溪乡芽溪村村民靳明义通过养殖技术培训，走上了养殖甲鱼致富之路，年产值达 5 万元。涌溪乡村民罗金英经技术培训之后，先后养殖了山鸡、肉鸡、黑凤鸡、白玉蜗牛、荷兰猪、蝎子和土元等，取得了很好的经济回报。该乡村民杨胜海经培训成为草莓种植专业户，2000 年，他种植一亩地，纯收入 1.8 万元，2001 年，扩大再生产，年收入已逾 5 万元。科技培训使许多农民因此而得到实惠。

2001 年，经“两基”攻坚，文盲率降为 0.36%。经省政府组织验收，实现了镇远县“两基”工作基本合格。

2004 年，镇远县认真贯彻执行了贵州省教育厅、贵州省人民政府教育督导室《关于加强和改革扫盲工作的意见》，明确要求“帮助农民脱贫致富，提高生活质量”“以学技术为切入口，通过学技术带动学文化”。把个人脱盲标准进行了调整：学员能应用常用汉字书写 300 字以上的简单家信，收、借条，存、取款单，包裹单等；能使用计算器进行简单的加减乘除计算、家庭收支记账；掌握 3—5 门农村实用科学技术、经营管理知识和外出务工常识；了解家庭生活的基本常识（如卫生、子女教育、常见疾病防治、家庭急救等）；懂得基本的法律法规，扫盲工作有了质的飞跃。该年，各涉教部门之间通力合作，脱盲人数为 1000 名；实用技术培训（人次）为 15000 名，完成了州下达的任务。

同年，全县非文盲率为 99.74%，文盲、半文盲人口数 384 人，其中：妇女人数 270 人，少数民族人数 154 人，剩余文盲 295 人，新增文盲 89 人，文盲率 0.26%。黔东南州下达给镇远县扫盲指标为 1000 人，为完成这一任务，共开设扫盲班 132 个，参加扫盲总数为 1097 人，其中：妇女人数 770 人，少数民族人数 384 人，脱盲人数 971 人，占任务数的 97.10%，其中妇女人数 687 人，少数民族人数 330 人。近三年（不含当年）的脱盲人数为 3601 人，其中：妇女人数 2644 人，巩固提高人数 3549 人，参加测试人数 1238 人，合格人数 1217 人，合格率为98.30%，巩固率为98.56%。全县12个乡镇，119个行政村（社区、居委会）都建有农民文化技术学校，并按规定配备有专（兼）职管理人员和教师，镇远县人民政府每年都拨付一定的扫盲专项经费。

镇远县“两基”工作经省人民政府的复查验收合格后，为了巩固验收成果，2006年6月，县人民政府下达了《关于2006年扫盲巩固提高工作任务的通知》，分配任务见下表：

表5-1　镇远县2006年各乡（镇）扫盲巩固提高任务分配表

乡（镇）	任务数（人）	教材数（套）	乡（镇）	任务数（人）	教材数（套）
㵲阳镇	170	170	涌溪乡	100	100
蕉溪镇	180	180	大地乡	80	80
青溪镇	140	140	尚寨乡	80	80
羊坪镇	110	110	金堡乡	120	120
都坪镇	140	140	报京乡	140	140
羊场镇	120	120	合计	1500	1500
江古乡	120	120			

2007年8月，镇远县人民政府下发了《关于成立教育自查自评工作领导小组的通知》，组长副县长王建华，教育局局长江军等2人为副组长，副局长韩兴明等9人为成员。积极整改“两基”，迎接国家检查验收。

（二）农民文化技术教育

新中国成立以前，镇远县对农民文化技术教育开展不多，仅在抗日战争时期，省、县立民教馆在实验国民学校和修湘黔公路民工中施行公民训练，讲授一些战争救护常识，在涌溪、蕉溪、城关长期举办抗日图片展览，宣传抗日救国知识。

共和国建立初，镇远县夜校在扫盲过程中办了一些高级文化班，讲授部分自然科学常识，以提高农民文化技术。在土地改革中，讲授阶级和阶级斗争基本知识。

农业合作化运动中，农业社在民校识字教学的基础上，进行农业基础技术教育，主要讲授选种、施肥、病虫害防治等常识和田间管理等科学知识，还培训了一批农村会计，以适应于当时的集体经济。

1956至1957年，基础较好的民校，转办为农民文化技术学校。据统计，入学学生4848人，毕业200人。

1958至1959年，镇远县各系统开办农业、水利、畜牧兽医、卫生、茶叶、林业、机械、冶金等农民技术学校。全县各公社、大队、生产队则大办红专学校。这些学校在扫盲的同时，学习各类生产和科技知识，累计参加学习人数为14348人。

1963年以后，执行两条腿走路的方针，全县农民夜校除开设文化基础课外，加授农业技术、会计常识和时事政策课。据1965年统计，全县农村劳动力入学率67%，女劳动力入学率占总劳动力的33%。

“文化大革命”时期，全县大办政治夜校，兼学一点文化和农业生产技术知识。此外，这一时期，县卫生局及各医院免费培训了一些农民当“赤脚医生”，缓解了当时农村缺医少药的现象。

1975年，蕉溪区委成立“五七”农业中学，对部分农村青年进行农业文化技术教育，以提高其农业生产能力。

1977年至1980年，全县共办各类农民业余技术中学班448个，累计培训农村青年12025人。

1981年至1982年，镇远县贯彻执行了贵州省教育工作会议纪要，调整全县农民技术教育结构，将农村文化技术教育提到各级政府议事日程上。据1983年调查，全县农村各类初级技术员已达4972人，占农村总劳动力的8%。

1984年以后，全县农民文化技术教育逐步展开。1985年，全县举办各类农业技术培训班146期，培训农民8918人次，占农村总劳动力的12.9%。比1983年提高4.9个百分点。办函授大学1个班，在学农民40人。中央农业广播学校1个班，在校农村青年30人。举办农业职业高中2个班，在校学生100人。镇远县农民文化技术教育在发展中，初步形成了县、区、乡3级教育网络。至1988年，全县农村文化技术学校已发展到21所，各区、镇都先后建立了成人教育中心。其中，都坪镇成人教育中心被省评为贵州省成人教育重点学校之一，并被定为联合国人口教育试点学校。

1988年，全县有93个扫盲班转入文化技术学校，计学生807人。黄桑乡创办职业初中，招入本乡农民青年入学。11月止，江古乡山背村开办农民文化技术学校，共办培训班 4 期，培训农民 256 人。据不完全统计，镇远县组织办培训班 20 期，培训乡村干部 1100 人。

这一年，农民文化教育的目标为：以每一个农户培养 1—2 名“明白人”，即每一个农户中至少有 1—2 人懂得一两项实用技术，把扫盲工作与培训实用技术结合起来，效果很好。农村文化技术学校共培训 80 期 8000 人次。培训内容有快速养猪、烤烟栽培、水稻病虫害防治及管理、大板栗嫁接、新法接生、耕牛品改、柑橘栽培和“苗辣”种植实验等。农村靠科学培训后养殖致富的农户，收入 6000—30000 元的有 12 户，收入 2000—5000 元的有 256 户。同年，镇远县人民政府强调农村教育的服务方向，是把“农、科、教”三者结合，用五年的时间，使农民的经济收入大幅度的增加，以突出科学技术在农村经济中的重要性。要求在实现“两基”（基本普及初等教育和基本扫除文盲）之后，教育重点要放在对农民文化技术上的培训，才能大力发展经济。

1990 年，镇远县在基本完成扫除文盲使命后，把以扫盲为主的成人教育工作重心转到了农民实用技术培训，与有关单位密切配合，为农民脱贫致富奔小康服务。据当年统计，举办快速养猪、烤烟栽培、水稻病虫害防治、大板栗嫁接、新法接生畜牧、耕牛品种改良、柑橘栽培和“苗辣”种植等专业项目的培训班 156 期，培训农民 9235 人，占州下达县培训任务（4520 人）的 204.3%，使许多农民接受技术培训后有一技之长，经济收入也因此大幅度的增加。这一年，开办期数和培训人数超县下达任务有：涌溪区、青溪区、蕉溪区、羊场区。在大力开展农民文化技术教育同时，也巩固扩大 1987 年“双教”验收成果，同年，办扫盲班 154 个，扫除少青壮年文盲 1908 人，完成州当年下达（1500 人）扫盲任务的 127.2%。完成下达任务好的乡（镇）有大坝乡、羊场镇、蕉溪镇等，有效地实施了农、科、教结合一体工程。

1991 年，全县农民文化技术学校有 33 所，学校管理人员 21 名，专职教师 2 名，共培训学员 5181 人次，大大地提高了县农民的技术技能水平。

扫盲与普及科技是密不可分的，需要教材和大量科普知识书籍。省教委在下发的《贵州省农村成人学校教育项目实施意见》中指出：1992 年前全省暂使用国家教委推荐的湖南省编写的县、乡（镇）项目学校人口教育课本。各地、州、市及项目学校可结合本地实际，编写乡土教材和参考资料。同年 9 月，镇远县在发下的《高标准扫盲工作实施方案》中，对具体的扫盲工作内容、资料整理、验收步骤、经费预算及筹集资金等方面作了统筹安排。

1996年5月，镇远县人民政府制定了《1996—2000年扫除文盲教育规划》，其目标是巩固好高标准扫盲成果，扫除剩余文盲和新增文盲，以每户培养一个有理想、有道德、懂科学、善经营、会管理的人才为目标，重点开展农民文化技术教育，力争每年扫除文盲1200人；每年培训农民技术15000人次，到2000年培训农民75000人次。

1998年，农民文化技术教育稳步发展。全县配有电教设备的乡镇农民文化技术学校共6所，利于农民学文化技术。同年，州下达镇远县农民文化技术培训任务为24000人次，实际完成187期共24697人次，完成任务数的102.8%。同年，蕉溪镇农民文化技术学校被评为国家级乡镇示范性农技校。

2003年5月，中共镇远县委成立了以时任县委副书记、县委党校校长、县委组织部长杨胜胡为组长，时任县委常委、副县长李吉科为副组长，县教育局局长段文浩等13人组成的镇远县农村党员干部现代远程教育工程建设领导小组，充分利用现代远程教育工程为培训农民服务，用现代化教育手段有效地提高农民的政策水平和科技能力，揭开了扫盲教育新的一页。

2005年后，镇远县根据剩余青壮年文盲少、居住分散的实际，认真研究扫盲工作，采取了相应的工作措施：一是稳定成教队伍，保证成教工作的连续性，乡镇的成教专干坚持三年不变。县政府每年都对12个乡镇的成教专干进行专门业务培训。采取集中上课与分散辅导相结合的扫盲办法，利用农闲时间在乡、镇所在地的学校或片区中心校集中开办扫盲班，借助学校的教学设施，教育部门负责上文化课，农技部门负责讲授农技知识，把学习文化知识与农业科技培训有机的相结合，达到让广大农民学一门技术、致富一家、带动一片的目的。利用职业学校，开展农村剩余劳动力转移培训，完成“阳光工程”“雨露计划”的培训任务。到2006年为止，全县以扫盲带动农科技培训达5.5万人次。

2007年，全县15周岁人口3712人，丧失学习能力5人，其中文盲2人，文盲率0.05%。同年，县教育局下达到各乡（镇）教育辅导站农村实用技术培训任务为26000人。

同年，镇远县分别成为省、州涉教部门的“阳光工程”“雨露计划”培训基地，旨在对农村劳动力转移技能技巧培训，主要的专业有沼气池的修建和运用、电焊、氧气焊、电工、烹饪、电功缝纫、建筑工、编织等实用技术，由务农技能、技巧转入务工技能、技巧及其相关的培训。截至2007年止，农民受务工技术培训人员已达3500余人。培训使一部分农村富余劳动力掌握了务工技能，由一名“普工”转变为有一技之长的“技工”，为社会的发展作出了贡献，也改变了许多农民的生活方式，离开了祖祖辈辈赖以生存的农村而开始了城镇新生活。

第四节　教育体制改革

为解决教育同以经济建设为中心的现代化建设不相适应的问题，1984年8月25日，县委、县政府决定积极推进教育改革。改革内容涉及学校的管理制度、人事制度、招生制度、课程设置、教学内容、教材、教学方法等方面。当年秋，在县里选择一所公办学校，各区选择一所民办学校，试行由校长“组阁”任聘教师制度，教师实行岗位责任制，坚持奖勤罚懒，发放奖金打破平均主义。为推动改革，县委、县政府成立了城关教育改革研究站，恢复学区制（乡的中心完小校长管理本乡和学区小学），与视导区、县教研室层层联系，主要从事教育科学研究和教师在职进修。力争在1990年前使全县高中、初中、小学教师分别达到大学本科、专科、中师毕业水平。同时，清理整顿教师队伍。民办教师实行工资制，平均工资不低于35元。民办教师的工资除国家补助外，不足部分由乡、村筹集一点、学生拿一点，统一交教育局按月分等级发放。

1984年11月16日，根据党中央《关于教育体制改革的决定》和省委、省政府《关于推进教育体制改革的通知》，县委、县政府作出关于加强教育体制改革的决定。改革包括三个方面的内容：一是实行九年义务教育。此项改革分三步走：第一步，按质按量普及初等教育；第二步，在普及初等教育的基础上普及小学教育；第三步，逐步实现九年义务教育。全县大致分三类：第一类，在经济比较发达、小学教育基本普及的㵲阳镇，1990年基本实现九年义务教育。第二类，在经济比较活跃或初等教育基础比较好的文德乡、涌溪乡、两路乡、冽洞乡、蕉溪镇、大岭乡、青浪镇、铺田乡、竹坪乡、羊坪镇、羊场镇、都坪镇、大地乡、路腊乡、大坝乡，1987年基本普及初等教育，1990年基本普及小学教育，1995年基本实现九年义务教育。第三类，教育力量比较薄弱的其他乡，要求在1990年前基本普及初等教育，1995年前基本普及小学教育，力争在2000年以前基本实现九年义务教育。二是调整中等教育结构，稳定普通中学，大力发展职业技术教育。这是镇远中等教育结构改革的重点。镇远职业教育分初级和中级两个阶段。毕业生实行三层分流，小学毕业生一部分升入初中，一部分接受初中阶段的职业技术教育；初中毕业生一部分升入高中，一部分接受高中阶段的职业技术教育；高中毕业生，一部分升入普通大学，一部分就业，一部分接受高等职业技术教育。三是提高教师的社会地位，形成“尊师重教”的社会风尚，进一步落实知识分子政策，政治上关心、生活上照顾、改善办公条件、提高工资待遇，使教师真正成为整个社会受人尊重、令人羡慕的职业。

1986年3月19日，根据党中央、国务院的部署和省委、省政府的决定，县委决定积极有步骤地进行科技、教育体制改革。通过改革，使科技工作面向农村和山区的综合开发，更好地与生产相结合，促进技术进步和产业结构的调整，促进地方经济的发展。通过教育思想、教育内容和教学方法的改革，扎扎实实地抓好普及初等教育的工作，提高了中小学教学质量。同时积极发展职业技术教育，培训乡土技术人才。

1987年，为落实“双教”工作任务，县教育局制定《关于加强学校管理工作的几项规定》(以下简称《规定》),《规定》要求：学校要加强精神文明建设，坚持社会主义、爱国主义和有理想、有文化、有道德、有纪律的教育，加强民主和法制教育，坚持四项基本原则，旗帜鲜明地反对资产阶级自由化，巩固和发展安定团结的政治局面；学校不准以任何借口乱收费和提高杂费标准；学校要加快对校园管理，优化育人环境；教师要为人师表、关心学生，不许歧视“双差生”，不许体罚或变相体罚学生等十条规定。同年，顺利通过省、州对镇远县的“双教”验收。

1988年3月7日，县委根据镇远人才缺乏的实际，决定一方面要加快引进人才、技术的步伐，另一方面要开发和培养本地人才。要巩固和发展“双教”验收的成果，把工作重点转向提高中小学教育教学质量，办好中学和中心完小。在中小学逐步推行校长责任制。教育行政部门要从充实教研机构，建立教师业务档案，加强对教师队伍管理，不断提高教师的政治、业务素质入手。加快发展职业技术教育，办好现有的职业中学、职业班，把职业中学扩大到各区。积极创造条件、逐步在24个乡镇建立适当规模的成人教育中心。

1988年至1993年，教育系统实行教学奖与教学质量挂钩，教育局进行站、校、班的系列评估，提出“以普教为基础、以职教为重点、发展幼儿教育，巩固成教”的指导思想，坚持分级办学、分级管理，实行普教工作承包制，以巩固“双教”成果。县政府批转县教育局《学校校长负责制教职员工选聘制的实施方案》，在各级各类学校实施。同年改革招生制度，确保高中生源，镇远一中面向全县招生。

1991年，县教育局进一步理顺管理关系，教育管理采取实现目标—制度—评估的管理办法，使教育目标圆满实现。建立教研室—区（镇）教研员—教导主任—教研组长的教学序列管理，抓教学质量的提高。后勤管理由计财股、学校总务主任或兼职后勤工作教师负责，确保教学工作顺利进行。1993年，县委、县政府发出《镇远县教育改革和发展的意见》《关于当前稳定教师队伍的几点意见》等文件，提出“最需要的是优质环境秩序，最主要的是改革教育教学，最基本的是培养优秀生源，最关键的是提高师生素质，最紧迫的是计划使用资金”工作思路。为实现教育教学目标，提出六项改革举措。同年11月，顺利通过州政府对镇远县高标准扫盲验收。与此同时，坚持以德育为首、教学为中心，把德育工作放在学校各项工作首位，以德育促教学，以质量求发展。县教育局先后制定《中小学生常规管理规定》《中学教师工作量化评估考核办法》《中小学教学质量奖励实施办法》。

1993年9月28日，县委、县政府提出关于实施《中国教育改革和发展纲要》的意见，进一步提出了镇远县教育发展的总目标和任务。重点抓好基础教育，突击抓好职业技术教育，巩固发展成人教育，初步建成“三教”统筹、协调发展、互相沟通、互相补充的教育体系的经济、科技、教育三位一体的教育新格局；培养满足全县经济社会发展所需要的各类人才；实现“全面贯彻教育方针，全面提高教育质量；基本普及九年义务教育，基本扫除青壮年文盲”。

1994年11月，县政府、县教育局分别与州政府、州教育局签订教育目标责任书，开始实施“两基”工作。1995年，为完成教育目标，县教育局采取以下工作措施：一是调整学校布局，扩大招生规模；二是开辟新渠道筹措教育经费；三是改革招生制度，在城关中小学实行划片招生，实现教育平等竞争，实行“义务教育通知书”制度；四是制定《中小学教学奖励办法》，对教学质量优异的教师进行奖励；五是采取措施，提高教学质量；六是加大教育投入，改善办学条件；七是继续试行校长负责制，深化教育改革；八是加强督导工作，促进目标管理，加强局机关内部管理，转变机关作风。

1996年起，县教育局、各小学均按国家教委发布的《小学管理规程》和贵州省教育委员会制定印发的《贵州省实施 < 小学管理规程 > 办法》之规定，要求对小学进行管理。

党的十五大召开后，为全面贯彻落实党的十五大精神，把全县教育改革引向深入，1998年8月3日，县委、县政府决定成立以县委副书记朱鸣任组长的镇远县教育改革领导小组，大力推进教育体制改革。同年，县教育局按照政府要求，制定了《镇远县1998—2000年教育目标责任书》，建立了镇远县校长、师资培训工作领导小组、镇远县教育改革领导小组，开展“创文明学校，做文明师生”活动以及“十佳教师”“百名优秀教育工作者”评选活动。

2000年，县教育局围绕“两基”目标的实现，加大对学校管理的力度，制发了《镇远县教育局关于乡镇中小学、幼儿园教职工竞争上岗方案的通知》，实行校务公开和公开招考中小学教师制度等。为适应教育形势发展，州政府撤销镇远师范，州、县两级政府决定将镇远中学迁至城西大菜园镇远师范校址。8月迁校，两校教职工合并。镇远中学扩大，办学条件得到改善。

2001年，县教育局为做好“两基”攻坚工作：一是层层签订“双线”教育目标责任书，实行联络员驻乡、干部挂校、领导包片责任制。对学校布局调整进行了总体安排；二是加强各级各类学校及辅导站工作的督导与评估；三是开展对中小学各科优质课评选活动；四是加强中小学校长的培训；五是启动现代远程教育项目工程；六是加大师资培训力度，启动中学教师继续教育工作和小学教师第二阶段继续教育工作。同年11月16日，镇远县“两基”工作顺利通过省政府检查验收，评定为“基本合格”。

2002年5月15日，县委常委会议原则同意县教育局在全县中小学校推行

"四制一目标"（校长负责制、全员聘任制、岗位责任制、结构工资制、教育目标）管理的实施方案。县委、县政府决定建立教学奖励基金，每年列支30万元，用于奖励优秀教师、优秀班主任和优秀校长。2002年5月27日，按照县委《关于对县教育局 < 关于在全县中小学推行"四制一目标"管理的实施方案 > 的批复》，列为首批"四制一目标"管理的学校31所。县教育局下发《关于执行"四制一目标"管理学校实行挂钩工资制的通知》，从秋季起开始推行。"四制一目标"管理的实施范围为：中学有13所（镇远中学、镇远二中、镇远三中、镇远四中、蕉溪中学、青溪中学、羊坪中学、江古中学、金堡中学、羊场中学、都坪中学、涌溪中学、黄桑中学），小学有18所（城关一小、城关三小、城关四小、城关五小、城关六小、松溪小学、文德小学、黄桑小学、两路小学、涌溪小学、芽溪小学、蕉溪小学、青溪小学、羊坪小学、江古小学、金堡小学、羊场小学、都坪小学），其他学校也可参照执行。"四制一目标"管理制度的实施，明确了校长负责制，教师受聘于校长，增加了在学校管理中的主导权力。将工资划分为基本工资和活津贴两个部分，活津贴与教学质量挂钩，激发了教师的工作积极性，使全县的教学质量明显提高。

2003年，县委办、县政府办行文通知，在全县中小学全面推行"四制一目标"管理，实施定编、分流、聘任。通过考核，镇远中学聘任上岗115人，全县初级中学聘任上岗737人，小学聘任上岗1182人，自然减员和通过组织部门交流到乡镇社区工作有66人。2005年5月，镇远县通过省政府"两基"复查和普及实验教学验收，认定为"双合格"。

2006年，县教育局提出深化教育改革，印发《关于进一步提高教育教学质量的意见》，从人事制度改革、教育体制改革、安全及德育工作等方面如何提高教育教学质量提出了指导性意见。启动4所中学寄宿制工程建设。2007年，县教育局提出以中心（片区）校为重点，"送教下乡"，发挥中心校人才资源优势，促进全县教育教学质量的提高。同年8月撤销乡镇教育辅导站，由乡镇中心小学管理全乡镇小学教育。引导教职工积极支持和参与教育体制改革，把中小学教职工编制管理和学校改革推向深入，促进教职工队伍建设和人才结构的合理调整。各学校围绕德、能、勤、绩四个方面对教师进行考核。2009年，镇远县"两基"工作通过国家督导评估验收。

2010年，在全县中小学、幼儿园教师实施绩效工资制，将工资与工作效率挂钩，用绩效工资的30%在每学年末评定教师教育效果之后再予发放。以经济杠杆来调动教师的积极性，这是一项重大改革。

第五节　新时代教育扶贫显成效

近年来，镇远县教育和科技局认真贯彻落实省州县委、政府及省、州教育主管部门有关工作要求，坚持以脱贫攻坚统揽教育各项工作，持续强化开展教育保障，牢固教育保障长效机制，扎实做好教育保障“1+6”有关工作部署，全力抓实控辍保学，全面落实教育资助，奋力攻克教育保障堡垒，努力构建从局到校、从校到人的教育扶贫体系，让贫困户子女放心入学、安心就学，从根本上阻断贫困代际传递。教育脱贫攻坚取得显著成效。

一、基本情况

2020年镇远县共有学校（园）125所，教职工3209人，学生（含幼儿）40138人。学前教育毛入园率、义务教育巩固率、高中毛入学率均已达标。

（一）学前教育

全县幼儿园49所，在园幼儿人数6893人（其中建档立卡学生532人），教职工919人，其中专任教师496人（教育部门幼儿园专任教师334人，民办幼儿园专任教师162人），2020年学前毛入学率90.01%。

（二）义务教育

全县义务教育阶段学校73所，在校生27799人（其中小学建档立卡学生3131人，初中建档立卡学生1735人），专任教师1644人。其中，小学校数61所（乡镇中心校13所，片区中心校10所，村级完小7所，村点校31所），在校生19564人，小学教职工1151人，其中专任教师1004人；初级中学12所，在校生8235人，初级中学教职工720人，其中专任教师640人，2020年九年义务教育巩固率96.03%。

（三）高中和中职教育

普通高中2所，在校生5007人（其中建档立卡学生961人），高中教职工365人，其中专任教师335人，2020年高中阶段毛入学率92.03%。中职学校1所，中职学校在校生439人（含非全日制，其中建档立卡学生153人），中职教职工54人，其中专任教师24人。

二、工作成效

（一）控辍保学成效显著

紧扣“义务教育有保障”工作目标，围绕控辍保学核心指标，严格落实控辍保学政府、教育“双线”负责制和“七长”责任制，按照省教育厅控辍保学“五四”措施，灵活运用《省教育厅控辍保学劝返复学工作指南二十条》，全力推进全县控辍保学工作。截至2020年，全县户籍6—16周岁适龄人口41076人，义务教育阶段就读35390人（其中本县就读26321人，省内县外就读4973人，省外就读4096人），初中毕业5353人，延缓入学332人，不适宜就读1人，全县残疾适龄儿童256人，送教上门70人，其余185人采取随班就读或特校就读等方式全部入学，全县义务教育适龄阶段失学辍学学生为零，做到了贫困家庭义务教育阶段身体正常应该上学的适龄儿童、少年都能上学，不因贫失学辍学。

表5-2　镇远县教育保障控辍保学完成情况对照表

序号	指标名称	2016年	2017年	2018年	2019年	2020年
1	九年义务教育巩固率（%）	87.3	88.14	90.78	95.12	96.03
2	农村教师队伍人数（人）	1232	1201	1204	1243	1249
3	义务教育辍学学生人数（人）	36	21	0	0	0
4	6—16周岁适龄残疾儿童送教上门人数（人）	—	—	58	89	70
5	义务教育阶段易地扶贫搬迁人数（人）	0	0	334	1140	1277

（二）教育资助应助尽助

严格落实《关于进一步加强农村贫困学生资助　推进教育精准扶贫的实施方案》（黔党办发〔2015〕40号）和《贵州省教育精准扶贫学生资助实施办法》

（黔教助发〔2017〕92号）精神，全面落实教育精准扶贫学生资助有关政策，有效减轻贫困家庭就学负担。2016年以来，我县累计资助学生21913.08万元，惠及284622人次；共受理镇远籍在校大学生生源地助学贷款8586人次，发放助学贷款5858.67万元。其中2020年发放学生资助2821.74万元，惠及学生76782人次；办理生源地大学生助学贷款2406人，发放助学贷款1791.89万元。

表5–3　镇远县教育保障学生资助完成情况对照表

序号	指标名称	2016年	2017年	2018年	2019年	2020年
1	学前教育阶段家庭经济困难生生活补助（万元）	52.9	52.9	52.9	69.6	69.6
2	学前教育阶段营养改善计划补助（万元）	—	274	210.63	314.93	80.02
3	义务教育阶段家庭经济困难生生活补助（万元）	1444.66	1097	882	896	851.1375
4	义务教育阶段营养改善计划补助（万元）	1877.48	1804.89	1828.91	1725.88	688.19
5	普通高中及中职国家免学费和助学金补助（万元）	326.69	494.96	422.24	517.54	547.6
6	普通高中、中职及高校教育精准扶贫资助（万元）	640.693	581.607	607.963	607.58	494.14

数据截止时间：2020年10月30日

（三）易地扶贫安置点配套学校及教师队伍建设

认真落实省教育厅《关于推进易地扶贫搬迁安置区教育发展的实施意见》《关于进一步加强和完善易地扶贫搬迁安置点教育保障工作的通知》等政策性文件，全面系统细化部署安置点学校建设、师资队伍建设等工作。

1. 安置点配套学校建设方面

2019年建成两路口易地扶贫安置点配套学校，镇远县杭州西湖实验小学，2020年秋季学期杭州西湖实验小学共有专任教师21名，就读学生385人，确保了就近安置点搬迁户子女的就学需求。

2. 安置点学校教师队伍建设方面

一是对已建成的安置点优先配置教师，2019年至2020年两年两路片区中心小学安置点增加教师8名、芽溪片区中心小学安置点增加教师11人、大塘片区中心小学安置点增加教师12人，保障了全县安置点学校教师人员；二是组织安置点学校教师能力提高培训，开展国培计划（2020）、贵州民族大学中小学心理辅导教师培训、县级教育名师送教及中小学教师网络研究等培训。2020年以来，共组织安置点学校教师培训354人次。

3. 保障搬迁群众子女入学方面

在《镇远县教育和科技局关于做好易地扶贫搬迁对象适龄子女入学工作的通知》基础上，印发了《镇远县教育和科技局关于做好2020年秋季学期义务教育阶段学校招生入学工作的通知》，按照“免试就近入学”的入学制度，切实做好易地扶贫搬迁户适龄子女入学。2020年秋季学期，我县有两路口移民安置点、芽溪新城移民安置点、黔东经济开发区移民安置点三个安置点，共安置搬迁户2144户9124人。经排查统计，在安置点分配安置学校就读的学生共964人，其中幼儿园114人，小学592人，初中258人。其余约313人或随父母外出打工就读，或投亲靠友就读，均已正常入园入学。

（四）校园安全全面加强

仅2020年，各学校自查安全隐患56个，已全部落实整改到位，安排专项督查750人次，排查隐患8个，确保全县各校园安全隐患整改不留死角不留盲区。先后组织消防应急、防震演练125场次，参演师生51236人次，发放致家长的一封信55076份。完善“三防”体系建设，共安装一键式报警、视频监控系统46个，配备专职保安126名，实现封闭化管理全覆盖。

三、主要做法

（一）“三个抓实”确保义务教育应读尽读

1. 抓实部署确保统揽全局

（1）落实控辍保学责任。严格实行政府、教育“双线”责任制和“七长”负责制，按照“因地制宜”“一乡一校一方案”原则，成立了县、乡、村、校四级控辍保学工作领导小组，实行县、乡（镇）、校包保控辍责任制，充分发挥联系领导、联系单位的聚合能量，把“控辍保学”工作作为一项政治任务来抓，建立控辍长效机制，推动“控辍保学”清零行动工作取得成效。

（2）政策设计科学合理。先后印发了《镇远县中小学控辍保学实施方案》《镇远县2020—2021学年小升初整班移交工作方案》《镇远县教育系统巩固提升脱贫攻坚教育保障成果工作方案》等文件30余份，召开专题部署会议20余次，开展专题业务培训30余次。通过“五查四比对”（逐个核查公安人口系统、查学籍信息系统、查扶贫系统、查残疾人系统、查实际在校生台账，将学籍信息系统与其他三个系统进行比对），按照分类别、分学段、分地区建立县、乡、村、校“四级台账”，从落实好基础数据统揽全局，确保教育扶贫一个不漏，学生排查一个不少。

（3）开展统揽教育的扶贫活动。一是开展“党建引领，为‘义务教育有保障’再上保险阀”活动，组建43支党建教育扶贫先锋队，实行网格化管理，各学校党支部组织党建教育扶贫先锋队冲往一线，走村入户开展教育扶贫工作；二是开展“冲刺90天打赢脱贫攻坚教育保障歼灭战”活动，组建省、州、县、乡（镇）四级督查队，选派25名教育精英到各乡镇指导教育扶贫工作，按照“实、精、准、细、严”五字诀开展指导工作，确保核实对象到户、信息核对到人、政策解读到家、问题整改到点100%；三是开展“千师进万家、教育战扶贫”活动，发动教师2336人次，走访建档立卡学生家庭8341户，访问、关心学生12593人。2016年以来，累计开展送教上门服务2152次，入户张贴“温馨告知单”183600余份，实施教育扶贫全覆盖。

2. 抓实督导确保工作推进

一是由县人民政府牵头，县人民政府教育督导室每年对控辍保学和学生资助工作实施专项督查，由县人民政府与各乡镇人民政府签订《控辍保学责任书》，落实控辍保学责任；二是由县教育和科技局牵头利用开学工作检查、期中工作检查、期末工作检查等时间节点对各中小学校实施督导检查；三是由县脱贫攻坚指挥部牵头，对各乡镇、战区教育保障落实情况实施督导检查；四是开展“千师进万家”活动，深入学生家庭进行督查工作。

3. 抓实管理确保监管到位

严格按照因人施策、严格管理等方式，执行义务教育阶段学生“免试、就近、划片”入学，建立《镇远县易地扶贫搬迁学生入学台账》《镇远县义务教育阶段适龄儿童少年就学台账》，印发了《镇远县小升初整班移交工作方案》，做到“瞄准三个点，确保三个不，实现全覆盖”，严格使用班主任直报系统，从源头上做好教育保障监管，做好学生入学关。

（二）“三个强化”确保教育精准扶贫应助尽助

1.强化精准排查，确保学生资助覆盖面

一是落实学生资助政策。印发了《镇远县关于进一步做好教育精准扶贫学生资助工作的通知》《县教育和科技局关于开展教育扶贫资助政策告知工作的通知》，严格执行学前教育幼儿资助、义务教育“两免一补”、普通高中国家助学金和免除建档立卡等家庭经济困难学生学杂费、中等职业学校国家助学金和免学费政策，开展生源地信用助学贷款工作；二是精准核查比对。用县扶贫办贫困人口信息系统数据与学籍信息进行比对，再与导出全国学生资助管理系统进行比对，组织教师和基层网格人员、帮扶干部对系统对比生成的农村建档立卡贫困学生名册开展拉网式排查核对。以“千师访万家”活动及张贴“3+1”脱贫攻坚教育保障明白栏为抓手，走访建档立卡学生家庭上万余户，精准掌握学生资助情况。全力构建教育经费规范化管理体系和到校、到户、到人的教育精准扶贫学生资助措施，做到建档立卡贫困家庭学生资助“全覆盖、无遗漏”，为从根本上切断贫困代际传递提供了智力保障。

2.强化政策宣传，确保扶贫助学政策家喻户晓

一是落实资助政策宣讲“两节课”制度，将教育扶贫政策标准写进“四卡合一”栏目中，并发放贫困学生教育资助政策宣传彩页，确保贫困户资助政策知晓率100%。2019年以来，共发放《镇远县教育扶贫助学应知应会手册》43600余册；二是持续做好“一单三告知一公示”工作。建立县内学生资助台账，由各校牵头将每学期《学生资助项目“温馨告知单”》分别告知资助学生家庭、村委、乡镇，完善和公开资助项目，让学生资助明明白白。三是加大培训力度，切实扩展教育扶贫政策宣传面。选派25名教育扶贫专干，实行包乡（镇）教育扶贫指导措施，开展教育扶贫宣传培训29次，参训3500余人次，覆盖乡镇12个，指导帮扶干部、驻村第一书记、村支两委利用火炕会、院坝会等各种形式开展教育扶贫宣传；四是开展“千师进万家”活动，以校长包片、教师包户等方式开展教育扶贫宣传和学生关爱、送教活动，发动教师2336人次，走访建档立卡学生家庭8341户，涉及建档立卡学生12593人，核实教育保障明白栏需整改问题887

个，建档问题整改台账 887 个。

3. 强化建立零漏助长效机制

印发了《镇远县教育扶贫专班关于巩固提升教育保障成果工作方案》《镇远县教育精准扶贫学生资助操作流程》《镇远县教育系统脱贫攻坚教育保障“四个不摘”工作实施方案》等，持续推进摘帽不摘责任、摘帽不摘政策、摘帽不摘帮扶、摘帽不摘监管，建立教育扶贫长效机制，指导各帮扶干部、家长及学生办理学生资助。建立县、乡、村、校四级学生资助台账信息，建立教育保障明白栏督查机制，确保学生资助一个不漏。

（三）“三个推进”确保教育扶贫巩固提升

1. 推进教师队伍建设方面

一是完善管理机制。完善中小学校长任职资格标准，建立由教育行政部门归口管理中小学校长培养、选拔、聘任、考核、培训、调配工作机制；大力推进学校校长、教师定期轮岗交流，通过跨校交流、对口支援帮扶等多种途径，引导优秀校长和骨干教师向乡村学校流动，有效增强了农村学校“造血功能”，推动农村学校质量提升。二是强化队伍建设。近年来，通过“国家特岗计划”和“地方特岗计划”招聘新教师 185 人，接转 53 人，通过高层次急需人才引进教师 17 人，面向社会招考 104 人，招聘免费师范生 25 人；增加幼儿教师社会购买，2016 年增加社会购买服务教师 60 个，2020 年增加至 100 个，进一步改善教师队伍结构。充分利用国培计划、杭州对口帮扶资源，培训教师 40457 人次，全县教师队伍整体水平得到提升。大力实施“三名”工程计划和“教坛新秀、起航之星”培育计划。当前，共培养教坛新秀、起航之星 121 名，县级名师（名班主任、名校园长）21 人，州级名师（名班主任、名校园长）2 人，省级乡村名师 2 人，省级名校长 1 人，辐射和引领一大批年轻教师和乡村教师提升教育教学水平；三是持续推进东西部教育协作。2016 年来杭州西湖区累计派出 77 位教育专家（学者）赴镇远开展支教培训，培训覆盖 3903 人次，派赴镇远学校挂职任职支教 19 人，实现最接地气的对口帮扶，全县累计派出 621 位教师赴杭州参加培训，32 名教师赴杭州挂职，借着“东西部协作”平台，促成了我县与杭州西湖区对口帮扶的无缝衔接，实现了“请进来”和“走出去”的教育资源互动，极大地提高了全县的教育教学水平。

2. 推进教育标准化建设方面

一是大投入改善办学条件。按照城镇学校、农村寄宿制学校、乡村小规模学校分类办学标准，新建、改扩建一批城镇义务教育学校，改善办学条件。2017年以来，我县实施新建项目83个，建筑面积152260平方米，规划投入10735万元，已完成投入9431万元，解决全县学位6000余个；全面改薄工程77个，建筑面积128620平方米，规划投入6854万元，已完成投入5550万元；高中项目6个，建筑面积23640平方米，规划投入3881万元，已完成投入3881万元；二是积极推进易地移民安置点配套学校建设。做好易地扶贫搬迁安置点配套学校建设，有序增加城镇学位供给，保障进城务工人员随迁子女、易地扶贫搬迁户等适龄儿童少年就学需求。2018年，我县争取杭州对口帮扶资金1350万元，新建两路口易地移民搬迁安置点配套学校“镇远杭州西湖实验小学”，建筑面积3998.7平方米，共设置12个教学班，可容纳600名搬迁对象子女入学。2019年，争取中央补助资金84万元，用于校园运动场建设和食堂改造及厨房设备采购，获得“十三五”易地扶贫搬迁省级统筹结余资金72万元，用于解决校园广播设备采购、图书（书架）采购、教学设施设备采购，同年12月，镇远杭州西湖实验小学顺利开班。同时，改扩建涌溪乡芽溪片区中心小学和青溪镇大塘片区中心小学，确保易地扶贫搬迁随迁子女就学有保障；三是规范城乡学校布局调整。加快推进农村义务教育结构布局。近年来，随着城镇化进程加快，进城务工人员、异地搬迁及随迁子女增多，部分农村点校招生人数逐年递减，为规范农村义务教育学校布局规划，整合农村教育资源，2017年以来，撤并了镇远县都坪镇地花教学点、镇远县蕉溪镇川岩教学点、镇远县舞阳镇箱子教学点等14所学生少于10人的教学点。坚持学区化办学，优化教学资源配置。2020年实施采购设备共2675台件套，已完成投入资金93万元；实施“全面改薄”土建项目校数16所，单体项目36个，单体竣工项目19个，主体完工1个，主体施工3个，前期手续办理13个，开工面积20030平方米，竣工面积16330平方米，累计完成投资587万元；实施“全面改薄”设备采购项目学校数4所，采购设备共778台件套，已完成投入资金334万元；续建镇远中学迁建项目，项目主体已经全部完成，累计完成投资38176万元；采购设备已完成采购4880台件套，完成投资656万元；新建、改扩建厕所7个，建筑面积810平方米，计划投资256万元，目前已全部完工。

3. 推进校园安全稳定方面

一是校园安全稳定保障方面。根据学校安全管理，对学校安全工作实行不定期研究、专题部署、及时反馈，统筹学校做好道路交通、禁毒、防溺水、消防、扫黑除恶、校园欺凌、防范宗教向校园渗透等宣传教育工作，全年共发放宣传资料58000余份，进一步提升广大师生家长的安全意识和自防自救能力。适时开展问题隐患和制度措施“两个清单”建设，在开学前、期中、期末三个重要时间节点派出工作检查小组，深入全县50多所学校就饮食、交通、消防、用电、危房、矛盾纠纷等各个方面进行全方位、拉网式的排查，真正做到了“排患务尽”，不留死角，并要求学校建立问题隐患台账和制度整改措施。印发了《镇远县教育系统学校安全专项整治三年行动实施方案》（镇教科发〔2020〕12号），构建了点面结合、人人参与、整体联动的长效工作机制；完善“三防”体系建设，共安装一键式报警、视频监控系统46个，三个100%均已达标；二是开展校园周边环境整治方面。印发了《关于印发〈镇远县教育系统安全生产“双排”行动方案〉的通知》《关于印发〈镇远县教育系统房屋安全隐患排查　整治专项行动方案〉的通知》等文件，组织召开全县教育系统社会治安综合治理（开学）专题会议，研究、部署社会治理工作。加强“三防”建设，配齐学校保卫人员，落实24小时治安巡逻制度，配齐防备物品，开展技防培训。同时协同宣传、公安、环保、市监、卫健、疾控、交通、综合执法等部门，大力开展校园周边环境整治，对学校周边娱乐场所、流动摊贩、餐饮企业、建筑工地等进行排查，出动检查人员172人次，下达责令整改通知书5份。2020年秋季开学初，县教科局、县委宣传部等部门，联合开展“扫黄打非・护苗2020”专项整治行动，为学生返校护学护航，确保各校园教育教学正常秩序和师生安全。

四、下一步工作措施

（一）坚决高质量打赢脱贫攻坚教育保障收官战

1. 持续做好控辍保学

切实加强严格落实“双线”目标、“七长”责任制和三项工作制度，严格执行《省教育厅控辍保学劝返复学工作指南二十条》和《预防未成年学生早婚法制教育工作五条》，多途径、全方位做好控辍保学工作。对易辍对象和劝返重点对象要加强跟踪到位，严防我县义务教育阶段学生随工外出、早婚早育等现象发生，确保我县义务教育阶段辍学学生动态“清零”。建好县、乡、村、校四级台账，确保人籍一致。

2. 持续落实精准资助

继续通过学校班会、校会、宣传栏、广播系统、电子滚动屏、微信群、QQ群等媒体，多形式、多渠道宣传教育精准扶贫学生资助政策，让学生明白教育资助政策及申报程序，确保不发生“漏助”现象。落实好中央、省、州、县各级党委、政府的教育扶贫政策，兑现好各项教育扶贫资金，确保各级各类学校家庭经济困难学生，不因家庭经济困难而辍学、不因求学而导致家庭经济困难。

（二）强化底线思维筑牢校园安全防线

1. 抓好安全教育及管理

继续推进安全生产专项整治三年行动工作计划，开展“双排”“双控”体系建设，按时上报排查台账。抓好不同时段重点领域安全工作，如防溺水、防山洪、防火灾等不同时段的安全工作，抓好交通、食品、饮水、禁毒、信访维稳、校园欺凌、校园贷等工作，确保校园安全稳定。

2. 抓好学校疫情防控

毫不放松抓好学校疫情防控，督促学校围绕关键环节和重点措施，制定专门的疫情防控工作方案、应急处置预案等方案，做好人员管控，学校大门、食堂、宿舍等重点区域管控及应急演练，切实提高师生应急处置能力。

（三）围绕教育教学质量提升狠下功夫

1. 在教育管理上下工夫

督促各校园谋划学校内涵特色发展，自力更生抓好学校管理，继续实施推门听课制度，加强对常态课堂的教学管理。

2. 要在队伍建设上下工夫

以“三名工程”建设和校本研修为抓手，抓好队伍建设和师德师风建设，管好干部队伍，管好教师队伍，注重培养教师团队精神，持续加强与杭州市西湖区教育协作，增强东西部协作教育扶贫，大力引进东部地区优秀教育资源。

3. 要在全面育人质量上下工夫

以素质教育和核心素养为指向，认真研究高质量教育的内涵；坚持眼中有人，做有温度的教育；关注学生健康，做有生命的教育；坚持五育并举，做全面发展的教育。

4. 要在教学研究上下工夫

积极开展优质课评选交流、教师技能大赛等活动，通过开展形式多样的教研活动，为教师专业发展搭建交流研讨的平台，指导教师改进教学方式，提高教书育人能力，经常性深入基层，指导学校经常性开展教研科研工作，提升教师的教研水平。

第六章　推进路网建设　构建立体交通

第一节　公路建设

公路是社会公益性很强的基础设施，是人流和物流的主要载体，是人类社会、政治、经济、军事、科学、文化等繁荣进步的先决条件和文明昌盛的重要标志。随着改革开放的不断深入，人民群众对公路建设的重要性和紧迫性的认识也在不断提高，“要想富，先修路”逐步成为群众与政府的普遍共识，并逐步形成了上下齐心，左右协调，各方参与，共谋发展的公路建设氛围。

党的十一届三中全会以后，县委、县政府充分认识交通在国计民生和振兴地方经济中的特殊作用，视交通建设为强县之本，把交通列入工作的重要议事日程，做到早计划、早部署、早安排、早落实，经常进行督促和检查，帮助解决交通工作中遇到的困难和问题，确保交通建设健康、有序、稳步地推进。积极协调资金，先后共投资19198万元，其中，投入公路建设17265万元，投入桥梁建设1933万元。新修、改建（含二次、三次改造）公路934公里，其中，国道50公里、省道109公里、县道244公里、乡道168公里、村道（新修）300公里。新建大、中型桥梁29座，修缮、加固桥梁2座（祝圣桥和介寿桥，俗名老大桥和新大桥）。形成了以县城为中心，横连施秉与岑巩，纵接石阡、三穗和剑河的“一横”（羊坪—镇远县城—施秉）、“二纵”（石阡—镇远县城—剑河、江古—镇远县城—三穗）公路骨架，连结城乡，沟通国道省道，四通八达的公路网络。一方面使一条条原来逶迤盘旋于崇山峻岭的羊肠小道变成了宽阔平坦的康庄大道，一方面使原来“晴天飞尘扬，雨天路成塘”，技术等级低、缺桥少涵、路况差的县乡公路状况得到了根本性的改变。祖祖辈辈栖居山区的群众，特别是居住边远山区的广大农民，从此告别了购物卖粮依靠肩挑背驮的历史。

公路通达里程的扩大和公路技术等级的提高，有力地促进了镇远公路运输事业的发展。到2002年底，全县拥有机动车辆从1978年的196辆发展到727辆，其中，货车从71辆发展到243辆，增长3.42倍；客车从4辆发展到195辆，增长48.75倍；轮式拖拉机从69辆发展到289辆，增长4.19倍。与此同时，民用交通工具摩托车从1978年的4辆，发展到344辆，增长86倍。2002年，仅汽车一项，镇远社会客运（吞吐）量达123万人次，货运（吞吐）量达38113万吨公里。

在20多年里，比较大的建设工程有，1979年至1980年，投资750万元，完成国道青穗桥至一碗水长25公里镶边改造（铺筑成沥青三级路面）。1979年7月至1981年11月，投资64.5万元，新修黄桑至大坝长29.7公里公路。1982年，投资36万元完成县道城关至金堡公路的白沙坳、凉亭坳、母鸡地等四处纵坡大、弯道急的路段进行改造，该公路始建于1956年冬，1957年冬建成通车。1985年11月至1988年，投资205万元完成县道㵲阳镇两路口至青溪五里牌长35.6公里公路初扩改造。1999年至2000年，投资900万元完成省道新三线螺丝桥至两路口油路改造。2000年，投资180万元完成县道镇远至剑河岑松公路镇远县境内44.6公里镶边改造。2000年至2001年，投资1080万元完成省道㵲阳镇两路口至青溪五里牌长35.6公里改造。2001年至2002年，投资5350万元对国道青穗桥至一碗水长25公里进行第二次改造，铺筑成二级油路。2001年至2002年，投资230万元对铁溪四里桥至侯旗屯长16公里公路进行镶边改造。2001年，投资252.4万元完成县道镇石公路羊场至大地段长33.1公里镶边改造。该工程被贵州省公路局评定为优良工程，被黔东南州交通局评定为“十佳工程”。2002年，投资168万元完成乡道㵲阳镇至江古长29.2公里公路镶边改造；投资170万元完成乡道羊场至都坪长31.3公里公路镶边改造。此两项工程分别被州交通局评定为“十佳工程”和“合格工程”。2002年4月至12月，投资1000万元，完成县道镇远至台江县台盘公路，长20公里公路镶边改造成四级油路。2002年11月28日，投资700万元修建小菜园至西峡公路。2003年，投资100万元，实施乡道羊场至尚寨长18.7公里公路镶边改造；投资220万元，实施铁溪景区四里桥至半坡田长4.2公里旅游公路油路改造。国家投资新建的玉三高速公路段，有25公里通过镇远的青溪镇、羊坪镇。

公路建设中，修建桥梁29座，将一条条纵贯南北，横穿东西的公路串并，联成一个网络。比较重要的桥梁有，1985年10月至1987年7月投资32.5万元修建的青溪大桥，1986年10月至1987年9月投资45万元修建的蕉溪大桥，1992年投资30万元修建的松溪桥，1997年7月至1998年11月投资528.1万元修建的盘龙大桥，2002年12月至2003年投资600万元修建的㵲阳（平冒）大桥等。

2009年3月28日，镇远至剑河岑松旅游公路动工兴建。公路全长55公里，总投资5500万元。8月17日，镇远江古至大岭通乡油路工程全部完工。工程全长47公里，施工预算2309万元，其中申请国家补助1880万元，省交通厅补助235万元。2010年8月10日，青龙大桥至五里牌公路工程完工。工程于5月开工建设，全长7.86公里。11月30日，黔东工业园区产业大道开工。干道总长10.02公里，宽26米，双向四车道，为城市干道二级沥青混凝土路面，总投资3.1亿元。

至2010年，全县公路总里程达938.77公里，其中高速公路18公里、320国道25公里、省道63公里、县道237.6公里、乡道19公里、旅游公路15.6公里、厂矿专用道24.77公里、村道536公里。初步形成以县城㵲阳镇为中心，连接城乡，沟通国道省道，四通八达的公路交通网络。

2011年1月17日，施秉至镇远五里牌二级公路建设工作总结会在镇远日月酒店召开。该公路于2010年12月31日竣工验收并投入使用。全长91.027公里，概算总投资5.77亿元，实际完成建设投资6.47亿元。其中在镇远县境内全长63.387公里。2月28日，镇远县举行小田溪城市道路工程开工典礼。道路全长3600米，路面宽18米，总投资6000万元。11月28日，镇远县小菜园至芽溪滨河大道工程开工奠基仪式在芽溪举行。该项目计划总投资1.5亿元，双向四车道，道路宽20米，总长3.27公里。

2012年，思剑高速公路工程形象进度已完成90%，完成投资45亿元。7月30日，镇远至岑松旅游公路铺油工程全面开工，至年底基本完成，投资2300多万元；建成通村油路（水泥路）102公里，实施了金堡乡秀地至松明连线公路改造工程，完成了车溪大桥、高过河大桥项目申报工作。

2014年，镇远县续建S306小田溪至五里牌二级公路，青龙大桥至五定堡路，累计完成投资2.7145亿元；配合州交通局续建羊场经高过河至尚寨公路改造工程，累计完成6640万元；续建四里桥至黄桑田生态农业示范园公路改造工程，完成投资1363.57万元；完成“小康路”行动计划152公里。其中沥青路36.8公里，水泥路115.2公里，完成投资7613.831万元；完成蕉溪车溪大桥建设，完成投资403.6万元，8月19日竣工通车；完成报京灾后重建白岩至报京大寨5号公路路基工程，完成投资70万元。完成全县农村公路网规划编制。

至2014年10月，镇远县各级财政拨款向交通建设倾斜，先后对镇远县境内国道G320沪瑞线21.5公里、省道S306五里牌至干巴哨64.3公里、县道镇远至石阡62.188公里、羊场至龙田31.219公里、镇远至思旸49.387公里、镇远至台盘22.161公里、两路口至三穗15.75公里、羊坪大桥至银子坪3.811公里、镇远至岑松43.409公里、镇远至涌溪8.805公里和乡道羊场至尚寨18.337公里、壕口至中所18.709公里、四里桥至半坡田4.405公里等路段进行了改造。同时，新建县境内国道G60沪昆高速（玉三线）18公里、省道S25沿榕高速（思剑线）77公里，新建通村公路1074.39公里。与此同时，还完善交通基础配套设施建设，实施西部大开发以来14年间，先后修建盘龙大桥、㵲阳河大桥、青龙大桥等大、中、小桥梁86座2096.5延米，新建县城汽车站1个、乡（镇）汽车站10个。

2014年，全县公路总里程1733.37公里，其中一级公路国道（高速）95公里、二级公路国道21.5公里、省道64.3公里、县道236.73公里、乡道41.45公里、村道1274.39公里。

2016年，镇远县开工建设三穗经镇远至施秉高速公路（镇远境内长13.5公里，投资概算15亿元）；开工建设镇远古城至三穗高铁站快速通道（全长34.05公里，总投资19.6亿元，镇远境内长21.8公里）；开工建设镇远火车站至台江施洞公路（全长31公里，总投资4.1亿元，镇远境内长17.2公里，投资概算1.68亿元）；开工建设镇远县城至岑巩县思旸镇X807公路，镇远境内黄桑田至江古段公路改造，路段长21.9公里，投资概算6500万元，6月21日，该工程征地拆迁工作启动。年底已完成工程量65%；开工建设小田溪至白杨坪至㵲阳河公路，全长12.53公里，总投资3.5亿元；开工建设芽溪汽车站，总投资6600万元，已完成投资2300万元；开工建设谢家寨大桥，桥长100延米，项目投资320万元，已完成投资170万元。完成板滩大桥建设，桥长91延米，完成总投资290万元；完成通村沥青（水泥）路建设229.99公里，完成总投资14949.5万元；完成唐冲水库镇远库区公路建设14.3公里，完成投资900万元；完成农村公路客运招呼站建设67个，完成投资190.52万元；完成镇远县城至岑巩思旸镇镇远境内沥青路中修9公里，投入资金325.1万元，完成镇远至石阡公路镇远境内沥青中修18.9公里，投入资金520万元。

2016年，实现村村通公路、乡乡通油路、93.3%的建制村通沥青路或水泥路，通畅率比上年提高24.4%；全县有营运车辆2159辆，其中营运货车1633辆、营运客车291辆、公交车38辆、出租车122辆、教练车75辆。完成旅客周转量77472万人公里，货运周转量114738万吨公里；水路客运周转量1193.17万人公里，水路货运周转量59.64万吨公里。

2017年，镇远县交通建设：①开工建设三穗经镇远至施秉高速公路，镇远境内建设里程长13.6公里，总投资8.7亿元（柏杨坪段25000万元、金堡段62000万元）；②镇远至岑巩高速公路路线全长67公里，其中镇远县境内39.5公里，总投资估算105.26亿元。2017年底完成工程可行性研究报告评审；③开工建设三穗至镇远快速通道项目。项目至镇远县东关村，路线全长33.07公里，总投资225028万元；④开工建设G211镇远火车站至台江施洞公路，全长30.87公里，其中镇远境内17.26公里，除镇远县自己实施完成的5.2公里，本次实际施工11.88公里，总投资10900万元；⑤续建X826镇远五里牌至岑巩县思旸公里镇远境内黄桑田至江古段公路改造，路段长21.9公里，总投资6572万元；⑥开工建设柏杨坪至㵲阳河公路，全长5.76公里，总投资1960万元；⑦协助业主单位州交通运输局完成S103施秉打杵岩至镇远羊场公路项目；⑧S103羊场至岑巩龙田项目工程获州发改委批复，州局同意纳入普通省道“建养一体化”第二包项目计划实施；⑨协助项目业主镇远文化旅游产业投资开发有限公司完成古城“一环四台地”旅游环线（小田溪至柏杨坪段）项目前期工作；⑩通村水泥（沥青）路项目（含撤并建制村项目）：完成建设通村水泥路项目201公里，其中建制村水泥路102公里，撤并建制村99公里，实现100%建制村通畅，完成投资

16080万元；⑪芽溪汽车站项目主站房封顶，进行内墙砌砖及外墙抹灰；⑫协助配合州民航局、州机场办完成柏杨坪和尚寨（高过河）两个通用机场项目前期工作；⑬开工建设谢家寨大桥（全长100延米），项目总投资320万元，已全部完工；⑭㵲阳河旅游慢道道路，路线起于青龙桥头，沿㵲阳河呈东西走向，经兰家寨、三门滩、蕉溪、罗溪、郎洞、张家寨、鸡鸣关、青溪，终点龚家河，全长56公里，投资估算108712.26万元。工程可行性研究报告审查通过；⑮开工建设新大桥危桥加固改造工程，项目计划总投资341万元，完成第一阶段桥墩加固工作；⑯三穗至镇远青溪快速通道项目，项目全长20.6公里，工程可行性研究报告批复的项目总投资181865.84万元；⑰脱贫攻坚农村"组组通"公路建设，至12月底，完成路面硬化653公里，新开挖路基374.4公里，完成投资28366.4万元。

2017年，全县境内公路总里程1795.38公里，其中高速公路95.4公里（G60沪昆高速18公里、S25沿榕高速思剑段77.4公里）、国道172.05公里（G320沪瑞线21.5公里、G551镇远至福泉64.3公里、G211银川至榕江86.25公里）、省道96.63公里（S103贵阳至万山37.47公里、S308翁洞至毕节15.75公里、S509镇远至岑松43.41公里）、县道16条306.73公里、乡道39条421.74公里、村道254条702.84公里；全县共有营运车辆1093辆，其中营运货车582辆、营运客车272辆、公交车38辆、出租车122辆、教练车79辆。完成旅客周转量87798万人公里，货物周转量162920万吨公里；水路客运周转量1267.67万人公里，水路货运周转量89.36万吨公里。城市公共客运交通全年总行驶里程470.05万公里，安全运送乘客1229.3万人次。

2018年，三穗经镇远至施秉高速公路、黄桑田至江古公路、G211镇远火车站至台江施洞公路改造项目全面完成。全县累计建成公路里程3072.18公里，其中高速公路3条109公里（G60沪昆高速公路18公里、S25沿榕高速公路思剑段77.4公里、三施高速公路镇远段13.6公里），国道3条172.05公里（G320沪瑞线21.5公里、G551镇远至福泉64.3公里、G211银川至榕江86.25公里），省道3条96.63公里（S103贵阳至万山37.47公里、S308翁洞至毕节15.75公里、S509镇远至岑松43.41公里），县道16条306.98公里，乡道36条422.42公里，村道268条753.95公里，通组公路561条1211.15公里；建成桥梁165座4570

延米；开通城市公交运营线路11条58辆；全县全年客运车辆246辆，客运量1675万人，旅客运输周转量96435万人公里，货运车355辆，货运量1997万吨，货物周转量231346万吨公里；水路客运量39.05万人，水路周转量766.64万人公里。12月底，三穗至镇远快速通道项目，完成总投资16443.73万元。三穗至镇远青溪快速通道项目，全长20.6公里，项目总投资181865.84万元。柏杨坪至㵲阳河公路建设项目，项目总投资4272万元。完成投资700余万元。通村水泥路改造项目，建成撤并建制村硬化路98.5公里，完成投资6895万元，实现撤并建制村通畅率100%。全县"组组通"公路1211.15公里，项目总投资50826.04万元。自2017年8月开工建设至2017年12月完成653公里硬化，2018年1—9月底完成建设任务558.15公里，全部完成1211.15公里硬化任务，实现全县30户以上（含30户）村民小组通畅率100%。

2019年，镇远县着力加快完善城乡基础设施建设。玉屏（大龙）至镇远高速公路、S103羊场至岑巩龙田公路项目前期工作有序推进，S103施秉打础岩至镇远羊场公路、柏杨坪至㵲阳河公路项目加快建设，芽溪新城汽车站（二级车站）、公交站场即将建成，S109镇远至岑松公路路面大修，力争纳入2020年全省县乡公路路面改善提升工程，农村公路养护管理完成投资2552万元，成功创建省级"四好农村路"示范县，打造示范项目95公里/5条。开发区320国道（醉翁宾馆至装备产业园段）改扩建工程、产业主干道C标段、龙井河一桥、太平桥至下新岑大桥道路加快建设，推进实施芽溪城市次干道、芽溪至田坝城市主干道项目。

一、高速、国道建设

（一）G60沪昆高速公路

镇远县境内长18公里。沪昆高速于2011年9月8日全线建成通车。

（二）思剑高速公路

2009年12月16日，思剑高速公路（思南至剑河高速公路）开工典礼在思南举行。思剑高速公路起于铜仁地区思南县西侧双龙，与杭瑞高速公路相接，经铜仁地区的腾龙峡、灯油坝、邵家桥、塘头、板桥、大沙坝、石阡县城、中坝，在石阡平山进入黔东南州境内，经大地、羊场、镇远县城、金堡、报京，止于剑河县岑松，与沪昆高速公路相接。2013年11月28日下午2时开通试运行。2016年2月6日，思剑高速公路镇远西收费站开通。该收费站开通三个进口和四个出口。

（三）三施高速公路

三穗至施秉高速公路全长44.9公里，总投资约58.39亿元，镇远县境内32.04公里，共有桥梁22座、隧道8座，桥隧长16.6公里、桥隧比37%。这条线，是贵州省“6横7纵8联”高速公路网规划“第四联”，天柱至黄平高速的组成部分，起于三穗县台烈镇，终于施秉县城关镇。2016年9月启动开工，项

图6–1　1975年的竹坪泥沙公路
（镇远县党史研究室供图　冯德镇摄）

图 6–2　穿过竹坪的高速公路
（镇远县党史研究室供图　冯德镇摄）

目镇远段 2016 年 8 月开工建设，镇远段总投资 16 亿元，2018 年 12 月建成通车。

（四）G211（国道）

镇远火车站至台江施洞段公路改扩建工程，起于镇远火车站，途经镇远县涌溪乡和施秉县马号乡，止于台江县施洞镇，全长 30.873 公里，镇远段 17.3 公里投资额为 1.09 亿元。项目于 2016 年 11 月底开工。至 2018 年 12 月底全面完成，完成项目总投资 1.68 亿元。

（五）G320（国道）

2017 年，320 国道改扩建项目加快推进。2018 年，320 国道改扩建建成投入使用。

二、省道建设

（一）镇岑旅游公路

2009 年 3 月 28 日，镇远至剑河岑松旅游公路动工兴建。该公路始于镇远县城，终于剑河县岑松镇，全长55公里，总投资5500万元。2012年，镇远至岑松旅游公路铺油基本完成，该公路是连接历史文化名城镇远和剑河温泉的直接通道。

（二）施青公路

线路从凯里经施秉至镇远县城达县境青溪镇五里牌。2006年立项。工程概算7亿元，实际投入6.48亿元（不含征、拆、补偿金）。施青公路镇远县境西起鹅翅膀至青溪五里牌，县境内全长66公里，工程总投资45203万元，补偿征地拆迁8119.32万元。2010年12月31日，施秉至青溪五里牌二级公路竣工验收，投入使用，该公路长92.7公里。

三、县道建设

（一）镇羊公路

2010年对镇远城关至羊场镇30公里路段进行全面改建修整。

（二）镇石公路

镇远至石阡公路全长99公里。2008年验收合格，定为四级公路，正式交付使用。2016年10月底，镇石公路羊场段中修工程完工，油面整铺8.1公里，完成投资220万元。

（三）镇江公路

2009年8月17日，镇远经江古至大岭通乡油路工程全部完工。工程全长47公里，施工预算2309万元，其中申请国家补助1880万元，省交通厅补助资金235万元。

四、村道建设

至2008年，全县通村公路536公里，总投资1165.42万元，至2010年，累计建成通村公路960公里，累计投资1500万元。镇远县农村公路建设三年会战于2015年9月起至2017年12月止，是镇远县乃至黔东南州加快交通建设发展、实现小康社会的关键时期，是加快推进“四在农家·美丽乡村”建设的重要举措。各级各部门要积极支持和配合，确保镇远县交通建设项目顺利推进。镇远县农村公路建设三年会战项目集中开工建设项目共14个，总里程88.1公里，沟通

14 个建制村，项目总投资为 5034.5 万元。

2016 年 6 月 23 日，州交通运输局组织公路建设技术人员及专家，并邀请县人大、县政府、县政协以及交通、公路等部门负责人组成 4 个验收组，对 2015 年省州下达镇远县通村沥青（水泥）路建设计划，168 公里共 17 条，逐条进行抽样检查，评定为合格工程。通村沥青（水泥）路覆盖 8 个乡镇、惠及 17 个行政村，总投资 10115.23 万元。项目于 2014 年 11 月上旬提前开工建设，2015 年 12 月全面竣工。2016 年 9 月 8 日，县农村公路建制村客运招呼站建设历时 180 天竣工，经验收，建成的 67 个招呼站合格。

2017 年，镇远县在县级财力较为紧张的前提下，拨付 400 万元启动全县脱贫攻坚农村"组组通"公路项目；整合扶贫、林业、水利、财政等部门资金 2000 万元；融资 5800 万元对新开挖路基进行补助，并按 50 万—60 万元 / 公里纳入预算，力争旅游路、美丽乡村路打造率达 30%。全年建成"组组通"公路 653 公里，建成通村沥青（水泥）路 200 公里，建制村通畅率达 100%，硬化进寨路 90 公里、连户路 20 公里。

2018 年，镇远县建成撤并建制村硬化公路 98.5 公里，实现撤并建制村通畅率 100%。截至 2018 年 9 月底，镇远县建成农村"组组通"公路 1221 公里、554 条，总投资 5.826 亿元，实现全县 30 户以上（含 30 户）村民小组通畅率 100%，覆盖 561 个 30 户以上村民小组。直接受益人口达 11 万余人，其中建档立卡贫困人口 1.7 万余人。至 2019 年，镇远县投入 6.9 亿元，建成通村水泥路、撤并建制村通村水泥路、"组组通"公路共计 2151 公里，实现 30 户以上自然寨全部通水泥路。

五、公路桥梁建设

2009 年 11 月 1 日，蕉溪镇五定堡大桥开工建设。总投资 100 万元，桥长 86.68 米，宽 6 米。到 2010 年底止镇远县境内建有各类型桥梁 291 座，其中古桥 64 座，公路干线大、中、小桥 21 座。知名大桥有：祝圣桥、新大桥、红旗大桥、青溪大桥、蕉溪大桥、盘龙大桥、㵲阳河大桥等。2014 年 8 月 19 日，蕉溪镇车溪大桥竣工通车。该桥全长 143 米，为 3×35 米石拱桥，宽 8 米，工程总投资 390.92 万元。自 2013 年 5 月上旬开工兴建。

图 6–3　1978 年的镇远东城
（镇远县党史研究室供图　冯德镇摄）

图 6–4　珠六复线过镇远
（镇远县党史研究室供图　冯德镇摄）

至 2018 年，镇远县城区共有大小桥梁 18 座，即青龙大桥、㵲阳大桥、松溪二级公路桥梁、火车站二级公路桥梁、民生四桥、太平桥、祝圣桥（老大桥）、松溪桥、卫星桥、新大桥、盘龙大桥、松溪新桥、小田溪上 4 座民生桥等。

第二节　公路运输

2010 年，镇远县有各类客运车辆 632 辆，其中，个体客车 141 辆、出租车 101 辆、私家车 105 辆，客运总量达 799 万人次，周转量达 24712 万人公里。2010 年，全县汽车货运量为 39 万吨，货物周转量为 10225 万吨公里。

2014 年，全县拥有汽车 2571 辆，其中，客车 278 辆、货车 1893 辆、出租车 122 辆，公路客运周转量 62900 万人次，公路货运周转量 61220 万吨公里，水路客运周转量 414 万人次，水路货运周转量 19 万吨。11 月，镇远县分批次集中更新 87 辆出租客车。

2016 年，镇远县完成旅客运输周转量 77472 万人公里、货物运输周转量 114738 万吨公里。货物运输量 1006 万吨，旅客运送量 1352 万人。2016 年底，全县新开通镇远至大岭、涌溪至中屯、拱桥至律令、都坪至罗莲、蕉溪至铺田、羊满哨至辽家坳、都坪至龙田、溜沙关至下天池、大地施至三丘田、壕口至中所等 11 条农村客运班线，实现建制村通客车率达到 86%，全县累计开通农村客运班线达 35 条。

2017 年，全县完成旅客周转量 87798 万人公里，货物周转量 162920 万吨公里，共计完成公路运输周转量 171700 万吨公里，同比增长 40%。完成农村客运通车率 100% 目标。

2018 年，镇远县拥有客车 246 辆，客运量 1675 万人，旅客运输周转量 96435 万人公里。货运车 355 辆，货运量 1997 万吨，货运周转量 231346 万吨公里。水路客运量 39.05 万人次，水路旅客周转量 766.64 万人公里。

2018 年，县交通运输局被贵州省公路局评为“农村公路建设先进单位”。

一、新修县汽车站

2007年省交通厅批复始建新的汽车站，2008年3月21日动工修建，总投资800万元。占地面积20亩，2009年4月完工，10月16日，县汽车站从㵲阳镇六牌搬迁至小菜园新址，并正式投入使用。

二、新修芽溪新城汽车站

2014年10月14日，贵州富巢置业有限公司，在芽溪新城区田坝新寨举行镇远芽溪新汽车站项目开工典礼。芽溪新城汽车站（二级车站）项目，总投资6600万元，用地面积33596平方米，总建筑面积14794.71平方米。2018年完成总投资6020万元，形象进度91%。

三、兴建乡镇汽车站

随着交通运输业的不断发展壮大，乡村公路建设有成，从2006年起，国家启动乡镇汽车站建设项目。到2008年，有羊场、羊坪、青溪、蕉溪、金堡、尚寨、江古、大地、报京、涌溪等乡镇兴建汽车站。每个乡镇汽车站建造总面积2261.5平方米，其中包括钢筋混凝土停车场。2010年3月，报京乡民族旅游汽车站竣工并投入使用。该汽车站于2009年9月14日破土动工，设计车位40个，占地100亩，并于2011年4月5日举行落成典礼。2010年12月10日，羊坪镇、羊场镇、尚寨乡、蕉溪镇、大地乡、江古乡、都坪镇7个乡镇客运站经州交通局竣工验收合格。7个乡镇客运站由交通部和省交通厅每站补助40万元，投资补助部分外资金由县自筹解决。7个乡镇客运站工程总投资494万元。

第三节 铁路、水运、邮电与城市公交建设

一、铁路建设

铁路是运输的主要通道，号称交通大动脉。改革开放以来，镇远的铁路建设有了长足发展。1972 年湘黔铁路建成通车，1987 年 7 月实现了全线电气化，从此结束了火车依靠燃煤提供动力的历史。

随着社会的发展和人民生活水平的提高，火车运载量日益加大。为平衡供求，改善运输压力，国家投资兴建株六复线，县委、县政府采取一系列有效措施，积极配合国家的铁路建设。2001 年 12 月株六铁路复线正式开通运营，为镇远的经济社会发展带来了极大的便利。2010 年 9 月，长沙至昆明铁路客运专线镇远段开工建设。镇远段线路长 24.3 公里，涉及羊坪镇、青溪镇、金堡乡 3 个乡镇的 12 个村，正线用地 1100 余亩，临时用地 1600 余亩。至 2018 年，县境内有沪昆铁路、沪昆高铁两条铁路。其中沪昆铁路上行线 80 公里、下行线 74 公里；沪昆高铁 30.24 公里。

二、水运

镇远能通航的河流是㵲阳河，自西向东横贯县境 93.66 公里，经沅江注入洞庭湖，自古以来一直是一条水上运输重要通道，为繁荣镇远作出过历史性的巨大贡献。20 世纪 70 年代，由于在㵲阳河流域筑坝修建水电站，使得原来通航的㵲阳河终被截断而只能分段航运。原先使用的水上运输工具仅是一些小木船，渐渐地，小木船因不适应发展的需要而逐步退出了运输行业，取而代之的是少量铁壳船。2003 年，全县国有、集体、个体水上机动运输船舶，包括游船、渡河船等有 21 艘、214.56 千瓦、535 客位，载客（货）量 251 吨，从业人员 100 余人。

2010 年全县有大小船只 356 艘，其中旅游船只 28 艘，拥有吨位 863 吨，862 个座位，从业人员 42 人，全年客运量 30 万人次，游客周转量 540 万人公里。至 2014 年 10 月，全县现有客船 48 艘，1848 总吨，1176 净吨，1606 客位，1721.58 千瓦；其中机动船 30 艘，1670 总吨，1026 净吨，1266 客位，1721.58 千瓦；非机动船 18 艘，178 总吨，150 净吨，340 客位。新建镇江阁码头、冲子口码头、禹门码头、大河关码头和红旗电站趸船码头等 5 座码头。至 2018 年，全县水路客运量 39.05 万人，水路旅客周转量 766.64 万人公里。

图 6-5　1986 年㵲阳河上的游船
（镇远县党史研究室供图　冯德镇摄）

图 6-6　今日㵲阳河上的游船
（镇远县党史研究室供图　冯德镇摄）

三、邮电

（一）邮政业务

2010年业务收入完成547.08万元，储蓄余额完成14171万元。2014年1—11月，完成各项业务收入累计898.52万元。其中，储蓄收入累计完成630.72万元。

2016年，完成各项业务收入累计1261.6万元。开办有函件、包裹、汇票、储蓄、物流、报刊发行等25项业务。

报刊发行2010年，订销报纸1982份，订销杂志1966份，报刊流转额为136万元。

（二）电信

至2008年10月，经国资委批准，电信总公司向联通公司购买“CDMA”移动网，将133、153号码资源用户有价拨给电信，准许电信经营移动电话。2009年，县电信公司开发“189”移动电话号码资源，全面推展电信业务平台。2018年，电信业务总量完成3.11亿元，同比增长65%。

（三）移动电话

1. 县电信分公司

2010年，电信分公司拥有数字移动基站50个，移动用户8368户，经营收入211.87万元。

2. 县联通分公司

2008年9月，中国联通镇远分公司开通GC两网移动通信基站69个，联通移动通信业务网络覆盖全县12个乡镇，重要旅游景区景点、沿线公路、部分村寨。拥有移动用户8600余户。至2010年，全县有联通手机用户5000多户。

3. 县移动分公司

到2007年，实现全县110个行政村“村村通移动”建设目标。新建基站65个，直放站13个，铺设光缆550公里，总投资5660万元。2010年，县移动分公司职工由原来的20人发展到53人。移动用户从初建时的1000户，飙升到5000余户。2013年，全县手机信号实现全覆盖。2017年，建成通讯光缆线路3015公里，移动基站234个，实现村域通讯全覆盖。

2018年，中国移动通信集团贵州有限公司镇远分公司全年固定资产投资2800万元，建设4G基站80个、扶贫基站18个。累计完成电信业务总量8.3亿元，同比增幅206%；移动电话用户达到16.9万户；电话普及率80.5%；计算机国际互联网用户达到1.9万户。解决了46个30户以上自然村通讯盲区和268个自然村寨通讯信号不强问题。

2019年，全县110个行政村移动、电信、联通4G网络交叉式全覆盖，30户以上自然寨4G网络覆盖率达95.85%。

四、城市公共交通

2014年12月29日，镇远县城市公交有限责任公司正式开通，镇远县城公交车正式运营。镇远公交建设总投入1270余万元，购置公交车24辆，建设公交站台等，全长22.5公里，公交票价2元。

2016年，镇远县城市公交营运收入，比2015年度上涨105个百分点。全年总行驶里程291.27万公里，安全运送乘客949.35人次。运营线路9条，共计里程143.1公里，配置38辆高级公交车。

2018年4月28日，镇远县新能源充电站暨芽溪新城公交专线启动。全年营运收入1042.61万元，比2017年上升13.85%。公司拥有公交车58辆，其中纯电动车20辆，开通公交线路11条，其中县城区8条，线路总长221公里。全年总行驶里程385.36万公里，安全运送乘客1010万人次。基本实现城区公交网络覆盖面达90%。

图 6-7　1975 年的禹门码头
（镇远县党史研究室供图　冯德镇摄）

图 6-8　今日禹门码头
（镇远县党史研究室供图　冯德镇摄）

第四节 “组组通”公路：助力脱贫攻坚

2017年7月以来，镇远县共实施组组通公路554条计1221公里，沟通554个村民组，完成投资5.08亿元，实现全县30户以上村民组通畅率100%。建设成效如下：

一、项目申报

严格《省人民政府关于贵州省农村“组组通”公路三年大决战实施方案的通知》（黔府发〔2017〕19号）文件要求，按照“五个不能纳入”原则（一是已完成移民搬迁和列入搬迁规划的村民组不能纳入，二是已通过其他资金渠道建成的项目不能纳入，三是在建和已安排路面硬化资金的项目不能纳入，四是村民组户数在30户以下的暂不能纳入，五是一个村民组只建设一条沟通群众主要聚居地硬化路，多修的不能纳入），由各乡镇结合实际进行项目申报，经省级交通主管部门运用卫星遥感等技术核准，镇远县农村“组组通”公路项目建设计划里程为554条1221公里，沟通554个30户以上（含30户）村民小组，惠及人口110825人，其中建档立卡贫困户13705户51378人。

二、建设标准

根据《贵州省通组公路工程技术导则》要求，按“宜宽则宽，宜窄则窄”的原则加以实施。30户以上村民组通组公路路基宽度不得小于4.5米，路面宽度不得小于3.5米，错车道每公里不得少于3处。路面优先采用水泥混凝土，厚度不得小于15厘米（我县按18厘米厚实施），混凝土强度不得低于25MPa。在陡坡、急弯、临水临崖等危险路段，同步规划建设安防设施，切实提高行车安全性。

三、组织实施

镇远县制定“县级统筹、乡镇交通双业主”管理体制，落实乡镇和交通部门主体责任，明确县农村公路管理局为项目业主、县扶贫开发公司为承贷主体，按照发展规划、建设计划、资金补助政策、招投标、施工过程管理、质量监督、竣工验收、资金使用“八公开”和“工程总承包、不准转包、可劳务分包”的要求，通过公开招标选择有资质的施工单位，确保政策、项目、资金落地见效。在项目实施过程中，组织当地建档立卡贫困户劳动力经培训后参与工程建设。村民委员会通过“一事一议”自行协商解决项目征地拆迁、路线走向等问题。

为确保项目建设质量，镇远县建立全县脱贫攻坚“组组通”公路大决战联席会议制度和督查机制，印发了《镇远县“组组通”大决战硬化路施工指导手册》，并对乡镇质量监管人员、驻村第一书记进行系统培训。县交通建设质量监督站、监理组加强现场巡查监管，并明确乡镇两名干部为监督员，村组配备义务监督员，加强项目质量安全监管和矛盾纠纷协调。针对出现的施工质量缺陷等问题，立即下达整改通知要求限时整改合格。

镇远县农村“组组通”公路项目总建设里程为554条计1221公里，自2017年9月起开工建设至2018年9月底全部建设完工，完成投资50826.04万元。

四、资金保障

按照“省级统筹、分级承贷、分年筹集”的方式筹资建设，每公里补助资金40万元。从2017年起由贵州银行、贵阳银行分三年贷款用于全省农村“组组通”公路大决战项目。同时，镇远县398公里新开挖项目由县级财政筹资，每公里补助6万元，其余由各乡镇组织实施。

五、养护管理

2019年，镇远县创新推行农村公路“路长制”，各乡镇参照县、乡、村三级“路长制”管理制度，按谁受益、谁参与维修的原则，建立乡镇主导、村组组织，受益群众参与的养路、护路机制，确保了通组公路通畅，持续提升通组公路服务水平，为巩固脱贫攻坚成效打下坚实基础。

项目建成验收后，按照《贵州省通组公路养护管理办法》，镇远县建立“政府主导、分级负责、群管群养”的管理养护机制，根据《镇远县农村通组公路养护管理考核办法》和养护管理制度，鼓励将区域相近的乡村两级养护员、护林员、护河员整合，吸纳农民居民尤其是建档立卡贫困户参加农村公路管理养护，落实养护人员 576 人，全部为建档立卡贫困户，有效增加了贫困户的年均收入，确保贫困户稳定脱贫。由乡镇人民政府指导村民委员会将通组公路管理养护纳入“村规民约”，指导沿线村民管好养好护好，做到建一条、养一条，实现管养率 100%，建立长效管养机制。

2020 年 4 月入汛以来，镇远县 12 个乡镇陆续经历不同程度的强降雨过程，全县公路不同程度遭到破坏，甚至多条公路交通中断，给群众生产生活带来不同程度影响。据统计，镇远县新增国省道 4 条，公路都不同程度受损，农村公路共计 124 条，遭受不同程度破坏，中断交通 13 条，共需修复资金 1550 余万元，其中投入脱贫攻坚补短板资金 331 万元，用于通村通组公路灾毁恢复。及时消除了全县农村公路汛期导致的水毁工程安全隐患，确保人民群众出行安全，巩固镇远县脱贫攻坚成果。

六、工作措施

为确保农村“组组通”公路建设工作按时推进取得实效，我们克服时间紧、任务重、基数大、情况复杂等诸多困难，以“一二三四”工作法全力推进农村“组组通”公路项目建设：一是落实一方承建，按照“工程总承包、不准转包、可劳务分包”要求进行招投标。二是实行两方业主，坚持交通部门、项目属地乡镇双重业主管理体制。三是狠抓三大保障（资金保障，人员保障，物资保障）。四是做好四个强化（组织领导，宣传发动，项目监管推进，督察督办）。以目标倒逼责任、以时间倒逼进度，确保项目建设按期完工。

七、建设成效

我县农村“组组通”公路项目的建设，充分发挥了交通在脱贫攻坚中的引领作用，群众获得感和满意度显著提升，交通的便捷，大大带动了农村经济的发展。主要体现在以下五个方面：一是项目建成后，进一步完善了农村交通路网，解决了老百姓的出行难问题。二是降低了农村建房、人居环境提升工程、安全饮水工程等基础设施建设运输成本。三是组组通公路的建设带动了贫困地区种植业、养殖业和农村物流等产业的蓬勃发展。四是在项目建设中，各乡镇组织当地建档立卡贫困户经过培训后参与项目建设，增加了贫困户就业收入。五是参照镇远县“四好农村路”路长制管理，将全县通组公路纳入“村规民约”，实现管养率 100%，使通组公路持续为巩固镇远脱贫攻坚成果发挥交通先行作用。

参考文献

著作

［1］贵州省镇远县志编纂委员会．镇远县志．北京：中国文史出版社，2017.

［2］贵州省镇远县地方志编纂委员会．镇远府志．郑州：中州古籍出版社，1996.

［3］贵州省镇远县教育志编纂委员会．镇远县教育志（1428—2007）．内部资料，2008.

［4］黔东南苗族侗族自治州地方志编纂委员会．黔东南苗族侗族自治州志（1985—2010）．北京：方志出版社，2014.

［5］中共贵州省镇远县党史研究室．中共共产党镇远县历史（1919—2006）．北京：中共党史出版社，2008.

［6］中共镇远县委宣传部，中共镇远县委党史研究室．红军长征在镇远．北京：中共党史出版社，2017.

［7］镇远县史志办．中共历史文化名城镇远．北京：作家出版社，2009.

［8］镇远县地方志编纂委员会．镇远县志（1987—2010）．北京：中国文史出版社，2016.

［9］镇远县民族宗教事务局．镇远县民族志．内部资料，2001.

论文

［1］陶钟麟．多民族文化在镇远的融合与传承．贵州政协报，2018-7-27.

［2］梁凤英．走进“中国最美古镇”贵州镇远．中关村，2020（10）.

［3］童中平，袁帆．贵州乡村振兴基础设施建设现状调查与分析——以镇远县为例．甘肃农业，2019（11）.

[4] 凌忠云 . 脱贫攻坚的镇远答卷 . 当代贵州，2019（5）.

[5] 江春健，石含开 . 镇远：脱贫出列绘新景 . 当代贵州，2019（1）.

[6] 韦倩 . 镇远：一座静谧的千年古镇 . 当代贵州，2018（4）.

[7] 龙娟，刘嘉玲，李俊男 . 镇远报京“三月三”的保护与传承 . 牡丹，2017（2）.

后 记

沧海桑田，百年巨变。从“五四”运动浪潮波及古城镇远，到红军长征过镇远宣传党的民族政策；从解放镇远时的千疮百孔，到新时代全面建成小康社会，镇远县各族人民在中国共产党的坚强领导下，在镇远县委、县政府的正确领导下，披荆斩棘、艰苦奋斗、撸起袖子加油干，经济发展跃上新台阶、基础产业发展得到跨越式发展，生活水平不断得到改善，圆满完成第一个百年奋斗目标。没有共产党就没有镇远的新时代。

本书是集体智慧的结晶，编者的贡献仅在于将集体的智慧进行了汇总而已。

2020 年初，凯里学院李斌副院长组织凯里学院民族学团队召开“贵州省区域内一流学科建设·民族学”学科建设讨论会之际，以历史学学者的敏锐感注意到在中国共产党成立 100 周年之际，作为凯里学院龙头学科、贵州省重点学科、贵州省区域内一流建设培育学科的民族学理应为中国共产党成立 100 周年献上一份礼物，一则可以增加民族学学科的成果，二则可以提升民族学学科服务地方的水平，故而，正式谋划编著《黔东南山乡巨变》系列丛书，其中总论一部，其他 16 县（市）各一部，共计 17 部。李斌副院长亲自负责总论篇，民族学团队其他成员每人负责 1 部，《镇远篇》则由我们三人负责，且以课题立项的形式予以资助。可以说是，没有李斌副院长的精心谋划，就不可能有此书的问世。

课题的开展，得到镇远县委、县政府领导的大力支持和积极配合，县里为此召开专题会议部署指导本课题的具体开展，并要求镇远县党史研究室、民宗局、教育局、交通局等单位予以全力支持和配合，确保本课题如期高质量地完成。在此，对镇远县委、县政府领导及各相关部门领导的关心、支持和帮助表示衷心的感谢。

尤其感谢镇远县革命史馆田晓颖老师，在资料收集阶段，田老师慷慨无私地提供了大量的材料和图片，密切关注课题的进展情况及多次主动询问所缺的材料。初稿完成后，田老师又对初稿进行了审阅，提出了很多宝贵的修改意见，若没有先生的鼎力支持，这本书也无法按期完成。感谢镇远县文体广电旅游局退休干部陶钟麟先生、谢鸣女士，他们毫无保留地将自己所写的全部材料贡献出来，为本书的编写提供了很大的帮助。感谢镇远县教育局领导的支持和帮助，尤其感谢范冬勤老师，为了全力配合本书的编写，范老师在百忙之中到处收集材料，四处奔走，竭力提供更多有关镇远县教育事业发展的相关资料，使得镇远县教育事业发展这一章节得以顺利编写完成，其功居首。感谢镇远县交通局领导干部和工作人员，编者虽未正式拜访过交通局，但通过电话联系后，亦是同样鼎力支持，竭力提供镇远县交通建设与运输方面的资料与图片，一心只想为本书多作贡献。还要感谢镇远县融媒体中心江春健主任，江兄深明厚慈，慷慨大度，将自己千辛万苦拍摄得来的照片毫不吝啬地提供给了编者，为本书增色不少。

此外，因本书所涉及的内容繁多，时间跨度较大，资料收集艰难，加上编者水平有限，时间匆忙，本书不妥和遗漏之处在所难免，敬请读者不吝赐教。

编者

2021 年 1 月 10 日